LE ROMAN D'AQVIN

OU LA

CONQVESTE DE LA BRETAIGNE

PAR LE ROY CHARLEMAIGNE

La Conqveste de la Bretaigne par le roy Charlemaigne a été tirée à 200 exemplaires in-4° vergé pour les membres de la *Société des Bibliophiles Bretons*, et à 200 in-8°, même papier, pour être mis en vente.

LE ROMAN D'AQVIN

ou

LA CONQVESTE

DE LA

BRETAIGNE

PAR

LE ROY CHARLEMAIGNE

Chanson de geste du XIIe siècle

publiée

PAR

F. JOÜON DES LONGRAIS

ANCIEN ÉLÈVE DE L'ÉCOLE DES CHARTES

NANTES

SOCIÉTÉ DES BIBLIOPHILES BRETONS

ET DE L'HISTOIRE DE BRETAGNE

M.DCCC.LXXX

INTRODUCTION

LE sujet de la chanson que nous publions peut se résumer en quelques lignes. Charlemagne accourt à la prière des Bretons. Un roi païen nommé Aquin a profité de l'absence de l'empereur pour s'emparer de la Bretagne. La guerre ne dure pas moins de sept années occupées par de nombreux siéges, batailles rangées, combats singuliers et épisodes divers. Charlemagne poursuit son ennemi au fond des forêts de la Cornouaille; Aquin périt au pied du Mené-Hom.

Cette chanson, à laquelle on ne peut refuser le mérite de la simplicité, a été singulièrement méconnue pour ne nous avoir été conservée que dans un très-mauvais manuscrit. Le mépris légitime du philologue a entraîné le jugement de l'homme de goût. Ainsi nous expliquons-nous l'incroyable acharnement d'un de nos meilleurs critiques contre une œuvre qui a, sans contredit, sur les trois quarts des autres épopées françaises, l'avantage d'être à peu près lisible.

En quelque état qu'il nous soit parvenu, ce poème n'en a pas moins, au point de vue particulier de l'histoire de Bretagne, le plus grand intérêt. C'est peut-être le plus ancien monument de notre littérature de langue française. On y trouve une geste particulière, des traditions originales, un roman sinon rigoureusement historique, du moins côtoyant souvent l'histoire, enfin un itinéraire breton très-curieux.

De plus, la légende même du roi Aquin se lie intimement à la glorieuse histoire de Bertrand du Guesclin. Nous faisons allusion à un passage de Froissart, qui ajoute beaucoup à l'importance relative de cette chanson et lui donne un intérêt inattendu.

Froissart nous raconte que, chevauchant entre Angers et Tours, vers l'année 1390, il rencontra un chevalier de Bretagne appelé Guillaume d'Ancenis, avec lequel il se prit à converser. L'entretien tomba sur du Guesclin. Au milieu des éloges *et des regrets accordés à sa mémoire, Guillaume d'Ancenis, qui était parent ou allié de la famille de du Guesclin*[1]*, ne put s'empêcher de relever en souriant la singulière façon dont, à son avis, Froissart prononçait le nom du bon connétable. Celui-ci disait, selon l'usage du temps,* Claiequin. *Or le seigneur de la maison d'Ancenis connaissait par ses souvenirs de famille la bonne forme du nom, sa véritable étymologie reposant sur une histoire merveilleuse. Ce récit, malgré sa longueur, a sa place marquée en tête de cette publication*[2].

« *Lors commença messire Guillemme d'Anssenis à faire son compte :*

« Au temps que le grant Charles de France
« régnoit, qui fut si grant conquéreur et qui
« tant augmenta la sainte chrestienté et la noble
« couronne de France, et fut empereur de Rome,
« roi de France et d'Allemaigne, et gist à Aix-
« la Chapelle, ce roy Charles, si comme on list
« et treuve ès croniques et gestes anchiennes,
« fut en Espaigne par plusieurs fois, et plus y
« demoura une fois que autres. Une fois entre
« les autres saisons, il y demoura noeuf ans,

---

[1] Du Paz, 1619, p. 437.
[2] Kervyn de Lettenhove, XII, 225-228. — Buchon, II, 603.

« sans partir ne retourner en France ; mais tous-
« jours conquéroit avant sur les ennemis de la foy.

« En ce temps avoit ung roy fort puissant,
« Sarrasin, qui s'appelloit Aquin, lequel roy
« estoit de Bougie et de Barbarie [1] à l'opposite
« d'Espaigne et des circonstances, car Espaigne
« mouvant des Pors, est grande à merveilles... et
« jadis conquist le grant roy Charlemaine toutes
« icelles terres et roiaulmes. En ce séjour que il
« y fist, le roi Aquin, qui roy estoit de Bougie
« et de Barbarie, assambla ses gens en grant
« nombre, et s'en vint par mer en Bretaigne et
« arriva au port de Vennes, et avoit amené sa
« femme et ses enffans, et se amassa là entour ou
« pays, et ses gens aussi s'i amassèrent en con-
« quérant tousjours avant. Bien estoit le roy
« Charlemaine infourmé de l'entreprinse de ce
« roy Aquin qui se tenoit en Bretaigne, mais il
« ne vouloit pas pour tant rompre ne deffaire
« son voiage d'Espaigne ne son emprinse. Et
« disoit : « Laissiés-le amasser et s'enarroyer
« en Bretaigne, ce nous sera ung petit de chose
« à délivrer le pays de luy et de ses gens, après
« que nous aurons acquittié les terres de deçà les
« mons et tout réduit à la foy crestienne. »

[1] Aquin n'est pas roi de Bougie dans la chanson, mais il est appelé le Barbarin (v. 3026).

« *Le roy Aquin sur la mer, assés près de*
« *Vennes[1], fist faire une tour moult belle, que*
« *l'on appelloit le* Glay, *et là se tenoit ce roy*
« *Aquin trop voulentiers. Si advint, quand le*
« *roy Charlemaine ot accomply son voiage et*
« *acquitté Gallice et Espaigne et toutes les terres*
« *encloses dedens Espaigne, et mors les roys sar-*
« *razins, et bouté hors les mescroians, et toute*
« *la terre tournée à la foy chrestienne, il s'en*
« *retourna en Bretaigne et mist sus ses gens*
« *aux champs. Si livra une bataille grosse et*
« *merveilleuse contre le roy Aquin, et y mors et*
« *desconfis tous les roys sarrazins et leurs gens*
« *qui là estoient, ou en partie, tellement que il*
« *convint ce roy Aquin fuir; et avoit sa navie*
« *toute preste au pié de la tour du Glay. Il*
« *entra dedens, et sa femme et ses enffans, mais*
« *ils furent si hastés des François qui les chas-*
« *soient, que le roi Aquin et sa femme n'eurent*
« *loisir de prendre un petit fils qui dormoit en*
« *celle tour et avoit environ ung an; mais ils*
« *esquipèrent en mer et se sauvèrent ce roy et*
« *sa femme et ses enffans.*

« *Si fut trouvé en la tour du Glay ce jeune*
« *enffant, et fut porté au roy Charlemaine,*

---

[1] D'autres ms. de Froissart ne portent-ils pas *Rennes*?

« *qui en eut très-grant joye et voult qu'il fuist*
« *baptisié. Si le fut, et le tindrent sur fons*
« *Rolant et Olivier, et ot nom celluy enffant*
« *Olivier, et luy donna l'empereur bons main-*
« *bours pour le garder et gouverner et toute la*
« *terre que son père Aquin avoit acquise en Bre-*
« *taigne. Et fut cel enffant, quant il vint en eage*
« *d'homme, bon chevallier, saige et vaillant, et*
« *l'appeloient les gens Olivier du Glay-Aquin,*
« *pour tant qu'il avoit esté trouvé en la tour du*
« *Glay et que il avoit esté fils du roy Aquin,*
« *mescréant, qui oncques puis en Bretaigne ne*
« *retourna, ne homme de par luy.*

« *Or vous ai-je racompté la première fonda-*
« *tion et venue de messire Bertran de Claiequin,*
« *que nous deussions dire du* Glay-Aquin. *Et*
« *vous dy que messire Bertran disoit, quand il*
« *ot bouté hors le roy dam Piètre de son*
« *roiaulme de Castille et couronné le roy Henry*
« *de Castille et d'Espaigne, que il s'en vouloit*
« *aler ou roiaulme de Bougie, (il ne avoit que la*
« *mer à traverser), et disoit que il vouloit recon-*
« *quérir son royaulme et son héritaige. Et l'eust*
« *sans faulte fait, car le roy Henry luy vouloit*
« *prester gens à plenté en bons navires pour aler*
« *en Bougie, et s'en doubta moult grandement le*

« *roy de Bougie ; mais ung empeschement lui*
« *vint qui rompit tout ; et fut quant le prince de*
« *Galles guerroia le roy Henry, et il ramena le*
« *roy dam Piètre et par puissance il le remist*
« *en Castille.... Et pour ces causes et autres se*
« *desrompirent les propos de messire Bertran,*
« *car la guerre de France et d'Angleterre renou-*
« *vella. Si fut tellement occupé et ensonnié que il*
« *ne pot oncques ailleurs entendre, mais pour*
« *tant ne demeure mie qu'il ne soit yssu du droit*
« *estoc du roy Aquin, qui fut roy de Bougie et*
« *de Barbarie. Or vous ay-je racompté de l'an-*
« *cienne geste et extrassion de messire Bertran*
« *du Glay-Aquin.* »

— « *C'est vérité, beau sire, et je vous en sçay*
« *bon gré et jamais ne l'oublieray.* »

« Qui sait, ajoute M. Siméon Luce dans son excellente Histoire de du Guesclin, *si ces illusions entretenues sans doute dès l'enfance n'ont pas exercé quelque influence sur l'ambition, et par suite sur les destinées du connétable ?* » Nous le croyons, et pour nous la légende d'Aquin doit figurer dans la biographie de du Guesclin, à côté de la prédiction de la converse juive.

Il importe cependant de remarquer que le récit de Froissart n'est pas uniquement celui de la *chanson de geste. Il s'y est ajouté une continuation. Dans le poème que nous publions, se trouve bien une tour d'Oregle ou d'Oreglé, qui rappelle évidemment celle de Glay, mais Aquin et sa femme, qui l'abandonnent précipitamment, n'y oublient aucun enfant. Cet enfant est inconnu au premier trouvère ; il faut donc admettre une reprise du vieux thème sous une forme plus romanesque. A-t-elle donné lieu à une autre chanson aujourd'hui perdue ? On ne peut le savoir. En tout cas, cette nouvelle œuvre, ayant pour but de rattacher l'ancienne chanson d'Aquin à la légende de du Guesclin, ne pourrait être que contemporaine de la formation de cette dernière, c'est-à-dire de la fin du XIVe siècle.*

Cette généalogie épique du connétable est particulière à la province dont il est originaire ; elle n'a point été recueillie par Cuvelier[1], dont la chronique rimée ne reproduit que de seconde main les traditions populaires en Bretagne.

---

[1] LA VIE VAILLANT BERTRAN DU GUESCLIN.

I

Histoire du manuscrit

Le manuscrit qui renferme la seule version connue de la Conquête de la Bretagne, *appartient aujourd'hui à la Bibliothèque Nationale. Il y est entré par suite de l'acquisition du fonds Colbert, au commencement du siècle dernier. Son histoire antérieure est fort incomplète. Les catalogues de Baluze en font sommairement mention sans en indiquer la provenance, mais une note que l'on peut croire de Baluze lui-même, au moins pour le fond, nous donne un précieux renseignement :*

« Ce manuscrit, qui est unique, et qui ne se
« trouve à la bibliothèque du roy ni ailleurs, a
« été trouvé sous les ruines du monastère des
« Récollets de l'île de Cézambre, près le fort de
« la Conchée, à trois lieues de Saint Malo, que
« les Anglois brûlèrent et démolirent lorsqu'ils
« descendirent dans le temps du bombardement
« de Saint-Malo. Il y a près de trois mille vers
« sans commencement ni fin. »

Cette note, qui a disparu du manuscrit quand on fit relier le volume à son entrée à la biblio-

thèque royale, nous a été conservée dans la Bibliothèque Historique *du P. Le Long*[1]. *Rien n'empêche d'en admettre l'exactitude. Le bombardement de Saint-Malo, qui eut lieu en 1693, fut accompagné de la destruction complète du couvent de l'île de Césembre. Les Anglais, qui y firent deux descentes, les 27 et 29 novembre, le ravagèrent si bien qu'il ne put être rétabli. Les Récollets, réfugiés à Saint-Servan*[2], *se trouvèrent réduits à un état précaire. Ils purent vendre le manuscrit à quelque agent de la bibliothèque Colbertine, alors appartenant à l'archevêque de Rouen, après l'avoir retrouvé dans les décombres de leur couvent.*

Quoi qu'il en soit, il est utile de constater que ce document était connu fort longtemps avant d'avoir échappé à ce danger. Une date souvent répétée par les historiens de la ville de Saint-Malo, mais dont il est impossible actuellement d'indiquer l'origine, en fixe la découverte à 1560. Il aurait été dès lors conservé dans la bibliothèque de Césembre[3], *à cette époque aux Corde-*

---

[1] Elle se trouve également sur une feuille volante du commencement du XVIIIe s., qui accompagne le ms. de l'Arsenal, n° 3846 (B. L. F. 166.)

[2] Arch. d'Ille-et-Vilaine. Fonds des Récollets de Césembre.

[3] Un volume, qui nous a été signalé par M. de la Borderie, constate l'existence de cette bibliothèque au XVIe s.

liers. Deux faits sont absolument certains : on a vu et étudié ce manuscrit depuis le milieu du XVIe siècle ; il était déjà dans l'état où nous l'avons aujourd'hui.

Ceci résulte du cy ensuit dont on l'a enrichi vers ce temps et d'une note autographe[1] laissée par le président Fauchet au commencement du volume.

A quel moment Fauchet, qui mourut en *1601*, l'a-t-il eu entre les mains ? La biographie de cet érudit est trop incomplète pour justifier les conjectures. On ne peut savoir, par exemple, s'il était de ceux qui accompagnèrent Charles IX dans le voyage qu'il fit à Saint-Malo en *1570*, pendant lequel la cour visita Césembre. Mais nous trouvons dans un de ses recueils manuscrits déposés à la Bibliothèque Nationale, une sorte de dictionnaire de citations[2] presque toutes empruntées à la Conquête de la Bretagne. De quelque façon que Fauchet se soit procuré le manuscrit, il demeure certain qu'il l'a possédé assez de temps pour l'étudier à loisir et avec son exactitude habituelle. Il en avait fait sans doute une notice spéciale qui manque dans le Recueil de

---

[1] Notes, p. 121.
[2] *Mélanges historiques autographes* de Fauchet, in-f^o, Fr. 24726 (Saint-Victor, 997), p. 106 à 109.

l'origine de la langue et poësie françoise *et que nous n'avons pu retrouver dans ses ouvrages inédits.*

Un peu plus tard, au commencement du XVIIe siècle, le manuscrit était souvent consulté à Césembre ; il jouissait même d'une certaine notoriété. Les religieux de l'île le communiquaient volontiers à ces curieux d'antiquailles *que nous appelons aujourd'hui* archéologues. *C'est ce que nous apprennent les mémoires inédits du ligueur malouin Frotet de la Landelle*[1], *écrits entre 1610 et 1620.*

Le même auteur en fit faire une copie comme preuve à l'appui d'une de ses thèses favorites, à savoir : la construction de la ville d'Aleth par les Sarrazins d'Espagne. Cette copie n'est autre, croyons-nous, que celle qui est actuellement conservée à la bibliothèque Sainte-Geneviève. Elle est munie d'un certificat délivré par les dignitaires du couvent breton dans le but de lui donner un caractère d'authenticité. Ce certificat est fort utile, car l'aspect archaïque de l'écriture, trait commun des manuscrits de ce pays, la ferait facilement attribuer à une époque plus reculée. L'Histoire Littéraire s'y est méprise.

---

[1] M. Anthime Ménard a bien voulu nous communiquer le plus ancien ms. connu de ces mémoires.

Cette première copie servit à l'exécution d'un certain nombre d'autres, de plus en plus rajeunies et abrégées, qui accompagnent les mémoires dont nous avons parlé. Toutes ces transcriptions, ainsi que celle que l'on trouve plus tard dans la collection du marquis de Paulmy, sont sans valeur; car elles procèdent toutes du manuscrit de la Bibliothèque Nationale. Nous n'avons donc à nous occuper que de celui-ci, qui a pour nous la valeur d'un original.

Ce manuscrit unique n'est que du XVe siècle. Il ne nous est parvenu que grâce à la restauration qu'on lui fit dès la fin du siècle suivant. Le premier feuillet avait déjà disparu. En dehors de cette perte, nous avons la chanson telle que le copiste du XVe siècle nous l'a laissée, c'est-à-dire inachevée. Quelle en est la cause? On en a donné une raison trop spirituelle pour être vraie[1]. *Aquin n'est pas la seule chanson inachevée, et le courage des scribes, comme celui de l'auteur des* Epopées, *était à toute épreuve. Les Girard d'Amiens, pour ne rien dire des chansons du bon temps, sont là pour le prouver. D'ailleurs,*

---

[1] « Le scribe qui, au XVe siècle, a copié cette chanson et l'a déplorablement défigurée, n'a pas eu le courage de pousser plus loin sa transcription; nous l'en remercions du fond du cœur. » M. Léon Gautier, *Epopées françaises*, II, p. 3o5.

il manque fort peu de chose à la nôtre. Un vers qui n'a pas attiré l'attention, nous dit expressément :

Par la bataille avons alé à fin,

ce qu'il est difficile d'interpréter autrement que par l'annonce de la fin du récit lui-même. Nous n'avons donc à regretter que les détails d'un combat singulier que nous voyons commencer. Ce combat est le dernier du poème, si, comme nous le croyons, le héros qui y périt, et dont le nom manque par la plus malheureuse déchirure qu'on puisse imaginer, n'est autre que le roi Aquin[1]. *La chanson est donc terminée au point de vue du dénouement.*

De là il s'ensuit qu'il ne faut attribuer l'absence de la fin, ni au premier trouvère, ni même probablement au copiste. Mais entre eux il y a, nous semble-t-il, un autre personnage, l'auteur du remaniement de la chanson primitive, dont le travail a tous les caractères de l'inachèvement. Ce dernier est pour nous la cause, volontaire ou involontaire, nul ne le sait, de la brusque interruption du texte. Pour un motif quelconque il n'a pas terminé la refonte de l'ouvrage complet qu'il avait sous les yeux.

[1] Notes, v. 3077.

II

Bibliographie

Manuscrit et Copies.

A. *Manuscrit unique.* — *Bibliothèque nationale, fonds français, 2233.*

Le catalogue imprimé en *1868 porte :*

« La Conquête de l'Armorique par Charle-
« magne, chanson de geste, commençant par :

> « ...Et si Dieu plaist, le vray creatour,
> « Nous y voirons païen et sarraȝinour... »

« *et finissant par :*

> « Et luy a mys un escu parmy,
> « Nesmeȝ en fiert sus l'escu à or fin... »

« *Incomplet au commencement et inachevé.* —
« *Papier. XVe siècle.*

« *Anc. 10307* $^{3.3}$, *Colbert 5232.* »

— *Volume petit in-4°, relié en maroquin rouge, aux armes du roi, portant au dos :* Conquête de la Bretagne, *et en faux titre :* Le roman d'Aquin et de la conquête de l'Armorique par Charlemagne.

Suivent le prologue et la note que nous avons insérés pages 1 et 121.

Le manuscrit est d'une même main, mais le caractère cursif de l'écriture s'accentue après les premières pages. Elle paraît appartenir au commencement du XVe siècle ou même aux dernières années du siècle précédent.

Le texte commence au haut d'un feuillet qui a dû être précédé au moins d'un autre. Cette lacune ne semble pas matériellement être de plus d'un ou deux feuillets. La pagination du manuscrit est moderne ; la justification est ancienne, mais inintelligible. Des feuillets qui subsistent les premiers ont été endommagés par l'humidité ; les marges, refaites au XVIe siècle, sont chargées de l'écriture de ce temps.

Le manuscrit se compose actuellement de 56 feuillets[1], de la dimension du fac-simile qui accompagne cette édition, complets à l'exception du dernier. Le verso de celui-ci ne contient que onze vers, auxquels ne succède aucun trait final ou signe indiquant l'achèvement du travail.

Chaque page contient environ 28 vers disposés sur une seule colonne, faisant en tout 3087 vers, y compris une répétition abusive de 4 vers, et non compris un vers double et un vers exponctué

---

[1] Notes du f° 5o, p. 171, et du v. 3087.

par le copiste[1]. *Il faut ajouter à ce total trois vers nécessaires à l'interprétation*[2].

Le manuscrit ne présente aucune miniature, grande lettre ou alinéa. On voit en marge les gloses et notes analytiques reproduites plus loin.

B. *Bibliothèque Sainte-Geneviève, L. F. 29*[4], *ancien 1194. Catalogué sous le titre de :* « Chronique de Bretagne en vers. »

— *Volume petit in-4°, relié en parchemin, portant cette mention :* 41, ex libris S^{tæ} Genovefæ Parisiensis, 1753.

Ce volume contient : une note bibliographique concernant le ms.[3] *; — quelques réflexions paraissant se référer à la chute de Concini ; — la Conquête de la Bretagne, etc., p. 2 à 109, texte précédé d'un titre particulier* [4] *et accompagné de*

---

[1] Notes des v. 2233, 1872, 1941, et du v. 3015.

[2] Vers 1731-2, 1864-5, 2751-2.

[3] « J'ai racheté en janvier 1789 ce ms. pour 9 livres à la vente de « la bibliothèque du prince de Soubise, pour être remis à Sainte-« Geneviève, à qui il a autrefois appartenu. Dans la Bibl. Histo-« rique de la France, T. III, n° 35356, on indique comme *unique* « un autre ms. du même roman, qui de chez Colbert a passé « à la bibliothèque du roi. L'erreur est démontrée par ce manus-« crit cy, qui est authentiqué par le certificat des p. 109 et 110.
« L'abbé de SAINT-LÉGER. »

[4] Reproduit p. 122. La première partie de ce titre jusqu'aux mots *et pour tant* représente le plus ancien préambule du poème tel qu'il figurait encore sur le ms. 2233 au siècle dernier. (Cf. P. Le Long, n° 35356.)

bonnes notes; — un certificat de copie conforme[1]; *— des fragments de l'*Heautontimorumenos.

Ce manuscrit signalé par l'Histoire Littéraire dans les Additions au tome XXII, p. 950, n'est pas une version différente du texte, mais une copie du ms. 2233. Il commence et finit par les mêmes vers, offre les mêmes omissions, commet les mêmes erreurs. Nous citerons l'interversion des vers 639 et suivants, 703-4; la répétition des mêmes vers doubles, 1876, 2233-41, etc. Le ms. omet, explique ou rapporte tels quels les vers interpolés, ex. 518, 1534, 1882, 2811, etc.

Le certificat qui accompagne cette copie ne permet guère de la croire antérieure à 1600; Guillaume Brehault[2], *un des religieux qui y sont mentionnés, vivant encore en 1625.*

C. Copies de Frotet de La Landelle. — Simple mention. Ces copies sont annexées aux

---

[1] « Nous qui soubz signez guardien et religieux du couvent
« de Cæsambre certifions que ce qui est sus escrit est la vraye
« coppie et transcription tirée de l'original manuscrit de la cro-
« nique et récit de la Conqueste du pais de la Bretaigne Armo-
« rique. En vérification et approbation de quoy, Nous dictz frère
« Thomas Gabet, guardian dudict couvent et deffiniteur de la
« province de Bretaigne, et autres qui soubz signez : Frère Tho-
« mas Gabet; Fr. Olivarius Gueretius, discretus conventûs;
« Brehault Guillaume, recteur du couvent; Ratry, J. Boul-
« lard, Frotet. »

[2] Arch. d'Ille-et-Vilaine, fonds cité; requête du 28 avril 1625.
— Arch. de Saint-Malo, anc. G G, 297.

curieuses dissertations archéologiques de cet auteur[1]. *Le texte, issu du précédent, s'éloigne de plus en plus de l'original ; la plus ancienne de ces copies que nous ayons rencontrée est environ de 1620 ; elle n'a rien de littéral. Elle commence au même vers que les précédentes,* « *pour ce que partie dudit livre a esté perdu.* »

Nous noterons que la copie d'Aquin n'accompagne que les exemplaires complets des mémoires de La Landelle. Dans les autres, une analyse en tient lieu.

D. *Copie de l'Arsenal, B. L. F. 166, nouveau 3846 ; XVIIIᵉ siècle, petit in-fº rel. basane ; au dos :* Conquête de la Bretagne Armorique. — *Très-mauvaise copie sans intérêt*[2].

Mentions et Éditions partielles.

L'excellent article que M. Paulin Paris a

---

[1] « Afin, dit Frotet de la Landelle, que ceux qui se donneront « le loisir de lire ces mémoires ne puissent pas penser que je « parle par cueur de cette antiquité, il m'a semblé n'estre hors « de propos d'insérer en ce lieu cette rythme, *qui a esté trouvée* « *dans la bibliotéque des religieux du couvent de Cesambre.* « Croiant que comme les gousts sont différens, il s'en trouvera « aucuns, lesquels prendront plaisir à voir cette antiquaille, tant « pour l'antiquité du langage et rudesse de la rythme que pour « le subject dont elle traite. Tout quoy, soit vray ou faux, je « l'offre icy au lecteur telle que je l'ay trouvée. »

[2] Il y est joint une ancienne cote du volume qui porte : « Un volume contenant la copie d'un ms. trouvé sous les ruines, etc., copié exactement sur les fragments délabrés que l'on trouva. »

consacré à la Conquête de la Bretagne *dans l'Histoire Littéraire, a été précédé de plusieurs travaux qui intéressent la bibliographie de ce poème. Ces études, inspirées surtout par les recherches d'archéologie locale, ont peu contribué à la notoriété de la chanson ; les différentes mentions du roi Aquin lui-même et de son histoire ont eu un succès aussi négatif. La liste des ouvrages qui se sont occupés du poème ou de son principal personnage peut être répartie en trois classes, suivant qu'ils se rapportent à l'histoire littéraire, à l'histoire de Bretagne ou à la généalogie de Du Guesclin.*

I

Bibliothèque historique de la France, *par le P. Lelong, éd. Fontette, 1771 ; t. III, n° 35356, page 399. Notice bibliographique, composée du titre abrégé de la chanson et de la note que nous avons attribuée à Baluze.*

Histoire Littéraire de la France, *tome XXII, p. 402-411. Analyse et extraits*[1]. — *Même volume, additions et corrections, p. 950.*

Histoire poétique de Charlemagne, *par Gaston Paris, in-8°, Franck, 1865, p. 296. Courte*

---

[1] Relevé des extraits, v. 200-234, 278-99, 345-60, 853-905, 999-1003, 1063-69, 1828-34, 2015-23, 2038-47, 2058-84.

notice sur la place occupée par la Conquête de la Bretagne *dans la légende Carolingienne.*

Les Épopées françaises, *par Léon Gautier. Paris, Palmé, 1867, 1ʳᵉ édition, tome II, p. 294-305. Analyse et notes bibliographiques*[1].

Chanson de Roland, *édition de Léon Gautier. Mame, 1872, tome II, notes et corrections, p. 37-8 et 69. Analyse abrégée.*

Charlemagne, *par A. Vétault, Mame, 1877. Reproduction de l'analyse qui précède, p. 470.*

II

Chroniques d'Alain Bouchart, *Galliot du Pré, 1514, in-4°, f° 86, v°. Elles contiennent une intéressante mention du roi Aquin*[2].

---

[1] Traduction de l'épisode d'Ohès de Carhaix appelé, on ne sait pourquoi, Hoel de Nantes, citation des v. 1831-46, 1708-37.

[2] Alain Bouchart fond les chapitres xxvii à xxx du faux Turpin dans celui qu'il intitule : « Des sepvltvres des corps des chevaliers chrestiens qui fvrent occis a Roncevavlx et comment Charlemagne conqvist le royavlme de Bretagne. »
Après les funérailles d'Arastagnus, roi de Bretagne, au château de Belin, et d'Hoel, comte de Nantes, dans sa ville, vient le passage qui nous intéresse : « *Et puis s'en retourna en France*
« *Charlemaigne, lequel après la mort du roy Arastagnus s'es-*
« *forcea de subsmettre soubz sa couronne le royaulme de Bre-*
« *taigne, à celle fin que les Bretons feussent à luy subiectz ; et*
« *dient aucunes hystoires que pour cest affaire Charlemaigne alla*
« *à tout son ost en Bretaigne. Toutesfois j'ay leu en autres cro-*
« *niques qu'il y alla pour secourir les Bretons contre ung prince*
« *payen, nommé Acquin, qui descendit en Bretaigne à tout grant*

De origine Seraphicæ Religionis Fr. Gonzagæ, *Rome, 1587, in-f°, p. 891. Allusion au combat de Césembre.*

Mémoires inédits de N. Frotet de La Landelle, *1600-1620. La préface contient une curieuse dissertation sur la venue des Sarrazins en Bretagne et la réalité historique du roi Aquin.*

De l'antiquité de la ville et cité d'Aleth ou Quidaleth, ensemble de la ville de Saint-Malo, *par Thomas de Quercy, 111 p. La Biche, Saint-Malo, 1628, p. 3 et 4. Prise d'Aleth sur les Sarrazins et combat de Césembre.*

Brève description de l'Armorique par Nicolas Dadier, *1631, in-4°. Allusions à l'occupation d'Aleth par les Sarrazins.*

Histoire ecclésiastique du diocèse de Saint-Malo, par le P. Le Large, *1702. (Bibl. Sainte-Geneviève, H. 550, liasse 1,) Histoire de la ville de Saint-Malo, p. 30 et p. 100. — Le P. Le Large voit dans les Bretons qui assiègent Aleth et Dinard, des Bretons de la Grande-Bretagne.*

Histoire de la seigneurie ecclésiastique de la ville de Saint-Malo, *testament capitulaire de messire René Porée du Parc, docteur en Sorbonne, cha-*

« ost de payens, cependant que leur roy Arastagnus estoit en
« Espaigne en la compaignie de Charlemaigne. »

noine de Saint-Malo, *1709; in-f° ms. p. 32 et 199 (Arch. de Saint-Malo, GG 293).— Etude du « vieux roman Malouin » au point de vue de la p ossibilité du passage à gué dans l'île de Césembre; l'auteur en admet la vraisemblance*[1].

Histoire de la Petite-Bretagne ou Bretagne-Armorique, *par F. G. P. B. Manet. Saint-Malo, 1834, 2 vol. in-8°, tome 2, p. 152-169. Analyse complète de la chanson.*

Grandes recherches historiques... sur les antiquités... des villes de Saint-Malo et de Saint-Servan, *etc., ouvrage inédit du même auteur, portefeuilles in-f°, sans date (Arch. de Saint-Malo). — Même analyse, réfutation en règle des données historiques du poème, tome I, chap. III, p. 221-31.*

Vies des saints de Bretagne, *d'Albert le Grand. 1837, in-4°, éd⁼ M. de Kerdanet. Notes, p. 26 et p. 219, extrait des v. 61 à 85.*

Histoire du Mont Saint-Michel et de l'ancien

---

[1] Porée du Parc se donne la peine de combattre le récit de l'occupation d'Aleth par les Sarrazins, puis il ajoute : « C'est « pourquoi on ne parlera pas ici d'un roman en vers gaulois « dont j'ai lu l'original défectueux de quelques feuillets au com- « mencement, parce qu'il contient tant de fables et d'anachro- « nismes qu'il ne mérite pas qu'on s'arrête à le réfuter pied à « pied, *quoique les curieux de Saint-Malo en fassent cas et que « depuis peu il ait été traduit en prose pour en faciliter l'in- « telligence.* »

diocèse d'Avranches, *par l'abbé des Roches, Caen, 2 v. in-8°, 1838. t. I, p. 48-49.*

Des voies romaines sortant de Carhaix, *par* M. Bizeul [1] *(Bulletin archéologique de l'Association Bretonne, année 1849, 1ᵉʳ vol., 2ᵉ partie, p. 9 et suiv. 1851, 3ᵉ vol. p. 1).* — *Extraits d'Aquin, v. 810-38, 852-923; notice bibliographique; détails intéressants sur la princesse Ahès, la ville et les chemins d'Ahès, la légende de l'oiseau mort.*

Alet et les Curiosolites, *par le même. (Bulletin archéologique... année 1852, 4ᵉ vol., p. 39). Citation des v. 197-250, analyse des passages relatifs à Corseul, Aleth, Gardaine, Dinard.*

Histoire de la Cité d'Aleth, *par M. Charles Cunat, 1851, in-8°, p. 87-94. Reproduction abrégée de l'analyse de l'abbé Manet.*

Histoire de Saint-Malo, *inédite du même; t. I, p. 19.*

Biographie bretonne, *de P. Levot, 1857, t. I, p. 752. Vᵒ Frotet.*

Histoire et panorama d'un beau pays, *par B. Robidou, in-4°, 1861. 47. Analyse de la partie relative à Aleth.*

---

[1] M. Bizeul avait préparé une édition de la chanson. Ce travail est conservé à la Bibliothèque de Nantes.

Cartulaire de Redon, *par M. de Courson, 1863. Prolégomènes, p. 172, 203, notes des p. 185, 197, 363.*

III

Grandes chroniques de Froissart, *Livre III, chap. LXX, passage cité.* — *Éd. Kervyn de Lettenhove, XII, p. 223-8 ; Ed. Buchon, II, p. 602 et suiv. (V. t. III, p. 535,* Biographie de Froissart, *par Buchon.)*

Histoire de Bretagne, *1588, par messire Bertrand d'Argentré, in-f°, p. 325, E*[1].

Histoire généalogique des Maisons illustres de Bretagne, *par le P. du Paz. Paris, 1619, in-f°, p. 391*[2].

Histoire de Bertrand du Guesclin, *par P. Hay du Chastelet. Paris, 1666, in-f°, p. 3.*

Histoire de Bretagne, *de D. Morice, 1750, 5 vol. in-f°, tome I, col. 1002, note LXI, sur l'origine de la maison du Guesclin.*

---

[1] D'Argentré conclut : « Il faut oublier les contes de Froissart.... qui sont pures fables et véritablement bourdes et bayes, qu'on a prins de certains romans faicts à plaisir : car oncques ne fut en Bretaigne un Aquin, oncques ne fut chasteau appelé Glay, oncques Charlemaigne n'entra en Bretaigne, encores qu'il soit véritable qu'il y fist courir ses armées soubs ses lieutenans quelque temps, sans y entrer. »

[2] Cf. Fontette, n° 42637.

Histoire de Bertrand du Guesclin, *par M. Guyard de Berville, 2 vol. in-16, Lyon, 1787. P. 16 et 17, Généalogie.*

Chronique de Bertrand du Guesclin, *par Cuvelier, trouvère du XIV*ᵉ *siècle; 2 vol. in-4°, 1839. Note de M. Charrière, t. II, p. 327.*

Dictionnaire d'Ogée, *éd. Marteville, Rennes, 1843, t. I, p. 127. V° Broons.*

Biographie bretonne, *de P. Levot, 1857, t. I, p. 622. V° Du Guesclin.*

Histoire de Bertrand du Guesclin et de son époque, *par M. Siméon Luce, Hachette, 1876; t. I, p. 3 et 4.*

III

Langue et Versification.

La langue de cette chanson n'a donné lieu jusqu'ici à aucune remarque. Le texte, malgré la date récente du manuscrit et sa mauvaise exécution, offre cependant quelques particularités qu'il convient de signaler. On y trouve les traces du dialecte ancien de la chanson, c'est-à-dire du dialecte normand mitigé parlé dans la Haute-

Bretagne aux XIIe et XIIIe siècle, sans que rien accuse plus particulièrement le XIIe siècle.

Orthographe en u; *un très-petit nombre de mots l'ont conservée.* On rencontre : *nuncier, 174; humes, 711; sunt, 188; Corsalium, 119; escuter, 2273,* etc.

Diphthongue ei *(ou* e*)* : *Seison, 31; leissis, 1619; Noreys, 1246; parceyvent, 1869; Gregeys, 1305; aver, 2025; hers, 1436; expleté, 2152; frede, 2082,* etc.

Usage des formes sèches : *facez, 1915; peuson, 2294; fussez, 835; eussez, 2872; veissez, 1642; secle, 1261; asegez, 372; ruceler, 1951; puz, 2047; conduray, 2394,* etc.

Subjonctifs chuintants : *vienge, 1977; demeurge, 2666; doige, 2260; croige, 604; renge, 603; auge, 170; augeon, 1636,* etc.

Nous relèverons également parmi les formes mixtes usitées dans l'Ouest et offrant des variantes du pur Normand :

Emploi de ai *pour* ei *ou* oi : *povair, 294; otray, 2350; day (debeo), 2946; maye, 377; saye, 895; bait, 2456; fay (fidem), 2946; vaye, 15; vaisin, 3033; mayne, 2323; apostaire, 3011,* etc.[1]

---

[1] Beaucoup d'autres mots comme *roy, moy, croire,* n'offrent aucun exemple de la **forme locale.**

1re *pers. du pluriel des verbes en* on : *debvon, 580; seron, 1284; mainron, 1446, etc.*

Orthographe en é *de la* 1re *pers. du futur: seré, 604; aré, 1807, etc.*

Emploi de en, *pronom indéfini, pour* on.

Substitution de g *à* j : *ge, 523; gavelot, 298, etc.*

Usage de l's simple pour l's redoublé : asauldre, 115 ; asegez, 372 ; aseurer, 2025 ; fusent, 1237, etc.

De ces remarques, qu'il serait inutile de multiplier, on peut tirer que le texte dans son état primitif présentait, quant à la phonétique, la langue des quatrains d'Etienne de Fougères. Un meilleur texte, presque aussi voisin géographiquement, le Roman du Mont-Saint-Michel, *de Guillaume de Saint-Pair, en donnerait moins l'idée ; la chanson n'ayant jamais dû avoir une physionomie normande aussi prononcée.*

Nous noterons aussi quelques-uns des faits d'orthographe et de prononciation qui appartiennent plus particulièrement au dernier copiste.

Le son oi *devient* oay *et* ouay, *prononciation caractéristique du XVe siècle en Bretagne*[1], *qui*

---

[1] V. Cartulaire de Saint-Georges, Actes de Bretagne, etc.

subsiste encore sur plusieurs points. On trouve dans le manuscrit : poay, 297; pouay, 1310; joaye, 2071; boays, 2565; bouays, 866; ouait (audit), 1808; noaise, 3074; ouaysiaulx, 1141; crouez, 1984, etc.

3ᵉ pers. pl. des imparfaits en oint ; *estoint, 765 ; avoint, 1160, etc.*

Ou préféré à eu, our *à* eur ; leur *ne se rencontre qu'une fois.*

Les infinitifs en ir *sont assourdis en* is *ou* iz.

Le copiste suit les habitudes orthographiques qui se sont introduites depuis la fin du XIVᵉ siècle, abus des y, *additions de consonnes étymologiques ou réputées telles, retour de l'*l *après les syncopes comme dans* voulte, chevaulx, *redoublement inutile de certaines consonnes, usage du* cz *représentant le* ç.

Cette orthographe dans son ensemble, et en écartant les erreurs personnelles d'une copie faite à la hâte, est exactement celle que nous trouvons dans d'autres documents de même provenance tels que le poème de Guillaume de Saint-André[1] *et les Usements de Brécilien*[2].

---

[1] *Le Livre du bon Jehan, duc de Bretaigne,* texte de D. Lobineau. Le ms. qui a servi à M. Charrière a moins de traits caractéristiques.

[2] *Cartulaire de Redon,* cccLxxii.

Le manuscrit, copié machinalement, a conservé par endroits les flexions de l'ancienne langue qui tranchent au milieu de la confusion ordinaire du sujet et du régime. On trouve un certain nombre de ly roys *corrects, quoique la plupart des autres substantifs soient affranchis de la règle de l's. Le copiste écrit assez de fois* le roys *indûment pour que l'on voie un pur hasard dans la conservation de la forme régulière. On se demanderait même s'il sait bien la langue, ou tout au moins on ne sait à quoi attribuer l'emploi fautif de l'article* ly *aux régimes singulier et pluriel, et surtout la confusion de* ly *et de* luy, *anomalie si fréquente dans le texte.*

D'où provient également cet usage de sere *pour* sire ? *Il n'est guère probable qu'un manuscrit aussi mauvais ait conservé une ancienne forme. Rien par ailleurs n'accuse un scribe anglo-normand, qui eût ainsi traduit la prononciation du* sir *anglais.*

Enfin ce copiste ignore complètement la langue spéciale des chansons de gestes. Les mots les plus usuels, tels que poesté, fervestus, amiré, *sont particulièrement maltraités.*

D'après ces notions, on voit qu'il reste fort peu de chose dans le manuscrit de la langue de l'original. Il serait donc impossible de fixer la date de l'ouvrage avec les seules ressources d'un texte aussi défiguré.

La versification fournit davantage. Nous rencontrons en effet quelques laisses qui ont conservé des traces d'assonances, ce qui nous permet de ranger cette chanson parmi celles de l'époque où l'assonance n'a pas encore été complètement chassée par la rime.

Ceci nous amène à l'examen d'une autre question. Le copiste avait-il sous les yeux l'œuvre d'un auteur unique ou un travail qui était déjà le résultat de plusieurs interventions ? En d'autres termes, avons-nous simplement une mauvaise copie de la seule version qui ait existé, ou la rédaction que le scribe du XVe siècle nous a conservée tant bien que mal n'était-elle que le remaniement d'une chanson plus ancienne ? Nous croyons avoir une preuve matérielle de ce remaniement : une des laisses où subsistent des assonances est précisément l'avant-dernière du poème, et l'inachèvement de la mise en rime à la fin des chansons a été signalé[1] *comme un des signes de l'interpolation. De plus on ne s'explique la présence d'un certain nombre d'alexandrins au milieu des déca-*

---

[1] Gaston Paris, Alexis, Rédaction rimée, p. 264.

syllabes que si l'on admet qu'un second travail ait modifié la mesure primitive[1]. *Les chansons où se rencontre cette particularité sont toujours considérées comme de seconde main*[2].

Nous rapprocherons de ces faits différents caractères qui accusent l'allongement, le délayement, tels que la disproportion des laisses entre elles, l'accroissement exagéré des tirades masculines *de rime facile, la longueur démesurée des prières; enfin le contraste entre la rapidité des événements dans les cinq cents derniers vers et la lenteur de l'action dans les deux premiers tiers de la chanson. L'existence d'une version antérieure nous paraît donc certaine.*

On ne peut savoir si cette œuvre était en assonances pures ou, comme il est plus probable, dans l'état intermédiaire du mélange de l'assonance et de la rime, mais à un degré plus rapproché de l'ancien système que celle qui nous a été conservée.

Quel qu'ait été l'original, il est certain par sa date qu'il devait appliquer les règles rigoureuses de l'ancienne poésie. La Conquête de la Bretagne

---

[1] Cf. Huon de Bordeaux, note des v. 12-13.
[2] L'emploi abusif des mots imparisyllabiques dans les v. 378, 738, 1003, 2503, etc., est encore peut-être une preuve de remaniement.

est donc sortie des mains de son auteur dans un état aussi satisfaisant que la plupart des autres chansons. Elle a subi, par malheur, un grand nombre d'altérations qui, pour la plupart[1], doivent être attribuées au copiste.

Ce scribe, qui a eu l'heureuse idée de nous conserver la chanson à une époque où l'on ne copiait plus guère les vieilles gestes, n'avait aucune notion du rhythme, il estropie avec la même impartialité l'ancien décasyllabe ou le moderne alexandrin. En un mot, il a copié les vers comme il eût reproduit de la prose, suivant les lignes qu'il avait sous les yeux, sans s'occuper de la mesure. De là l'élision abusive de syllabes qui devaient être sonores, l'omission de voyelles nécessaires au vers, la suppression de la coupe féminine. Enfin, il a exécuté son travail avec une extrême rapidité, se souciant même assez peu du sens, passant, tronquant les vers ou omettant des mots. Il y a par suite une proportion vraiment extraordinaire de vers faux. M. Léon Gautier les a évalués à plus de mille. On n'en trouverait cependant pas plus de cinq

---

[1] On peut mettre, par exemple, au compte du remanieur, l'incorrection des v. 984, 2305, 2511, ainsi que plusieurs vers trop longs, qui semblent des alexandrins inachevés.

cents [1], *car il n'est pas juste de compter dans le total les alexandrins ou les vers que le manque d'élision fait paraître faux.*

En résumé, le poème est en décasyllabes ordinaires, avec césure au quatrième pied; il contient une soixantaine d'alexandrins [2], *presque tous dans les mille premiers vers.*

Il est divisé par laisses de longueur variable, dont une de rime masculine, V, n'a pas moins de 340 vers.

Il est rimé, cependant les laisses V, XIV, XXIII, en is, *X, en* aine, *ont conservé quelques vestiges d'assonances.*

Nous ajoutons le relevé des finales.

Masculines :

ant, ent, *XIX;*
art, *XVII;*
é, *VIII, XII, XV, XVIII, XX, XXII, XXIV, XXVI, XXVIII, XXX;*
er, *XXI, XXIII, XXVII;*

---

[1] Vers incomplets ou faux par omission de mots ou de syllabes sonores, 380; autres, 113. La proportion des vers faux est de 12 %. environ dans les deux premiers tiers, et s'élève à 22 %. dans le dernier.

[2] 72, dont plusieurs douteux.

ez, *XXV*;
iez, *IV*;
in, *XIII, XXXII, XXXIV*;
ir, *IX*;
is, *V, XIV, XXIII*;
on, *III*;
our, *I.*
u, *XVI*;
y, *VII.*

Féminines :

aille, *XI*;
aine, *X*;
ie, *II, VI, XXIX, XXXI.*

IV

Date et Origine.

Nous n'avons pas de meilleure preuve de l'ancienneté de la chanson que l'esprit même dont elle est imprégnée. Les caractères, les mœurs de l'ouvrage, les idées du trouvère font contraste avec ce que l'on rencontre à l'époque de l'affaiblissement du mouvement épique. Le poète est de la plus vieille école des trouvères, de ceux qui, d'après le passage aujourd'hui classique découvert par M. Léopold Delisle, chantaient exclusivement les gestes des héros et la vie des saints [1].

Le sujet lui-même, la simplicité de l'action, le ton général ont le même cachet d'antiquité. Aucun des moyens introduits dès la fin du XIIe siècle pour exciter l'intérêt n'y est employé ; il n'y a pas de merveilleux, il y a des miracles obtenus par la prière des héros. On ne rencontre dans cette chanson, composée dans le pays qui fut depuis le domaine privilégié de la féerie, ni enchantements, ni monstres, ni luitons ; on n'y voit pas non plus un seul de ces héros difformes ou vilains, dans le sens propre du mot, tels que les Rainouart ou les Robastre. L'amour, en tant que mobile dramatique, y est inconnu. L'absence de toute allusion à Arthur, aux traditions du Brut ou aux romans de Chrestien de Troyes, est surtout significative. Elle reporte forcément à un temps où la Bretagne de langue française n'avait pour littérature que les chansons de gestes de la langue

---

[1] *Joculatores qui cantant gesta principum et vitas sanctorum.... ut faciant solatia hominibus.* (Préface d'Huon de Bordeaux, VI.)

d'oïl, et pour traditions que les souvenirs propres de la petite Bretagne. Au siècle suivant, un trouvère breton, si isolé qu'on le suppose, n'eût pas échappé à la contagion des romans de la Table-Ronde.

Ce que l'on peut apercevoir des idées politiques, au milieu des conventions nécessaires d'une chanson de geste, est de la même date que le goût littéraire. Dans Aquin, l'organisation féodale fonctionne régulièrement ; mais les seigneurs bretons sont tous les vassaux directs du roi sans notion du duc comme intermédiaire.

Fors vous, beau sire, nul droit seignor n'abvon [1].

Le trait de ce riche archevêque de Dol qui deffraye les seigneurs qui le défendent [2] *n'est pas d'un contemporain de Pierre Mauclerc et de la ruine du clergé breton.*

On a déjà remarqué que la date de ce roman ne peut être reculée au delà de la suppression de l'archevêché de Dol qui eut lieu en 1199. On peut ajouter qu'il n'a pas dû être composé dans les années qui l'ont immédiatement précédée. La chanson date d'un moment où l'Archevêque était

---

[1] V. 107.
[2] V. 183, 768.

un véritable pouvoir, sinon incontesté du moins existant en fait avec tout son prestige et toutes les prérogatives de son titre. Il est difficile d'étendre cette période au delà du cardinal Roland ✝ 1189.

Nous joindrons quelques autres arguments qui valent surtout par leur concordance : l'absence de toute trace de l'antipathie ordinaire des Bretons contre les Normands dénote une période d'apaisement qui doit être antérieure aux guerres de 1197 et 1203. A cette dernière date, Jean-Sans-Terre ravagea tout spécialement le pays de Dol[1].

La seigneurie de Morlaix fut confisquée aux comtes de Léon en 1179 et tomba définitivement dans le domaine des ducs en 1187. L'auteur lui donne un seigneur particulier, est-ce un indice qu'il a écrit avant cette réunion ? Le même raisonnement peut se faire à propos de la seigneurie de Daoulas devenue abbaye en 1173[2]. *L'énumération des seigneurs de Léon ne distingue pas les comtes de Léon des vicomtes, elle est sans doute antérieure à la création de la vicomté de Léon en 1179*[3].

[1] D. Morice, I, 123, 131.
[2] D. Morice, I, 114, 119, 130. — *Id.*, III, 105.
[3] A. de Blois, *comtes et vicomtes de Léon*. (Biog. bret., II, 296.)

Il convient encore de relever la sagacité avec laquelle l'auteur envoie Charlemagne faire son oraison à la vieille église de Saint-Gervais d'Avranches, plutôt que dans la cathédrale de cette ville[1]. *Celle-ci, fondée au XIIe siècle sous le vocable de saint André, effaça bientôt le renom de saint Gervais. Ce discernement semble accuser la connaissance de la construction de la nouvelle basilique comme celle d'un fait contemporain. De ces rapprochements résulte un ensemble suffisant de preuves pour conclure que la chanson primitive est certainement de la fin du XIIe siècle, et peut être placée avec vraisemblance entre 1170 et 1190.*

L'auteur de la Conquête de la Bretagne, *comme celui de tant d'autres chansons, est inconnu. Nous en sommes réduits aux inductions que suggère son œuvre elle-même. Elles sont assez nombreuses. Il était Breton; il est certain de plus qu'il connaît mieux que toutes autres, deux régions de la Bretagne: la haute Cornouaille, proprement le Poher, et cette contrée maritime qui comprend le pays de Dol et le pays d'Aleth; il est naturel de penser qu'il vint de la Cor-*

---

[1] Cf. des Roches, *Histoire du diocèse d'Avranches.* — *Gallia Christiana, D. Abrincensis,* XI, Pr., col. 237.

nouaille dans la Haute-Bretagne. C'est à coup sûr dans cette dernière région que la chanson a été composée. Le caractère local est assez prononcé pour ne permettre aucun doute. Les vers suivants indiquent le voisinage de la ville ou plutôt du couvent de Saint-Malo :

> Si ne craiez que je dy de verté,
> A Saint-Malo est ou livre trouvé.

C'est là une précieuse variante du renvoi d'usage aux Chroniques de Saint-Denis.

Quelques détails de l'histoire des deux diocèses de Dol et de Saint-Malo permettent des conjectures plus précises. On connaît l'interminable procès de l'archevêché de Dol contre la métropole de Tours[1]. Cette grande querelle n'était pas le seul souci des archevêques de Dol. Leur autorité, entièrement méconnue à Rennes, Nantes, Quimper, s'était restreinte de bonne heure aux évêchés de Saint-Brieuc, Tréguier et Saint-Malo. De ces trois évêchés, les deux premiers suivaient de bon cœur le métropolitain breton ; l'évêché de Saint-Malo ne le reconnaissait qu'à regret. Dès 1054, un acte de l'évêque d'Aleth témoigne de

---

[1] D. Martène, *Thesaurus anecd.*, III, *Acta varia in causa Episcopatûs Dolensis*.

ces dissentiments[1]*, et, en fait, le dernier évêque qui ait reconnu Dol est celui qui porte dans les catalogues le nom de* Donoaldus *(1120-1144), encore ce prélat reconnut-il simultanément Tours. Saint Jean de la Grille, qui lui succéda, évita toute difficulté en allant se faire consacrer par le pape. Le plus rapproché des suffragants de l'archevêque de Dol était donc loin d'être le plus soumis*[2]*.*

Ces considérations éclaircissent un passage de la chanson. Après avoir pris Quidalet, Charlemagne l'abandonne au temporel et au spirituel à l'archevêque de Dol. Pourquoi cette donation inattendue? Ne serait-ce pas pour affirmer les droits de suprématie de Dol sur le diocèse d'Aleth ou de Saint-Malo? Il y avait un intérêt toujours présent pour un habitant du diocèse de Dol à gratifier son archevêque de la ville d'Aleth, titre du siège. Par contre, il est difficile de croire qu'un diocésain d'Aleth eût eu la même générosité, aucune réminiscence historique ne pouvant lui en donner l'idée, les deux villes ayant toujours été par ailleurs indépendantes l'une de l'autre. Les attaches de l'auteur avec le pays de Dol paraissent donc prouvées.

---

[1] *Gallia Christiana* de M. Hauréau, p. 61, B; p. 999, A.
[2] D. Morice, Pr. I, 735, l. 54 et s^{tes}.

D'un autre côté, il est facile de voir que cet auteur connaît admirablement le pays d'Aleth; il en sait minutieusement les îles et les rochers, il en énumère les chapelles et dévotions particulières. Il appelle Aleth « la nostre cité[1] *». Ce n'est pas sans cause non plus qu'il fait de saint Servan le héros céleste du poème. Il faut au moins admettre qu'il a longtemps séjourné dans la paroisse de ce nom.*

Était-ce un clerc? On l'a avancé en se fondant sur la prolixité des prières et sur la prédilection évidente avec laquelle sont relatés les fondations pieuses, les miracles[2]. *Le caractère de l'œuvre ne permettrait guère d'autre supposition si l'on attribue à un seul et même auteur la version que nous possédons. Mais si, au contraire, on reconnaît une seconde intervention, on peut placer à l'origine un véritable trouvère, un jongleur dont l'œuvre pieuse a reçu après coup une empreinte cléricale plus prononcée.*

Plusieurs traits sentent ce jongleur, malgré la disparition de l'annonce ordinaire du début.

C'est beau miracle, doit l'en bien escuter[3].

---

[1] V. 1469.
[2] *Epopées françaises,* II, p. 301, note.
[3] V. 2273.

ne serait-il pas un de ces vers dont les jongleurs se servaient pour ranimer l'attention de leur auditoire ?

Le jongleur semble encore se révéler d'une façon technique dans la reprise sur une autre rime de la prière des V. 560-4. Est-il naturel, d'ailleurs, d'attribuer à un clerc la connaissance des chansons dont nous parlerons plus loin, ces allusions qui indiquent un répertoire, cette riche collection de centons qui n'accusent que trop le procédé des trouvères de profession ? Il en est de même de la facilité à inventer des noms historiques ou à se les approprier[1].

Enfin, suivant la juste remarque de M. P. Meyer, à l'époque que nous avons fixée, on ne doit pas, en l'absence de preuve positive, supposer qu'une poésie en langue vulgaire soit d'un clerc, car à cette époque les clercs écrivaient en latin[2].

Par une coïncidence singulière, nous rencontrons un nom de jongleur dans le pays de Dol et aux environs de la date indiquée. Dans une enquête faite en 1181, par l'ordre d'Henri II d'Angleterre, pour le recouvrement des biens de l'Église de Dol, les témoins qui déposent de la

---

[1] Cf. Alexis, p. 202.
[2] *Romania*, 1876, p. 5.

propriété des terres, marais, pêcheries de la paroisse de Cherrueix, citent : « Campus Trossebof quem dedit Rollandus archiepiscopus Garino Trossebof JOCULATORI quamdiu viveret[1]. »

Ce Garin Troussebeuf, jongleur du XIIe siècle[2], *récompensé par un archevêque de Dol avant 1181, prête à de légitimes conjectures. Rien ne permet cependant jusqu'ici de le rattacher avec certitude au poème d'Aquin.*

Il nous reste à parler de l'auteur du remaniement. Il est plus facile de constater son existence que de se rendre compte de sa part d'action et, par suite, de sa personnalité. Il paraît s'être contenté de forcer le caractère pieux de la chanson, de l'enrichir de développements empruntés aux propres des saints du pays, tels que les deux légendes de saint Malo et de saint Servan qui sont d'une grande faiblesse. Il n'a pas modifié le thème lui-même. Il lui a fait subir l'allongement que nécessite la transformation de l'assonance en rime. La chanson a perdu en vigueur et en netteté, mais, par un bonheur qui est tout son intérêt, elle a con-

---

[1] D. Morice, Pr. I, 684, l. 24. D. Lobineau, II, 134, l. 27.

[2] On peut le croire contemporain de Roland III, élu archevêque en 1177. On peut aussi, il est vrai, le rejeter dans la première moitié du siècle en lui donnant pour bienfaiteur Roland II. — Cf. *Gall. Chr.*, XIV, *Eccl. Dolensis.*

servé sa physionomie antique. Elle semble donc être tombée entre les mains d'un réviseur ayant le caractère de trouvère isolé, que M. Gaston Paris reconnaissait chez l'auteur. L'œuvre de ce rimeur n'a sans doute été qu'un travail personnel, fait en dehors du goût littéraire contemporain et dont la publicité est douteuse.

A quelle époque s'y est-il livré? Très-tard vraisemblablement. Quels que soient les torts du copiste, il n'est pas supposable qu'il ait eu sous les yeux un manuscrit antérieur au XIVe siècle. Au point de vue historique, il faut, semble-t-il, supposer un moment assez éloigné de la disparition de l'archevêché de Dol. Les intérêts dont nous avons parlé n'ont pu permettre que longtemps après cet événement de refaire aussi impartialement une chanson qui consacre la suprématie de ce siège, d'autant plus que l'auteur de ce rifacimento *a tout l'air d'être un clerc.*

C'était, suivant toute hypothèse, quelque clerc de Saint-Pierre d'Aleth ou de Saint-Servan, églises collectivement desservies par des chanoines de S. Victor depuis la translation du siège épiscopal[1]. *On croit même apercevoir sa main dans*

---

[1] Il est remarquable qu'aucun des couvents du pays ne reçoive de mention particulière ; Saint-Etienne, Château-Malo, Notre-

un passage relatif à la croix-reliquaire de Saint-Servan. La vertu principale de cette croix, qui est de punir dans l'année les parjures, après avoir été annoncée plusieurs fois, reste sans emploi dans le récit. N'est-ce pas une addition suggérée par le désir de faire figurer dans la chanson des traditions particulières que le premier auteur avait omises?

Ce détail justifierait le rapprochement que l'on a indiqué[1] *entre le roman d'Aquin et la prose provençale attribuée à Philomena*[2], *ouvrage qui renferme, avec la substance d'une chanson de geste, de nombreuses interpolations faites dans le but d'exalter le couvent de la Grasse.*

V

Cycle de la Chanson.

On sait que la plupart des chansons de geste ne sont point indépendantes les unes des autres,

Dame, où Charlemagne distribue impartialement les fondations, n'étaient pas des abbayes ou des prieurés, mais de simples chapellenies qui dépendaient de l'église d'Aleth.

[1] *Ep. fr.*, II, p. 302, note.
[2] *Gestes de Charlemagne devant Carcassonne et Narbonne.* B. N., fonds fr., 2232. — Cf. P. Meyer, *Rech. sur l'Ép. fr.*, p. 54 et s^{vts}. (Bibl. Ec. des Chartes, 1867.)

mais forment des groupes consacrés chacun à une même famille de héros. Au milieu de ces cycles, quelle place occupe la Conquête de la Bretagne ? *Sans doute, il est naturel de la ranger, comme on l'a fait, dans la geste de Charlemagne ; cependant cette classification imaginée pour les besoins de la critique ne doit pas empêcher de considérer la chanson sous un de ses aspects originaux. Malgré la présence de Charlemagne, elle a, par sa liste de guerriers d'une même race, comme par le développement donné au rôle de certain personnage, le caractère d'une geste à part: geste des Bretons ou geste de Naimes.*

Elle a d'ailleurs été laissée à l'écart par les trouvères eux-mêmes. Les chansons connues n'y font aucun emprunt apparent. Aucun des compilateurs de la geste du roi n'en connaît même le sujet. Philippe Mousket, Girard d'Amiens, la Karlamanùs Saga, les Reali, ignorent la guerre contre le roi Aquin[1].

[1] Les chansons de geste ne font que de rares allusions aux guerres de Charlemagne en Bretagne, et ces guerres sont toujours dirigées contre les Bretons eux-mêmes. Roland dit à son épée : *Jo l'en cunquis e Anjou e Bretaigne* (v. 2322), sans que l'on sache à quelle guerre se rapporte cette conquête. Il est fait mention de guerres contre les Bretons dans *Mainet* (fragments, v. 53), *Garin le Loherain* (II, 65, P. Paris); *Amis et Amile* (*H. litt.*, XXII, 290); le *Couronnement Loeys* (v. 18). Ph. Mousket (v. 4639), Girard d'Amiens en disent quelques mots empruntés

Il est par suite difficile de croire que le thème de cette chanson se soit propagé en dehors de la Bretagne. Il a dû circuler dans ce pays et y jouir d'une certaine popularité, comme le passage de Froissart et les souvenirs populaires[1] *autorisent à le penser. Il paraît avoir subi une destinée analogue à celle de plusieurs poèmes très-intéressants dont le caractère plus particulièrement provincial a empêché la diffusion. Nous avons dit un mot du* Philomena ; *la chanson perdue de* Tersin[2] *reposait également sur des traditions locales très-voisines de celles d'Aquin. Comme ces œuvres, la* Conquête de la Bretagne, *que l'on pourrait appeler à ce point de vue la prise d'Aleth, n'a jamais eu cette vogue qui s'est attachée à des compositions plus éloignées de l'histoire.*

La légende de Charlemagne, si bien étudiée aujourd'hui, est séparée par plusieurs événements, dont quelques-uns sont cités dans la chan-

à Turpin (chap. II) ou aux chroniques de S. Denis. (Cf. G. Paris, Charlemagne, p. 296). V. Index, au mot *Salemon*, la liste des personnages cités dans les chansons.

[1] On pourrait recueillir à Saint-Servan plusieurs contes sur Aquin devenu le *bonhomme Solidor*, chef des Sarrasins. On montre dans la Cité le *Puits des Sarrasins*. Rapprocher les récits réunis dans l'*Hist. poét. de Charlemagne*, p. 255.

[2] *Romania*, 1872, I, 63. Tersin est un roi sarrasin, maître d'Arles. Charlemagne s'empare de la ville, après sept ans, en coupant un aqueduc.

son : *la guerre contre les Saxons, l'adoubement de Roland, la guerre d'Aspremont, la mort de Roland*. La campagne contre Aquin a lieu après le premier de ces événements et avant le second ; les deux autres sont rejetés par l'auteur à une époque postérieure indéterminée.

Les trois chansons où le trouvère a sans doute puisé ces notions font partie de la geste du roi : les Saisnes dont la guerre se lie avec le sujet lui-même, Aspremont et Roland, mentionnées épisodiquement.

La guerre de Charlemagne contre les Saisnes et leur chef Guiteclin de Sessoigne, le fils Justamon, c'est-à-dire Witikind, a été pour le roi Aquin l'occasion de s'emparer de la Bretagne. Plusieurs passages le rappellent d'une façon positive [1]. Ils se réfèrent à l'ancienne version de la chanson des Saisnes, au poème disparu de Guitalin [2], plutôt qu'au renouvellement de Jean Bodel. Les données de cette dernière composition ne correspondent pas exactement avec celles de la nôtre. Ainsi la Conquête de la Bretagne place la guerre des Saisnes au début du règne

---

[1] V. 60, 140, 1424.
[2] G. Paris, *Guitalin* dans la K. Saga. Bibl. Ec. Chartes, 1865, p. 18.

*de Charlemagne, longtemps avant qu'il soit couronné empereur, tandis que J. Bodel la met après Roncevaux et dans sa vieillesse. Le trouvère d'Aquin paraît aussi ignorer la première partie des Saisnes consacrée à la révolte des barons He*rupés, *parmi lesquels sont les Bretons. Ceux-ci sont, au contraire, représentés dans notre poème comme les vassaux très-soumis de Charlemagne. Le travail du trouvère d'Arras n'en a pas moins laissé subsister certain rapport entre les deux chansons. Le rôle des Bretons est très-grand dans les Saisnes. Ils y sont distingués des autres Herupés, et leur roi Salemon est un des principaux chefs de ceux-ci*[1]*.*

Nous avons du vers 1830 au vers 1845 tout un résumé de la chanson d'Aspremont. L'auteur en sait parfaitement les principaux passages : l'ambassade outrecuidante d'Agolant, la mort effroyable d'Yaumont, enfin les débuts de Roland. Il place cette guerre entre la conquête de la Bretagne et les événements d'Espagne. La présence de Naimes dans cette campagne d'Aspremont est donnée par le poète comme une preuve

---

[1] F. Michel, chanson des Saxons, laisses 34, 36, 45, etc. On dit à Charlemagne dans l'embarras :
    Or vous aurait mestier de l'aie Salemon. (L. 14.)

historique de ce qu'il survécut à la défaite de Césembre. Naimes figure en effet dans Aspremont[1], *où il joue même un rôle assez actif. Il en est ainsi de Salomon, voué par la rime à cette expédition. En dehors des faits de cette guerre d'Aspremont, la chanson d'Aquin ne connaît pas d'autres exploits de Roland avant son adoubement. Les divers récits des* Enfances Roland *n'y ont pas pénétré.*

Quant à l'origine même de ce héros, la Conquête de la Bretagne *a sa version propre et y fait de fréquentes allusions. Roland est le fils de Tiori, duc de Vannes, et de Bagueheut, sœur de Charlemagne. Cette filiation simple et pure n'est pas un des traits les moins curieux de ce poème*[2]. *Il se distingue ici heureusement des autres qui, sur ce sujet, accumulent les inventions les plus pitoyables, pour ne pas dire davantage. Faut-il voir dans cette généalogie de Roland, particulière à l'auteur d'Aquin, une création de toutes pièces due à un trouvère breton jaloux de confisquer, pour ainsi dire, Roland au profit de son pays? N'est-ce pas plutôt la trace de traditions plus*

---

[1] B. N., fds fr., 2495. — *Ep. fr.*, II, 63-83.

[2] M. P. Paris y a vu une des meilleures preuves de l'antiquité de la chanson. *Hist. litt.*, p. 404. — Cf. *Hist. poét.*, p. 433.

anciennes unissant Roland à la Bretagne ? Nous trouvons dans Renaus de Montauban *un passage qui semble confirmer cette dernière supposition.*

> Sire, dist li vallés, Rollant m'appelle on,
> Et fui nés en Bretaigne, tot droit à Saint Fagon, [1]
> Fix sui vostre seror……………………

La compilation de Girard d'Amiens se rapproche de la même fiction. Tout en donnant à Roland un autre père, Milon, duc d'Angers ou d'Anglers, par une bizarrerie qui dénote l'interpolation et le remaniement maladroit, elle place le séjour de la duchesse d'Angers, sœur de Charlemagne, à Vannes, la propre ville du Tiori de notre chanson [2]. *Il faut encore rapprocher le « noble prince de Cornouailles, » également époux d'une sœur de Charlemagne et père du « glorieux chevalier Roland, fleur de toutes les vertus chevaleresques, » dans le récit d'Ulrich Fütrer* [3]. *Ces traditions, d'ailleurs, ne sont pas sans fondement. Roland apparaît dans le seul texte historique qui fasse mention de sa mort, comme préfet*

---

[1] Saint-Fagon est inconnu en Bretagne; ne serait-ce pas le château du Saint *in fago*, dans la forêt du Faou, près de Gourin ? — Cf. Renaus, Ed. Michelant, p. 119-120.

[2] Notes, p. 180.

[3] *Histoire poétique de Charlemagne,* p. 408 et s^{ivt}.

des marches de Bretagne[1]. *Un autre fait réel, la création par Charlemagne des gouverneurs de Vannes*[2], *auxiliaires des préfets de frontière, a pu entrer également dans la légende carolingienne de cette province.*

Quoique le texte fasse une allusion directe à la mort de Roland[3], *il n'en ressort pas nécessairement que l'auteur ait connu la* Chanson de Roland *elle-même ; il en constate une fois de plus la popularité. Il est à remarquer qu'il ignore complètement le faux Turpin. Il n'eût pas manqué, s'il l'eût connu, d'y emprunter les Arastagne et les Hoël de Nantes pour parfaire sa nomenclature des héros bretons.*

*Si l'on ne consultait que l'analogie de style et l'imitation de détail, il faudrait ajouter aux données épiques possédées par le poète, la connaissance de la chanson d'*Aliscans. *La comparaison des laisses de même finale des deux chansons, rend évidente la similitude d'un trèsgrand nombre de vers et de tournures. D'autre part, la vogue d'*Aliscans *pourrait faire croire à un emprunt direct. La nature même de ces*

---

[1] « *In quo prælio... Hrodlandus Britannici limitis præfectus... interficitur.* » Eginhard, *Vita Karoli M.* Historiens, V, 93, A.

[2] D. Morice, I, 25-28.

[3] Vers 708 et s^{ts}.

poésies le rend plus douteux[1]. *Les plus anciennes servent aux autres de dictionnaires de rimes. Les finales semblables entraînent les idées analogues qu'expriment régulièrement les mêmes mots.*

A l'influence française qui se manifeste dans l'ouvrage par les rapports que nous avons étudiés, s'en est ajoutée une autre, celle des traditions bretonnes. Les souvenirs personnels du poète lui ont inspiré une digression plus originale, sans contredit, que le récit lui-même, l'épisode d'Ahès. M. Paulin Paris, l'a signalé le premier. Cet épisode si bien amené[2] *renferme une légende des plus anciennes, encore populaire dans plusieurs parties de la Bretagne. L'auteur de la chanson nous a conservé un véritable* Gwerz *breton, car une simple différence de forme ne doit pas empêcher de reconnaître la* groa'ch Ahès *dans la* femme Ohes le veil barbé.

La tradition d'Ahès se retrouve en Bretagne près des vestiges antiques de nature à frapper l'imagination populaire, des restes des voies

---

[1] Ainsi, la recherche de Naimes parmi les morts et le trait des v. 1817-8, original, croit-on, dans *Aliscans*, peut avoir passé dans *Aquin* par l'intermédiaire d'*Aspremont*, où il se retrouve également.

[2] V. 852 et s¹¹.

romaines encore appelées hent Ahès, *chemins d'Ahès, des ruines d'édifices ou de villes,* castel Ahès, ker Ahès. *C'est toujours, à peu de chose près, la légende de la chanson d'Aquin. Une princesse puissante, vivant depuis des siècles, croit ne jamais mourir et entreprend des travaux prodigieux, routes sans fin, murs indestructibles, interrompus par quelque circonstance puérile comme la rencontre de l'oiseau mort, qui rappelle la fin des êtres et la vanité des choses. Tel est ce mythe dont on ne connaît pas de mise en œuvre plus ancienne que celle de ce trouvère. Nous n'oublions pas la cantilène bretonne au refrain :*

>   Arri groac'h Aes en hon bro :
>   Kesomp mein braz war an hencho.
>   Kesomp mein braz ha mein bihan
>   War an hent braz, e kreiz al lann[1].

Si le fond de cette composition peut être authentique, la forme est loin d'inspirer la même confiance. Nous ne pouvons entrer dans les détails de la légende d'Ahès ou de Dahut, car la fille du roi Grallon se confond avec Ahès dans les récits

---

[1] La vieille Ahès arrive dans notre pays.
   Portons de grandes pierres sur les routes,
   Portons de grandes pierres et de petites
   Sur le grand chemin, au milieu de la lande.
   (*Annuaire historique de la Bretagne*, 1861, p. 177).

populaires[1]. *Elle a donné lieu à de multiples hypothèses, qui sont loin d'avoir rendu plus claire son origine. Cette chanson est le texte qui nous parle le plus longuement de la Dame des voies romaines. Il lui donne pour père un certain Corsoul, qu'il semble à propos d'identifier avec le sire de Corseul, que l'ingénieux auteur fait régner au point de jonction des voies romaines de la Dommonée.*

A côté de l'épisode d'Ahès, il faut placer celui de Gardaine, comme provenant de la source des traditions bretonnes. La submersion de cette ville rappelle celle d'Herbauges, dans le lac de Grand-Lieu, à la prière de saint Martin de Vertou. Mais le nord de la Bretagne a ses traditions propres. Le merveilleux du pays d'Aleth avait pour centre la mare Saint-Coulman, lac mystérieux dont tout le prestige n'a pas disparu; nappe d'eau fangeuse, d'étendue variable, entourée de marécages tourbeux, souvent inondés. Le président de Robien[2], *en la décrivant, signale la croyance des riverains à l'engloutissement d'une ville. Les*

---

[1] Albert le Grand. *Vie de S. Guennolé*, éd. M. de Kerdanet, p. 57.

[2] « C'est encore une vieille tradition que l'ancienne ville de « *Neodunum* a été submergée dans cette mare.... Le peuple « débite qu'au milieu est un gouffre d'une profondeur extrême,

plus anciens commentateurs de la chanson connaissaient ce récit, dont il est difficile de suivre la trace. Il peut avoir quelque rapport avec la fable absurde du coup de pied de Gargantua, qui créa dans ces parages la plaine de Mordreuc. Ce dernier conte paraît lui-même le travestissement d'un miracle attribué à saint Suliac[1]. *Quoi qu'il en soit, c'est dans ces souvenirs que le trouvère a cherché son inspiration, plutôt que dans les réminiscences de l'épopée carolingienne*[2].

L'examen de ces différents éléments met à même de mieux apprécier la valeur relative de la chanson. Un poète qui a su nous raconter une expédition militaire des plus communes sans tomber dans la chronique en vers, avait une réelle faculté de composition. Son œuvre est remarquable au point de vue de l'unité; les faits sont bien groupés autour de l'action principale; la trame de l'œuvre est assez puissante pour avoir résisté au remaniement et à l'interpolation.

La légende de Charlemagne, subissant l'appro-

« et qu'on trouve sur ses bords des restes de murs et les ruines « d'une ancienne ville. » *Description historique et topographique de la Bretagne*, 1756, II, p. 33. (Bibliothèque de Rennes, ms. 179.)

[1] V. Dictionnaire d'Ogée, *Saint Suliac.*
[2] Cf. G. Paris, *Hist. poét. de Charlemagne*, p. 443.

priation du trouvère breton, est devenue une chanson d'un caractère original. Celle-ci reproduit fidèlement le double caractère de la Haute-Bretagne, également incapable de se soustraire à la forme française et aux traditions bretonnes ; de là un intérêt tout particulier. C'est faire la critique générale de toute cette littérature que de se plaindre de retrouver ici le style de centons et d'expressions toutes faites, ou les clichés ordinaires : sièges qui manquent d'originalité depuis celui de Troie, combats singuliers, ambassades insolentes, allocutions de prélats guerriers, tributs réclamés par les païens, baptêmes de reines captives, prières qui répètent le Credo. *Ces dernières sont particulièrement longues dans* Aquin, *filandreuses, a-t-on dit. On en pourrait citer d'aussi ennuyeuses, nous préférons les abandonner impartialement.*

VI

Élément historique

Notre vieil historien d'Argentré, exerçant sa critique sur les données historiques de ce poème, ne s'est pas fait faute de les traiter de fables, bourdes et bayes, « *car oncques ne fut en Bretaigne un Aquin, oncques Charlemagne n'entra en Bretaigne*[1]. »

La vérité historique peut subsister dans une chanson de geste, malgré un certain déplacement des faits. Si Charlemagne n'est pas venu lui-même en Bretagne, il y a envoyé ses lieutenants[2] *: Roland à une époque incertaine, Audulf en 786, Gui ou Guion plusieurs fois, et encore d'autres*[3]*. Ses successeurs qui, comme on le sait, pour toute cette littérature ne font qu'un avec lui, y ont multiplié les expéditions. Les chroniques de Saint-Denis énumèrent nombre de campagnes de Louis-le-Débonnaire et de Charles-le-Chauve contre les Bretons. La croyance à une conquête de la Bretagne par l'empereur franc a pu naître de ces souvenirs légèrement modifiés, à l'avantage de la Bretagne, par la substitution des païens aux Bretons.*

Il nous semble plus juste cependant d'attribuer cette donnée à l'influence de la poésie régnante. Nous ne voyons d'historique dans Aquin que les traditions locales. L'auteur les a fondues,

---

[1] P. XXV, note.
[2] Cf. *Ep. fr.*, II, 295. Eléments historiques du roman d'Aquin.
[3] Un de ces lieutenants dévasta les environs d'Aleth vers la fin du règne de Charlemagne. D. Morice, *Pr.*, I, 225-6.

pour ainsi dire, dans le moule littéraire de la langue d'oïl, mêlant les noms familiers à l'histoire de son pays aux noms de l'épopée générale. Ce qui appartient à cette dernière n'a pas dans son œuvre de vérité spéciale et fait partie du contingent littéraire. Ce qui au contraire demeure en dehors, soit dans l'affabulation, soit dans le détail des faits ou la personnalité des héros, peut avoir son fondement dans la tradition.

Cette portion semble au premier abord considérable. D'une part, les événements sortent du cadre banal par la précision de la mise en scène ; d'autre part, nous trouvons des guerriers d'une même race, presque tous inconnus aux trouvères français.

Une confusion a empêché d'étudier l'ouvrage à ce point de vue. Le mot Sarrasin, *qui se rencontre un grand nombre de fois dans le roman d'Aquin, a fait croire que la guerre de Charlemagne avait lieu contre les véritables Sarrasins. Un auteur ingénieux* [1] *a bâti, sur la venue de ces peuples en*

---

[1] « Je ne trouve point hors d'apparence que de cette grande
« multitude de Maures deffaicte par Charles Martel... il ne s'en
« puisse estre sauvé une bonne partie, laquelle aurait bien pu
« descendre de Tours... à Nantes par la rivière de Loyre... et de
« Nantes... en ceste autre coste de Bretaigne où est située Qui-

Bretagne, toute une histoire étayée d'arguments historiques et archéologiques. Une armée de Sarrasins échappés à la bataille de Poitiers se serait emparée d'Aleth et aurait occupé cette ville jusqu'à la conquête de Charlemagne. Ce récit eut un grand succès et remplaça dans les environs de cette ville ce qui pouvait y exister encore des traditions antérieures. Est-il nécessaire de dire que le terme Sarrasin n'a dans les chansons du Nord qu'un sens banal, celui de païen, d'ennemi des chrétiens. Les Saxons, dans la chanson des Saisnes, sont appelés de ce nom[1]*; les Normands eux-mêmes sont souvent désignés ainsi par Wace qui devait les bien connaître.*

> En plusurs lieus pert la ruine
> Que firent la gent Sarazine [2].

C'est de la même façon que l'on prête indifféremment aux païens, quels qu'ils soient, le culte de Mahomet, de Tervagant ou des dieux de la mythologie grecque. Les expressions Turc, Arabe, ont une signification aussi générale et

---

« dalet.... Et l'un des chefs et conducteurs de l'armée des Maures
« descendus en Aquitaine, est, par l'historien espagnol, nommé
« Athim. » *Mémoires de La Landelle*, p. 11, 12.

[1] *Sarrazins ert li Saisnes, si creant à Mahom.* — F. Michel, laisse III.

[2] Rou, 422-3, etc. — Cf. Garin le Loherain, I, 57, notes.

n'accusent nullement la nationalité des ennemis.

Il n'en est pas ainsi du mot Norois, *qui se trouve plusieurs fois dans* Aquin *pour désigner les adversaires des Bretons ; on ne le rencontre dans les textes que lorsqu'il y est question de nations septentrionales, Danois, Norvégiens ou Normands proprement dits*[1]. *Il est employé dans ce sens par le roman de Rou*[2]. *L'usage d'un mot d'un sens aussi spécial ne peut être expliqué que par un souvenir plus ou moins précis, mais réel, de la domination des hommes du Nord dans cette province. Les Norois de la chanson ont d'ailleurs l'habileté maritime des Normands*[3].

Vont sanz paour au vant et à l'oré.

Cette réminiscence est amplement justifiée par l'histoire des invasions normandes en Bretagne. On s'étonnerait plutôt que ces fléaux n'aient laissé qu'une empreinte aussi effacée, si l'on ne voyait les guerres les plus barbares, celle des Saxons par exemple, aboutir aux récits chevaleresques les plus faibles.

On pourrait donc, quant à l'élément histo-

---

[1] Voir les citations de M. de Reiffemberg. (Ph. Mousket, I, 615.)
[2] *Daneis manderent e Norreis.* (Rou, 238.)
[3] V. 2145 et s^{tes}.

rique, établir un rapprochement entre cette chanson et celle de la geste de Guillaume d'Orange, c'est-à-dire de la famille en laquelle se personnifie la résistance aux invasions du midi. La Conquête de la Bretagne *met en œuvre des traditions analogues, celles de la lutte contre les Normands. C'est, par malheur, le seul monument qui subsiste de toutes les chansons de geste que ces guerres ont dû inspirer aux trouvères de l'Ouest.*

Nous ne pouvons que placer en regard les détails de la chanson et les faits historiques qui peuvent les avoir suggérés.

Dans Aquin, tous les seigneurs bretons ont été chassés de leurs terres par les Norois. L'histoire de Bretagne offre plusieurs exemples de spoliations collectives [1] *accomplies par les Normands; entre toutes les autres se distingue la grande* désolation *de la Bretagne* [2], *par les chefs de la Seine et de la Loire.*

La chanson a été composée dans le pays d'Aleth; c'est là que Charlemagne vient chercher les en-

---

[1] En 887, 919, 931, etc.
[2] A. 919... *Totam Britanniam devastarunt, fugientesque inde præ timore Normannorum territi comites ac mathiberni dispersi sunt per Franciam, Burgundiam et Aquitaniam.* D. Morice, Pr., I, 145. *Ex chron. Nannet.* — Cf. Cartulaire de Redon, CCCLXV, note 5.

nemis; le fort de la guerre y a lieu, le siège d'Aleth en est l'événement principal. Les ravages des Normands ont été particulièrement fréquents dans les diocèses de Saint-Malo et de Dol. Aleth a été plusieurs fois ruinée par les Normands; une tradition constante leur attribue la destruction de sa cathédrale. Les incursions normandes se sont prolongées dans cette région de manière à en faire durer la mémoire [1].

Le roi Aquin, d'après le témoignage du poème, vient de Nantes, il y a été couronné. Depuis trente ans qu'il a conquis la Bretagne, sa nation détient la contrée nantaise par excellence, le pays de la Mée. La ville de Nantes, depuis 843, où elle fut prise pour la première fois, devient le quartier général des Normands quand ils la possèdent et l'objet de leurs efforts quand ils l'ont perdue. Ils finissent par en obtenir la cession en 921, ainsi que du comté Nantais [2]. *Cet abandon fut confirmé, et ils s'établirent d'une façon permanente dans la basse Loire. On put croire qu'ils allaient y faire un établissement analogue à celui*

---

[1] Gallia chr., XIV, 1043, C, 998, C. — D. M., I, 62, 66, Pr., I, 35. — Hist., VIII, 198, B.

[2] *Rotbertus comes... acceptis ab eis obsidibus, Britanniam ipsis quam vastaverunt cum pago Nannetico concessit.* — Ex chron. Frodoardi, Historiens, VIII, 177, D.

de la Seine. Ils l'occupèrent de fait pendant environ trente ans, depuis la mort d'Alain le Grand en 907 jusqu'à 937, époque où Alain Barbe-Torte la reconquit. L'occupation des Norois de la chanson a le caractère de durée qui se retrouve dans l'histoire du séjour des Normands à Nantes.

Le chef normand qui commandait à Nantes à la fin de ce long espace de temps, s'empara de toute la Bretagne, notamment du pays de Dol. Ce chef s'appelait Incon [1]. *La Cornouaille même était alors envahie par les Normands* [2]. *L'expédition d'Alain Barbe-Torte, qui mit fin à cette grande invasion, commença par Dol, s'enfonça en Bretagne, puis revint sur Nantes; itinéraire qui ressemble à celui de la conquête de la Bretagne* [3].

Il faut s'arrêter quelques instants à ce personnage d'Incon. Les quelques lignes de Frodoard que nous citons en note, forment tout ce que l'on sait de ce chef, qui peut avoir occupé toute la Bretagne pendant cinq ou six ans. Il possédait Nantes, vraisemblablement depuis 927, quand

---

[1] « INCO *Normannus qui morabatur in Ligeri cum suis Britanniam pervadit; victisque et pervasis et cæsis vel ejectis Britonnibus, regione potitur.* » Frodoard. (a. 931). Historiens, VIII, 188, A.

[2] Cart. de Landevenech. D. Morice, Pr. I, 345. *Id.*, 34.

[3] D. Morice, I, 60. — *Id., ex chr. Brioc. et Nannet.* Pr. I, 27, 145.

il en sortit en 931, pour venger la mort de Felecan, chef des Normands de la côte nord, tué par les habitants du pays d'Aleth[1]. *Cette expédition l'entraîna à une conquête qui semble s'être étendue fort loin.*

Le nom d'Incon n'est pas sans rapport avec celui d'Aquin. Il ne s'agit pas de dérivation étymologique, mais n'est-il pas admissible qu'un nom de cette nature, conservé par le seul Frodoard et cité par lui une seule fois, puisse être une mauvaise traduction du nom d'Haquin, commun chez les chefs Danois ou Norois. La forme latine ordinaire, Haco, *correspond à Aquin dans le pays où la chanson a été composée*[2]. *Ici une objection : le nom d'Aquin se retrouve dans plusieurs autres chansons*[3], *particulièrement dans Aliscans. Il n'y procède pas, croyons-nous, du souvenir du même personnage historique, si l'on*

---

[1] Frod., Hist., VIII, 187, D. — D. M., Pr. I, 4, *ex Chr. Britannico.*

[2] On rencontre : *Acwin legatus Danorum regis.* Historiens, V, 357, C. — *Venerunt e Denmearcia... Hacun comes. Id.* XIII, 49, B. — *Ingo rex Sueciae,* dans *Saxo Grammaticus.* — On connaît la dynastie des Haquin (Haacon, Haaconson) de Norvège, « communément appelés Hacon, » dit Moréri. — Le ruisseau le Cardequin est appelé *Cardescon* dans un acte de Dol de 1181. D. Morice, Pr. I, 683.

[3] Aliscans, v. 1410, 5136, etc.; les Saisnes, L. CIV (F. Michel, I, 179); Doon de Maïence, v. 9667, etc.

peut se servir de cette expression en pareille matière. C'est celui de l'émir Hakem, de l'Histoire de Charlemagne[1], *ou encore celui de l'Athim qui figure dans les guerres de Charles-Martel, l'un et l'autre sans aucun rapport avec* Aquin de Nort pays.

Pour terminer ces rapprochements, dont nous ne nous exagérons pas la valeur, il nous reste à parler des seigneurs bretons qui peuvent donner lieu à quelques conjectures. Nous avons deux listes de noms[2] *qui ne laissent rien à désirer pour l'apparence historique. Nous y voyons :*

L'archevêque de Dol, Isoré ; et Ripé, comte de Dol.

Tiori, duc de Vannes, père de Roland ; Salomon, qui fut ensuite roi de Bretagne, fils d'un frère aîné de ce Tiori ; un autre seigneur de Vannes, Baudouin.

Dom Conan, Richardel, Guion de Léon.

Thehart de Rennes, Baudouin de Nantes.

Puis de moindres seigneurs : Hamon de Morlaix, Ahès de Carhaix, Morin, comte de Daoulas, Excomar, aloué de Saint-Pabu, Merïen de Brest,

---

[1] Fauchet, *Antiquités françaises*, p. 188; Henri Martin, II, 210, 330, etc.

[2] V. 61, 738.

Hubaut de la Ferté, Nin de Châteaulin, Eon de Saint-Servan, Yves de Cesson, Aray de Méné, vicomte en Cornouaille, Agot de l'île Agot, sur la côte de Dinard.

Cette liste est heureuse et joue l'histoire avec succès. Vue de près, le seul nom de Salomon est absolument réel, un seul détail est rigoureusement historique : la place qu'occupe ce prince dans la famille des rois de Bretagne [1]. *L'exactitude de ce fait provient sans doute de la connaissance de la légende de saint Salomon, qui n'oublie jamais de le mentionner* [2].

*Quoique l'assimilation que l'on peut faire des personnages que nous avons énumérés avec ceux de l'histoire soit tout à fait hypothétique, on ne peut cependant refuser à quelques-uns d'entre eux une certaine vérité. Pour prendre un exemple, le prestige de l'archevêque de Dol, la plus grande autorité spirituelle de la région, le seigneur temporel puissant, a contribué, nous n'en doutons pas, à la création d'*Isoré, *l'archevêque* maistre et chevetaigne *des Bretons. La convention voulait sans doute qu'il y eût dans une chanson un prélat* bon

---

[1] V. 747.
[2] *Ex. chr. Briocense: Salomon nepos regis Nomenoi... Eris pogium cognatum furtive interfecit.* D. Morice, Pr., I, 23. — **De Salomone rege martyre**, t. VI, juin. Boll.

pour porter armes contre la gent Mahom ; *mais il ne s'ensuit pas que tout soit chimérique dans le personnage revêtu du type légendaire. Dans un temps où l'archevêché de Dol existait encore, où le souvenir de la grande puissance féodale des archevêques devait être vivant, il n'est pas probable que le trouvère de Dol se soit borné à copier le type banal de Turpin. Il s'en est plutôt servi pour mettre en scène un archevêque ayant sa réalité propre. Sans prétendre déterminer quel archevêque de Dol peut être caché sous le nom imaginaire d'*Isoré[1]*, nous citerons celui que l'on appelle ordinairement* Wicohen, *de la famille des comtes de Rennes, négociateur et guerrier comme Iscré, également possesseur féodal de la Dommonée, chassé par les Normands, puis rétabli dans son diocèse, enfin, personnalité fort importante au* X^e *siècle*[2]. *On sait du reste fort peu de chose sur ces archevêques en dehors du fameux procès de la métropole.*

De même, Ripé, *comte de Dol, principal appui de l'archevêque, offrirait matière aux probabili-*

---

[1] Isoré est un nom donné à divers personnages dans les chansons ; on trouve Isoré, pape, dans *Amis et Amile*.

[2] *Gall. Chr., eccl. Dolensis*, XIV, 1044, c. — D. Morice, II, LV, *Pr.*, I, 30, 33, 147. — *Biographie bretonne*, v° Conan le Tort, p. 423 et notes.

tés. On peut proposer un des seigneurs de la maison de Dol, dont une branche chargée de la protection matérielle de l'archevêché s'intitulait : Signifer sancti Samsonis [1]. *Plusieurs ont porté le nom de Riwal ou Riwallon. D'un autre côté, le véritable Erispoë a possédé Dol et la Dommonée, a contribué à la suprématie du siège archiépiscopal et vaincu les Normands.*

Il est à noter que ce Ripé, quel qu'il soit, semble posséder une notoriété dans le domaine des chansons. Celles-ci qui ne connaissent guère, en fait de héros bretons, que Salomon et Hoël de Nantes, font plusieurs fois mention, d'une façon reconnaissable, de celui dont nous nous occupons:

Primes parla Ripaus qui tint Reinnes et Nentes [2].

Les chansons du XIIIe siècle l'ont conservé. Un Rispeus de Nantes figure dans la chanson angevine de Gaydon, un Rispeu de Bretagne dans Anséis, etc.

On a été plus loin que nous dans la voie des assimilations, on n'a pas craint de voir dans

---

[1] *Rev. archéologique* d'Ille-et-Vilaine, 1863, p. 176.
[2] Aye d'Avignon, v. 1269. — Gaydon, v. 647, 8736, etc. *Anciens Poëtes*, édit., Guessard. — Anséis de Carthage. B. N., fonds fr. 793, f° 1.

Naimes, Nominoë lui-même[1], *en considérant sans doute le* **roi breton** *sous son aspect de* missus imperatoris in Britannia[2]. *L'Histoire Littéraire, plus perspicace, s'est contentée de remarquer que le conseiller ordinaire de Charlemagne n'est appelé nulle part dans la chanson, duc de Bavière. L'auteur s'est-il proposé, par une omission volontaire, en spéculant sur la ressemblance des mots, de démarquer, si l'on peut dire, le vieux Naimes? On ne peut le savoir ; mais le duc n'en est pas moins reconnaissable à sa « barbe flourie » comme celle de Nestor, à ses conseils, dont le résultat infaillible est de réconforter Charlemagne. Près de lui d'ailleurs, il y a Fagon qui appartient exclusivement à l'épopée française.*

Naimes, souvent cité dans les chansons, y joue rarement un rôle actif; on le sait bon chevalier, mais on ne le voit qu'au conseil. Celle-ci lui donne une importance qu'il n'a dans aucune autre, sauf peut-être dans Aspremont. Il y est par excellence le héros des chrétiens. Le trouvère le traite avec une prédilection évidente qui se traduit, comme il est de coutume, par une succession de malheurs

---

[1] *Histoire de la petite Bretagne*, par l'abbé Manet, t. II, p. 155.
[2] *Cart. de Redon*, anno 837, p. 136, etc.

et de dangers destinés à mettre en relief le courage du héros. Le développement du personnage de Naimes, dans un sens aussi peu conforme à ses allures ordinaires de conseiller ou d'ambassadeur vénérable, nous paraît une création personnelle du poète.

Nous n'avons rien à dire des autres guerriers bretons, seigneurs de Rennes ou de Nantes, comtes de Léon [1], *également introuvables, châtelains de fertés inconnues, d'îles inhabitables ou de montagnes désertes, tous plus ou moins chimériques. Près d'eux, Geoffroi d'Anjou, Garin, accentuent le caractère conventionnel de l'œuvre. Il en est de même de la liste des chefs païens. Si les Doret, les Chaliart peuvent avoir emprunté leur nom aux lieux qu'ils occupent, les Glorion, Grihart, Alart, etc., sont des comparses épiques faciles à retrouver. Il faut enfin admettre que la conscience du caractère historique de la chanson s'est affaiblie dans le remaniement. C'est ainsi que, dans un poème composé à l'origine contre les Norois, les Normands n'en sont pas moins rangés à côté des Bretons dans l'armée de Charlemagne* [2].

---

[1] Les noms de Conan, Guion, Richard, Hamon, semblent empruntés aux seigneurs de Léon du XIIe s.
[2] **V.** 1638.

VII

Itinéraire

Nous arrivons à un terrain plus solide. Ces personnages, dont l'assimilation historique est au moins douteuse, s'agitent sur une scène réelle. Quelle que soit l'action, le décor est exact, les lieux sont vrais et faciles à reconnaître avec un peu d'attention[1]. *Un très-petit nombre de chansons possèdent ce mérite, aucune ne l'a au même degré. Bien des conquêtes avérées ne fourniraient pas un itinéraire aussi précis.*

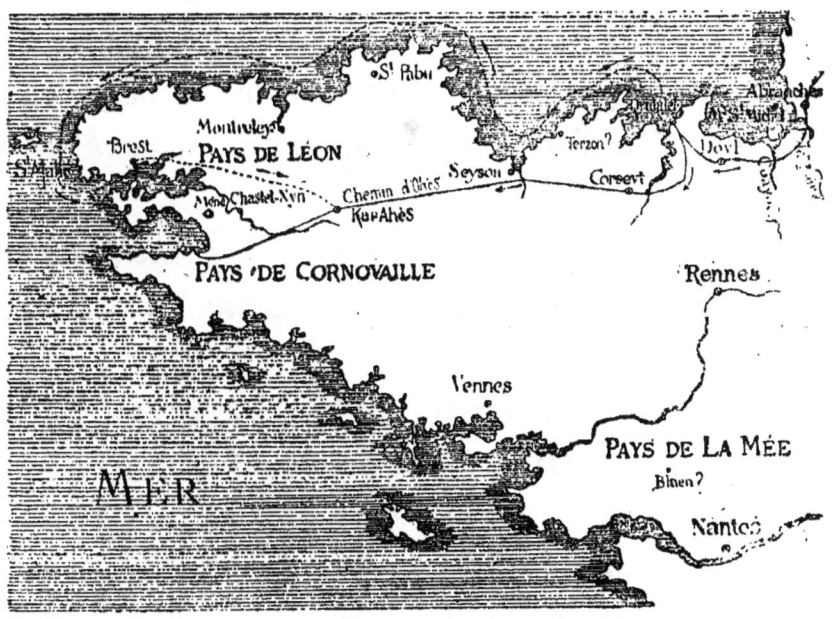

[1] Nous renvoyons aux cartes de l'état-major, à Cassini, et pour les environs de Saint-Malo, à la carte cadastrale de Lesné, 1845.

Nous ne savons, par la perte du commencement, où se passe la première scène du poème. Charlemagne vient de Montlaon, d'Aix-la-Chapelle ou de tout autre de ses séjours ordinaires, à travers la France et la Normandie. Parvenu aux marches de la Bretagne, il suit d'Avranches à Aleth, en franchissant la Sélune et le Couësnon, la direction indiquée par Guillaume de Saint-Pair dans le roman du Mont Saint-Michel.

> D'Avrenches dreit à Poelet,
> A la cité de [K]idalet.

Disons en passant qu'il ne paraît pas soupçonner qu'il ait jamais existé dans ces parages une forêt de Quokelunde. Par contre, le pèlerinage du Mont Saint-Michel est curieusement mentionné.

C'est à Dol, dans la primitive cathédrale de saint Samson que se tient le grand conseil qui précède les hostilités.

Une fois dans le pays d'Aleth, le **Pou-Let,** *les détails topographiques deviennent d'une exactitude frappante. L'auteur connaît la cité d'Aleth et l'appelle de ce nom de* Cité *qu'elle a conservé. La description qu'il nous donne de* Quidalet sus mer, *a dû s'inspirer dans une certaine me-*

sure de la vue des ruines de l'enceinte et des édifices [1].

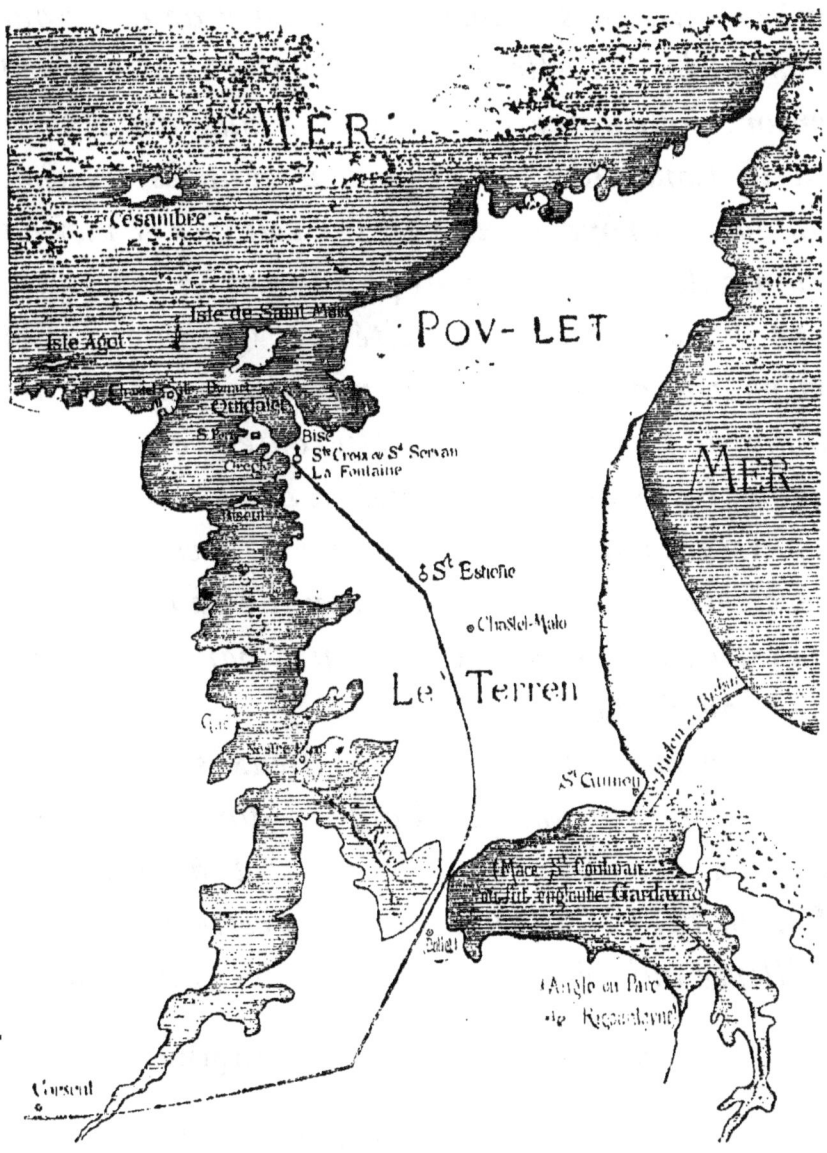

[1] V. notes, p. 131.

C'est seulement en effet depuis la fin du XVIe siècle que les restes d'Aleth sont devenus méconnaissables. Alors on en tira « de la brique rouge de laquelle on se servoit et on se sert encore pour faire du ciment », nous dit Frotet de la Landelle[1]. A ce moment, d'après le même auteur, on voyait encore « les reliques et vieilles ruines de ses murs restez à l'environ de ce lieu que nous appelons la cité de Quidalet; » et même : « autour de ses murailles, de petites tours de forme carrée. » Un contemporain nous donne l'état de la cathédrale à ce moment ; il en subsistait « les murs du chœur et presque demy cercle de la tour qui est au bout de la cathédrale où est encore le bas de la montée par laquelle on aloit au clocher »[2].

La même connaissance des lieux se manifeste dans l'orientation que l'auteur donne au havre d'Aleth par rapport à la ville et à la Rance. Ici, un détail curieux : Oregle, cette tour merveilleuse qui défend l'entrée du port, est située :

Sur une roche, en ung petit pourprins.

Elle occupait donc l'emplacement de la tour

---

[1] *Mémoires* (en cours de publication), p. 8, 13.
[2] *Antiquité d'Aleth*, par Th. de Quercy.

Solidor, à l'entrée de la Rance. Ce donjon, basse fosse[1] *d'Aleth, se reliait aux défenses de la porte dont il faisait l'extrémité. La tour Solidor n'ayant été bâtie qu'en 1382, par Jean V, le récit de la chanson sert à constater l'existence sur ce point d'une fortification plus ancienne; la nouvelle construction se sera élevée sur les soubassements de la précédente, ce que démontre d'ailleurs la différence de l'appareil à la base de l'édifice actuel. Jusqu'ici aucune difficulté; mais comment expliquer que la hauteur de la* tour Aquin *soit presque identiquement celle de Solidor (54 pieds) bâtie longtemps après, que la forteresse d'Oregle ait le nombre d'étages de l'édifice du XIV*[e] *siècle; nous sommes obligé d'attribuer cette singularité à une interpolation*[2].

On retrouve au village de Saint-Étienne, où Charlemagne fonde une chapelle en mémoire de la bataille de trois jours qui le force à un siège en règle, une chapellenie fort ancienne[3]. *Il y en a eu*

---

[1] Note du ms. de Ste Geneviève.

[2] Elle semble démontrée par le rapprochement des v. 219 et 2286.

[3] La chapelle actuelle de S. Etienne, bâtie en 1577, a été précédée d'un autre édifice. D'après un aveu de la seigneurie de Châteauneuf de 1542 (Arch. d'Ille-et-Vilaine): « *le gardien de S. Estienne doit 2 sols 2 deniers.* » Au-devant de la chapelle, une croix très-ancienne, qui mérite d'attirer l'attention, porte à sa base: Sc^e

une aussi, et de plus un manoir épiscopal, à Château-Malo, village un peu en arrière du précédent[1]*.*

La mention de Saint-Étienne paraît même se rapporter à des souvenirs plus intéressants ; les environs de cette localité ont dû être témoins, à une époque qui reste à déterminer, d'un combat rappelant la bataille « grosse et merveilleuse » dont parle Froissart. La chanson corrobore ici une tradition constante. Les habitants du lieu désignent encore, en arrière de la chapelle moderne de Saint-Étienne, le charnier établi par Charlemagne, qui pourrait bien être un tumulus. Ainsi la bataille de Fosses contre les Vandales a trouvé une utile confirmation dans une mention des Lorrains.

La fondation de l'ermitage Notre-Dame-en-Rance est ingénieusement rattachée au campement de l'archevêque de Dol. Elle permet de constater le changement du littoral[2]*.*

On sent que l'auteur a vu le promontoire à base étranglée où il place le château de Di-

---

STEPH° D. P. M. Une notice de l'abbé Chenu, sur le registre de la chapelle, raconte en abrégé l'histoire d'Aquin.

[1] Arch. d'Ille-et-Vilaine, fonds du secrétariat de l'évêché de Saint-Malo. Chapelles de Saint-Étienne, Château-Malo, etc.

[2] Notes, page 145.

nard. Il connaît la Rance, ses gués, ses rochers; il nous dit qu'en face d'Aleth on ne peut traverser cette rivière même à marée basse, et il indique la largeur du courant[1]. *Il se sert de la marée, comme moyen dramatique, avec toute la sûreté d'un marin. On est tout étonné de voir ces héros toujours artificiels de nos gestes, transportés dans un paysage aussi familier à notre pays et aussi vivant.*

L'expédition à Césembre, qui se fait à cheval, donne seule un démenti à la vérité des faits, au moins dans l'état actuel de la côte, mais s'il y a fiction, c'est une de celles que les lieux suggèrent[2].

Charlemagne, transformant le siège d'Aleth en blocus, vient camper au pied de la cité, occupant la partie de l'isthme restée en dehors des fortifications de cette ville, « devant la porte[3]. *» Son camp s'étend un peu en arrière, entre l'anse de Sainte-Croix et celle des Bas-Sablons. Les tentes*

---

[1] V. 1343.
[2] Notes, p. 149.
[3] On lit dans une notice : « Robertus filius Bresel... dat beato Petro Civitatis Aletæ... quamdam terram *juxta præfatæ urbis portam* sanctique Servatii cimiterium sitam. » D. Morice, Pr., I, 497 (*anno 1098*). Ce texte, rapproché du nom de la rue du *Pré-Brecel*, indique plus clairement que la chanson la position de la porte d'Aleth, du côté de la terre.

que l'on se figure groupées autour de l'église de Saint-Servan, comme le sont les maisons d'aujourd'hui, interceptent toute communication avec le continent. La découverte de la source de Saint-Servan est empreinte de la même vraisemblance. On peut désigner avec certitude cette fontaine [1].

Aquin, descendu au port, s'enfuit par la mer. Si le navigateur est expérimenté comme un vrai Norois, l'auteur nous étonne par sa connaissance de la côte [2]. Aussi ne faut-il pas lui attribuer l'obscurité de certains détails, comme par exemple la position de Terzon et de Brons, noms altérés par le copiste.

D'Aleth à Gardaine, deux lieues, c'est-à-dire deux fois la distance qu'il y a d'Aleth à Château-Malo, qui n'est pour lui qu'à une lieue de la Cité. A peu près à cette distance, nous trouvons, sous Châteauneuf-de-la-Noüe, la mare Saint-Coulman [3], désignée par la tradition comme le lieu

---

[1] Notes, p. 158.
[2] Note du vers 2168.
[3] On lit dans le *lectionnarium Dolense in festo S. Columbani abbatis, lectio VI*, 28 novembre : « *Lacus Dolensis, occidentem respiciens, sancti Colmani nomen ab antiquis temporibus retinet... ibi fundatum est oratorium cui adscriptos fuisse monachos extra dubium est. Illud cœnobitis de Troncheto a Stephano Dolensi episcopo... anno 1289, concessum est.* » On l'a aussi appelée mare Coaquin, du nom de la famille de Coëtquen qui l'a pos-

de l'engloutissement d'une ville. Le trouvère de Dol appelle cette ville Gardoine *ou* Gardaine, *nom qu'il n'a peut-être pas inventé, mais dont la provenance nous est inconnue*[1]. *Si l'on a vu dans ces légendes de villes englouties au milieu des lacs le souvenir persistant des habitations lacustres, ici il faut donner à ces traditions une origine moins vague. A une époque historique, mais qu'il est impossible jusqu'ici d'indiquer avec certitude, la mer a envahi les marais de Châteauneuf, en faisant irruption du côté du bourg de Saint-Guinou. Cette inondation, dite crevée Saint Guinou*[2], *a laissé plus de souvenirs que les autres. La tradition veut qu'elle ait créé la mare Saint-Coulman en détruisant plusieurs centres de population. Cet événement est la partie vraie de la légende de Gardaine. L'auteur s'en est inspiré. Il s'est facilement figuré la fabuleuse*

---

sédée. D'après le président de Robien, qui en donne la carte en 1756, cette mare contenait encore 131 journaux 36 cordes; les bruyères inondées, 138 journaux 77 cordes. Elle tarit pour la première fois en août 1802.

[1] En avons-nous la trace dans ce passage : « metailles deues sur deux bailliages en lad. paroisse (de Miniac-Morvan) ou petit angle nommé le *Parc de Rigourdaine* » (Aveu de Châteauneuf, cité plus haut). Il est singulier, en tout cas, de retrouver de ce côté de la Rance et sur le bord de la Mare le nom de cette seigneurie.

[2] Bibl. N^{le}, *Cart. ep. Dolens.*, p. 6. — Notes, p. 170.

Gardaine entourée par le Bidon, s'élevant au-dessus des marais, à la façon de l'Isle-Mer ou du Mont-Dol qu'il avait sous les yeux.

Il serait donc illusoire de chercher la situation de Gardaine. Il faut se contenter de la placer, avec les récits populaires, au milieu du lac, à l'endroit où s'entendait ce beugle [1]*, qui fait penser aux cloches de la ville d'Is.*

Comment le trouvère a-t-il pu mêler à cette légende les noms du Bidon et de Dorlet, qui semblent réels, ou du moins que l'on peut retrouver. Pour le premier de ces noms, nous en voyons l'explication dans la transformation du cours du Bidon ou plutôt des bidans [2]. *Le Bidon du XIIe siècle traversant les inextricables marécages de la Mare prêtait plus à l'imagination que le bief rectifié de Lillemer.*

Quant à Dorlet, le château fort, l'Oregle de Gardaine, sa position sur un passage [3] *est celle de Châteauneuf même, le point stratégique de la contrée, également au bord de la Mare.*

[1] « Tout le monde a entendu parler du mugissement lugubre qui semble sortir du creux de cet abîme... Le peuple l'appelle le beugle de Saint-Coulman, et a forgé sur ce fait très-réel mille contes... » *Etat de la baie du Mont St-Michel*, par l'abbé Manet, 1829, p. 79.

[2] Cf. D. Lobineau, glossaire, v° *bidannum*, bief.

[3] V. 795.

Près Châteauneuf, on trouve le village de Dollet. Ce lieu a-t-il été fortifié ? Le nom servait-il à désigner l'ancien château de Châteauneuf? C'est ce que nous ne pouvons éclaircir.

Après cette expédition, amenée épisodiquement par le trouvère, mais qui semble bien nécessaire si l'on réfléchit que la ville des marais devait commander le passage du pays d'Aleth à l'intérieur de la Bretagne, Charlemagne se dirige vers la Cornouaille.

Son itinéraire concorde avec les voies romaines les mieux admises. Il gagne Corseul, le point où convergent celles du nord de la Bretagne. L'auteur sait l'importance et l'antiquité de cette ville. A Corseul comme ailleurs, il s'attache d'instinct aux souvenirs de la domination romaine, sans connaître nullement les Romains.

L'expédition étant arrivée à Carhaix par le chemin d'Ahès [1]*, a été abandonnée par la critique* [2]*, qui ne l'a plus qu'insuffisamment étudiée. C'est ici cependant que l'étude des lieux permet de juger l'unité de la chanson et de comprendre son dénouement. Une faute du copiste* [3] *a fait*

---

[1] Notes, p. 174.
[2] *Histoire littéraire*, XXII, p. 411. — *Épopées françaises*, II, p. 305.
[3] V. note du v. 2977, p. 176.

croire que la scène se transportait brusquement dans les environs du Mans. Comment n'a-t-on pas vu qu'échappé de Carhaix, le roi Aquin se réfugie au Mené-Hom *(Menez C'Hom). De tout temps, la légende a placé un château sur le plus haut plateau de cette montagne. On y voit encore en réalité une enceinte de terre, le* Castel Douar, *véritable château du Mené. C'est là que le trouvère met, par une idée heureuse ou par un curieux souvenir, la dernière forteresse de l'ennemi Norois.*

Cette interprétation rend intelligible la suite du récit. Aquin est au Mené-Hom, Charles arrive à Nyvet. Qu'est-ce que Nyvet? C'est la forêt de Nevet. *Un aveu très-intéressant, dont nous devons la communication à l'obligeance bien connue de M. de la Borderie, nous permet de l'établir*[1]*. La forêt de Nevet, réduite aujourd'hui aux bois taillis que l'on trouve entre Loc-Ronan et Douarnenez, avait autrefois une étendue beaucoup plus grande. Non seulement elle rejoignait la forêt domaniale du Bois-au-Duc, mais elle s'étendait jusqu'au pied du Mené-Hom, fermant ainsi la presqu'île de Crozon. Elle com-*

---

[1] Notes, p. 177, 178. — Il est à noter que les noms de Nivet, Mené, Ohès, etc., ne sont donnés que sous la forme française.

prenait presqu'en son entier le pays de Portzai, démembrement de la haute Cornouaille, composé des paroisses de Saint-Nic, Plomodiern, Ploeven, Plounevez, Quemeneven, Loc-Ronan-Coat-Nevet. On en relève les traces dans les différentes notices consacrées à ces paroisses. Il ressort de l'aveu de Nevet, que la paroisse de Plomodiern, qui cir-

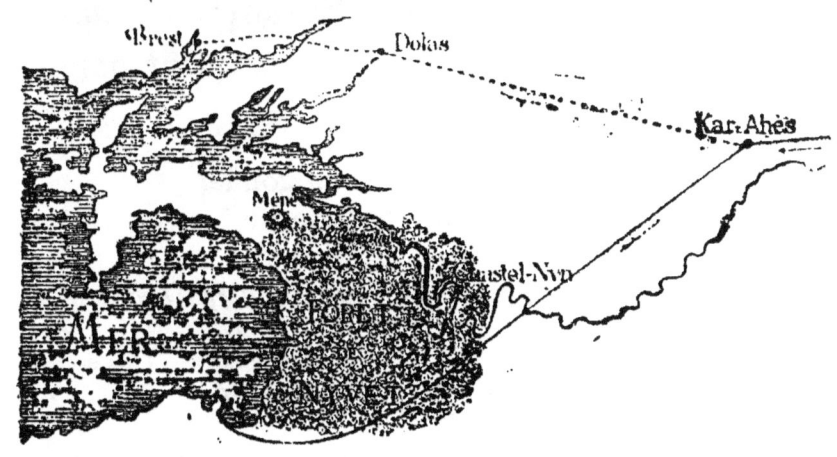

CORNOVAILLE

conscrit le Mené-Hom, était considérée, en 1644, comme faisant encore partie de la forêt de Nevet. Celle-ci avait cependant dès lors beaucoup perdu de son importance, car d'Argentré [1] *la signalait déjà comme détruite au siècle précédent. Il est*

[1] F° 85, éd. 1588.

à peine nécessaire d'insister sur la notoriété de cette grande forêt. Les Vies des trois saints qui l'ont habitée, saint Corentin, saint Guennolé, saint Ronan, en font mention avec détail, soit sous son vrai nom de Nevet, soit sous celui de Menner ou même sous celui de Nemée. Dans le Propre de Léon, *saint Ronan habite* « in Nemeam vastissimam Cornubiensium Silvam[1]. » *Dans les* Barzaz breiz[2], *la légende du même saint porte :*

  Ronan....................
  Kent e traon Leon, ha goude,
  E Koat Nevet e bro Kerne [3].

En appliquant cette notion à l'explication du vers :

  Juques Nyvet se sont acheminé,

on comprend très-bien la stratégie de la fin de la chanson. Charlemagne, s'appuyant sur la voie romaine qui allait de Carhaix à la ville d'Is, occupe la forêt entre le Mené-Hom et le continent ; il cerne son ennemi. Quand le Mené-Hom

---

[1] Vitæ SS. Corentini, Wenwaloei, Ronani, ap. Boll. 3 mart., 8 jun, 12 déc. ; A. Le Grand, p. 50, 287, 800.
[2] La Villemarqué, p. 478.
[3] Ronan [vint demeurer] d'abord dans une vallée de Léon, et puis, dans la forêt de Nevet, au pays de Cornouaille. — Cette forêt a également figuré dans l'histoire de Bretagne. Cf. D. Morice, *Pr.*, I, 34, 368.

est pris, Aquin trouve un asile momentané dans l'ermitage de saint Corentin. Mettant à part l'audacieux anachronisme qui permet au barbare d'en chasser le vrai saint Corentin lui-même, on peut désigner d'une façon à peu près certaine le point que le trouvère a voulu signaler.

Nous voyons sur la carte de l'état-major, à peu de distance de Plomodiern[1]*, à l'extrémité d'une chaîne de collines allant vers la baie de Douarnenez, une chapelle de Saint-Corentin. Cet oratoire n'est pas le lieu de la dernière scène du poème.*

Aquin, fuyant du côté de la mer, vers la marine, ne peut rencontrer que l'ermitage célèbre consacré à saint Corentin, qui devint plus tard le manoir épiscopal du Menescop. C'est là le séjour ordinaire de saint Corentin pendant sa vie d'ermite : « *Corentin vivait en sainteté sous une montagne nommée Menez-Cosm, en la paroisse de Plou-Modiern, près d'une grande forêt dite de Nevet*[2]. » *L'auteur de la Chronique de S. Brieuc, racontant comment le roi Grallon, chassant dans ces parages, découvrit le saint, nous dit expressément*

---

[1] Rex Grallonus Sancto Corentino dedit territorium **Ploemodiern** cum multis aliis possessionibus. E*x Chr. Brioc.* D. Morice, *Pr.*, I, 10.

[2] *Vie de S. Guennolé.* A.-le-Grand, p. 50. — Aveu de Nevet.

que le lieu où il habitait était voisin de la mer[1]. *C'en est assez pour y placer avec toute sécurité le théâtre de la mort du roi Aquin, qui n'a sans doute jamais vécu.*

———

Nous avons terminé cette étude. Nous ne craignons pas de le dire, une chanson qui présente de pareils éléments, est pleine d'intérêt. Elle tient une place honorable au milieu des œuvres du même genre; elle mérite d'être plus justement appréciée par les travaux d'ensemble qui l'ont accablée de mépris, tout en prodiguant à des œuvres analogues une entière admiration. Enfin, cet ouvrage très-curieux pour la Bretagne et, par un bonheur exceptionnel, inédit, justifie le choix qu'en a fait la Société des Bibliophiles bretons.

Nous nous sommes proposé de reproduire, aussi fidèlement que possible, le manuscrit unique. Son état d'incorrection et surtout les nombreuses omissions de mots et de syllabes, rendant impossible la reproduction pure et simple que nous aurions

———

[1] Apud Ploemodiern, satis prope passagium maritimum quod Bretonicè nuncupatur *Treizguenhel*. D. Morice, *Pr.*, I, 10.

préférée, nous avons dû, à notre grand regret, nous engager souvent dans la voie des restitutions. Nous avons au moins cherché, par nos notes et corrections, à rendre facile la critique de nos leçons. Notre seul désir est de n'avoir pas altéré le caractère d'édition littérale que nous avons eu l'intention de donner.

SOMMAIRE

CHARLEMAGNE annonce à ses conseillers la résolution qu'il a prise d'aller en Bretagne combattre les païens [1]. — Le manuscrit commence par les trois derniers vers de son discours. — Le duc Naimes applaudit à ce projet. Charlemagne fait rassembler ses troupes par Fagon, maréchal de l'ost. Soixante mille combattants sont réunis, ils chevauchent cinq jours vers la Bretagne. V. 1-13.

L'empereur et son armée sortent de France, traversent la Normandie, se dirigeant vers la Sélune. Charles s'arrête près d'Avranches. Il entend la messe à Saint-Gervais. V. 14-21.

Après cette messe, qui est dite par un évêque d'Avranches, appelé Thierry, l'armée se remet en marche. — Charlemagne s'en va prier au Mont Saint-Michel et y fait un riche présent. — L'armée chevauche à travers la grève, passe la Sélune et occupe les rives du Couësnon. Ces deux rivières séparent les Normands des Bretons. Les troupes de Charlemagne entrent en Bretagne et marchent sur Dol. Il y a dans cette ville un archevêque redou-

---

[1] Cf. le début des *Lorrains*.

table aux païens. Charles et ses barons réunis dans la cathédrale implorent l'appui de saint Samson. V. 22-55.

Énumération des chevaliers bretons qui accompagnent Charlemagne. — Les païens se sont saisis des châteaux qui leur appartenaient pendant qu'ils étaient en Saxe avec l'empereur. — Ce sont: Conan de Léon, Richardel et Guion de Léon, Merien de Brest, Aray, baron de Mené, Théhart de Rennes, Thierry, Salomon, neveu de Thierry, le même qui fut plus tard roi de Bretagne et suivit Charles dans la guerre d'Aspremont. On y voit encore : Yves de Cesson, Hamon de Morlaix, Ahès de Carhaix, Morin, comte de Daoulas, Excomar de Saint-Pabu, Eon de Servan-Châtillon, dont le donjon sur le bord de la mer a été bâti par les Sirènes; Agot, seigneur de l'île Agot, et foule d'autres que commande le vaillant archevêque de Dol. V. 56-100.

Cet archevêque vient devant Charlemagne, se jette à ses pieds, et en présence de toute l'armée le conjure, comme « droit seigneur » des Bretons après Dieu et le pape, de les venger tous d'Aquin et de ses gens. — Grimoart et ses cousins Clarion, Grihart, Florion, Avisart, Corsalion, Néron, occupent le château de Dinard. — Doret, autre prince, neveu d'Aquin, tient la superbe ville de Gardaine sur la rivière du Bidon. — Ces païens ont assailli maintes fois la tour même de Dol; elle a résisté à leurs efforts, mais ils ont tué beaucoup des hommes de l'Archevêque et ravagé sa terre. Aquin, établi à Quidalet, y adore Tervagant et Mahomet, et désole toute la Bretagne. Tous les princes de ce pays qui sont là présents ont perdu leurs domaines. Charlemagne leur doit protection. La résistance de l'archevêque, aidée du secours de Ripé, comte de Dol, de Salomon, de Baudouin, de Richer, de Thierry, a d'ailleurs seule empêché les païens de franchir le Couësnon. Aquin s'apprête à conquérir Orléans, Lyon, Paris, Chartres, Saint-Denis, Soissons; il se vante de faire Charlemagne prisonnier et de l'enfermer dans sa prison d'Oreigle. V. 101-157.

« Dieu me défende », s'écrie Charles, et il demande conseil à l'Archevêque, ainsi qu'aux barons. — Il faut, répond celui-ci, sommer le roi Aquin de se faire baptiser, envoyer la sommation par les quatre comtes, Ripé de Dol, Baudouin, Richer et Thierry. Si Aquin se refuse au baptême, l'empereur l'attaquera avec toutes ses forces. « J'irai avec vous, termine l'Archevêque, avec quatre mille bons chevaliers de Bretagne dont j'ai payé la rançon. » L'empereur suit l'avis d'Isoré. On fait faire une lettre en forme. On la confie à Ripé. Les quatre comtes s'arment et partent. V. 157-192.

Ils arrivent à Quidalet. — Description de cette ville. Le roi Dayres l'a fait bâtir avant J.-C. et entourer de murs épais. La mer l'environne de tous côtés, sauf d'un seul, celui qui regarde Bise. On y voit la porte et le pont tournant qui unissent la ville au continent. Le portail est voûté, la grande porte est faite de bronze, le pont et la poterne sont de fer. Près du port, au midi de la ville, s'élève, sur un rocher, dans une enceinte de peu d'étendue, une forteresse de quatre étages. Ses murs ont cinq pieds de large et cinquante-six de haut. Cette tour est imprenable. Sur le haut, il y a un donjon en marbre blanc, séjour favori d'Aquin et de l'impératrice. Ce château est proprement appelé la tour Aquin. Il est la prison des chrétiens captifs. Le gardien du havre et ses soldats s'y tiennent et veillent à la sûreté des richesses innombrables que renferme le port. — Liste de ces trésors dont Aquin dispose. V. 193-247.

Description de l'antique palais situé au milieu de la ville. Il contient le trône d'Aquin enrichi de pierreries;

quatre escarboucles rouges comme la braise éclairent le palais nuit et jour. Le roi Aquin est assis sur ce trône. A côté de lui est l'impératrice, la plus belle des femmes. — Portrait d'Aquin : barbe blanche, tête chenue, couronne en tête, air de ruse et d'audace. Il tient à la main un riche javelot. Près de lui, quatre cents païens en costumes magnifiques. V. 247-264.

Les messagers arrivent à Quidalet. Ils s'arrêtent sous un laurier et montent au palais par des degrés. Ripé salue Aquin et l'impératrice, et commence son discours. Il raconte rapidement la passion de N. S. et supplie Dieu, qu'il prend à témoin de la vérité de son récit, de protéger Charlemagne et les siens. Quant au roi Aquin, qu'il soit sauvé par Mahomet son dieu, qui a juste la puissance d'un chien mort! A cette injure, Aquin furieux riposte en lançant son javelot contre Ripé, qui évite le coup par la protection divine. Il s'ensuit un combat entre les païens et les Français. Les quatre comtes, écrasés par le nombre, vont périr; l'impératrice intervient en leur faveur. — Beauté et parure de la femme d'Aquin. — Elle embrasse celui-ci pour calmer sa colère : « On doit, lui
« dit-elle, laisser parler librement les ambassadeurs; ce
« serait un déshonneur s'ils étaient tués. » V. 270-328.

Aquin, apaisé, dit aux messagers : « Voici trente ans que
« j'ai conquis la Bretagne, et que j'ai été couronné à
« Nantes; les gens de mon pays y occupent encore le
« pays de la Mée. Depuis ce temps, personne n'a osé me
« sommer de me faire chrétien. Vous êtes fous. Cependant,
« vous pouvez parler librement. » — Discours de Ripé :
« Amirant, tu as tort de ne pas croire à Dieu, car tu aurais
« le paradis; tu as tort de ne pas servir Charlemagne qui
« est le plus puissant roi du monde. Il arrive ici, sois-en
« sûr; il est déjà à Dol, accompagné de cent mille hommes,

« de dix-sept rois, de ducs et comtes puissants, qui vont
« t'attaquer et t'entourer. Voici le message de Charles. » Il
lui tend le bref. Aquin le lit, car il était fort instruit. Il
s'écrie ironiquement : « Votre Charles me mande d'aban-
« donner Mahomet pour adorer vos *faillis dieux*, je ne le
« ferai jamais. Si vous venez m'attaquer ici, avant quatre
« jours votre camp sera détruit, j'aurai le roi de France
« mort ou vif et je l'enfermerai dans Oreigle ; je conser-
« verai la Bretagne, Nantes-la-belle, cette ville que j'aime,
« ce pays que mon aïeul possédait au temps de Clovis. Il ne
« s'appelait pas France quand il y vint. Allez-vous-en,
« mes beaux amis, dites à Charlemagne qu'il n'aura jamais
« cette contrée, mais que j'aurai Paris, Orléans et Saint-
« Denis. Quant à vous, sans cette gentille dame, vous ne
« m'échapperiez pas ! » V. 329-395.

Les quatre comtes sortent du palais sans prendre congé ; mais au moment de franchir les portes, chacun, en guise d'adieu aux païens, tue son Norois. Ils piquent des deux, les païens les poursuivent. Un nuage miraculeux les soustrait aux regards de leurs ennemis. Les Norois montent sur un tertre et aperçoivent les enseignes de Charlemagne ; ils s'écrient : « Charles, sois maudit ! tu viens ici,
« mais tu ne t'en retourneras pas ; nous te mettrons dans
« la prison d'Aquin ; les richesses que tu apportes nous
« seront très-utiles. » V. 396-421.

L'auteur laisse les païens et revient aux quatre comtes. Ceux-ci rencontrent Charlemagne, qui leur demande s'ils ont trouvé Aquin. « — Oui, répond Thierry, nous avons
« fait votre message, mais Aquin est si orgueilleux que
« vous ne valez pas pour lui un denier *parisis*. » Charlemagne soupire deux fois. Naimes le réconforte et lui conseille de chevaucher rapidement et d'assiéger Quidalet jusqu'à la ruine d'Aquin. Charlemagne est de cet avis. A ce

moment, on aperçoit des ennemis. « Ne sont-ce pas les
« païens? dit Charlemagne. — Oui, sire, répond Baudouin,
« ce sont ceux qui nous poursuivent depuis Quidalet. »
Charles se réjouit de l' à-propos de cette rencontre. V.
422-454.

La bataille commence: Richard, Thierry, Ernoul de
Flandres, Garin, le duc Naimes, Baudoin et les Bretons
courent au combat. — Épisode. Un conseiller d'Aquin
attaque Ripé et lui porte un coup furieux. Ripé reste sur
son cheval, mais il rougit de honte d'avoir reçu un pareil
affront devant le duc Thierry, son voisin de combat. Il se
précipite sur le païen et le tue. A ce beau coup, celui qui
porte l'enseigne de saint Denis crie : Montjoie ! Les autres
comtes et ducs joutent ensuite, chacun vient à bout de
son adversaire. Un seul des Norois s'échappe ; il s'enfuit
vers la rivière [de Rance] et se dérobe entre les rochers.
V. 455-486.

Le païen échappé du combat arrive au palais d'Aquin ;
il appelle trois fois l'émir et lui annonce que Charles va
s'emparer de lui, que de son royaume, qui s'étend jusqu'à
la Sélune, il ne lui restera rien. Aquin s'écrie avec fureur :
« Charlemagne n'est pas si fou que d'entreprendre de
« conquérir ma terre. Par Mahomet! avant quatre jours,
« je l'aurai tué ou emprisonné dans Oreigle. — Vengez
« donc mes frères, dit le Norois. » — L'impératrice fortifie
la résolution du roi : « Quand je suis venue ici, dit-elle, vous
« m'avez fait don d'Oreigle et de Paris, de la belle
« France; vous me devez le roi de Saint-Denis pour que
« je l'envoie tout vivant dans votre pays. Si vous tenez ces
« promesses, je vous aimerai et vous aurez un honneur
« éternel. Hâtez-vous, car ils détruisent votre royaume. » —
Assentiment d'Aquin, préparatifs du combat ; trente mille
hommes vêtus de fer sortent de la ville et marchent sur

les Français. — « Prions Dieu qu'il les secoure ! » s'écrie l'auteur. V. 487-535.

Affreux tumulte, dont le bruit s'entend de deux lieues. Les païens resplendissent d'or et d'argent. Aquin marche en tête, il est brave ; c'est malheureux qu'il ne soit pas chrétien. Il se dirige vers l'avant-garde des Français. — Charlemagne s'avance avec son armée. Fagon et Naismes sont en tête, les Bretons les suivent. Ils occupent une colline, en face de leurs ennemis. Charles s'approche des païens. L'Archevêque exhorte les troupes et promet le paradis à ceux qui mourront dans le combat. V. 536-563.

L'auteur s'interrompt un instant, puis met dans la bouche de l'Archevêque une seconde allocution : « Com-« battez pour Dieu, pour Charlemagne qui vous a nourris. « Voici les païens! Frappez votre poitrine, demandez « pardon à Dieu et pardonnez à vos ennemis. » Après ce discours, l'empereur se tourne du côté de l'orient et prie de nouveau le Seigneur de le défendre d'Aquin, son ennemi. « Nous vous défendrons, s'écrient les Français ; « nous reprendrons la Bretagne. » Charlemagne les remercie de ces paroles. Tous s'arment. V. 564-599.

Charles appelle alors un chevalier qui n'est autre que Thierry, et lui ordonne d'aller trouver Aquin pour le sommer une dernière fois de se convertir. Thierry se rend près d'Aquin et fait le message du bon vieil empereur. Aquin frémit à cette seule pensée. Il sera en bataille les trois jours qui vont suivre, répond-il fièrement, alors on verra où sont les braves et les lâches ! Thierry rapporte ces paroles au fils de Pépin, qui se résigne à la bataille et implore le secours de Dieu. V. 600-645.

Charlemagne et Aquin rangent leurs armées. — Grande bataille. Tumulte, cris, hennissements, son des trompes, des cors et des greiles. Engagement. — Aquin

M

sort des rangs et fait de terribles exploits. Il fend les heaumes, fait sauter les têtes, en criant : « Manbric », c'est son cri de ralliement. Affreux carnage, comme jamais on n'en vit en Bretagne. Bravoure des Bretons, ainsi que des Français. Les nôtres sont vainqueurs jusqu'à l'heure des vêpres ; alors les païens quittent le champ de bataille, emmenant trois cents chrétiens prisonniers. Les Français, de leur côté, ont pris mille Sarrasins. V. 646-687.

Charles s'éveille à l'aube et retourne au combat ; Aquin y arrive dès le petit jour. Menaces d'Aquin. Charlemagne lui-même se lance dans la mêlée. Il tue un païen, c'est le sire de Cordoue. Cette victoire valut au roi de France un bon cheval. — Ce cheval, appelé Corengne, lui servit beaucoup dans d'autres combats ; (rappelez-vous, dit l'auteur, l'affaire où périrent Roland, Olivier et les hommes de Charlemagne). — Suite de la bataille. Le duc Naimes pousse son cri de guerre ; les Bretons frappent sur les mécréants avec plus de vigueur ; à leur tête l'archevêque de Dol maltraite rudement les païens. Aquin se défend. V. 688-718.

La bataille continue. Exploits de Naimes. Aray, vicomte en Cornouaille, et les Bretons, s'y distinguent. V. 719-737.

Nouvelle énumération de ces chevaliers bretons. L'auteur cite : Ripé, comte de Dol, Baudouin de Nantes, Nynet de Châteaulin, Hubaut de la Ferté, Dom Tourgis, qui ne figuraient pas dans la première liste. V. 738-764.

Ils sont tous compagnons d'Isoré l'archevêque, et armés à ses frais, car il a souvent besoin d'eux contre les païens. — L'Archevêque a surtout à se plaindre de Doret, un neveu d'Aquin, qui possède [aux environs de Dol] la ville de Gardaine, sur le Bidon. Cette ville est entourée d'un canal de 20 pieds de large et de 60 pieds de profondeur, qui se prolonge jusqu'à la mer. Elle est flanquée d'un château fort, dont la porte et le portail sont d'or et d'argent. L'éclat s'en voit d'une lieue. Le duc Doret les a fait dorer avec l'or qu'il a apporté d'Oreigle, où il naquit. Ce château est appelé Dorlet. Doret y possède toute espèce de vivres et d'armes ; il y entretient un grand nombre de païens, qui empêchent tout chrétien de passer dans les environs pour venir au secours de Charlemagne. V. 765-799.

L'auteur reprend le récit de la journée. — L'Archevêque se précipite au fort du combat. — Episode : Doret atteint Ahès de Carhaix dont le haubert, par la permission divine, résiste à tous les efforts. Ahès, à son tour, va tuer le mécréant, mais le diable d'enfer le secourt. Au moment où Ahès tire son glaive pour lui couper la tête, Aquin et les païens viennent à la rescousse et remettent Doret sur son cheval; celui-ci s'enfuit et pique des deux. Ahès poursuit le couard de ses invectives ironiques. Doret s'en moque et continue sa route vers Gardaine. Il en fait fermer les portes, un habile médecin le guérit en trois jours de ses blessures. — Aquin, abandonné par son neveu, est forcé de quitter le champ de bataille. V. 800-848.

Le soleil était couché, les nôtres retournent à leurs tentes. Ils font entre eux l'éloge d'Ahès qui a fait tant de prouesses ce jour-là, quoiqu'il eût sept vingts ans passés. Ils en viennent à parler de sa femme, dont Ahès leur raconte l'histoire : C'était la fille de Corsout, elle vécut plus de trois cents ans. Elle croyait ne devoir jamais mourir ; aussi entreprit-elle un grand chemin dur comme du fer qu'elle voulait conduire, à travers les bois, de Carhaix à Paris. Ce chemin avait déjà vingt lieues de long, quand, un jour, la dame trouva un merle mort dont la vue l'étonna. Elle appela alors un clerc de grande science, et en ayant appris que rien ne pouvait empêcher de mourir comme ce merle, elle comprit la vanité du siècle et renonça au grand travail qu'elle avait commencé. Cette dame était morte depuis plus de cent ans, ajouta Ahès ; il ne s'était pas remarié depuis lors, et désormais il était trop âgé, car les vieux hommes sont trop refroidis pour plaire aux jeunes femmes. — Cette plaisanterie provoque de grands rires chez les assistants. V. 849-924.

L'auteur revient au roi Aquin. — Celui-ci est de retour dans Quidalet d'où il sort [le troisième jour de combat], en menaçant de nouveau Charlemagne. Le roi de France l'entend et fond sur lui. Ils se donnent de grands coups et tombent tous les deux à terre. Les païens bondissent au secours de leur roi qui se débat sur le sol et lui redonnent l'avantage. Charles à son tour va être occis quand il est secouru par le duc Naimes, l'Archevêque et les autres. Cette rescousse produit un massacre de mille païens. Charlemagne est remonté à cheval. — Aquin fait de grandes pertes. De trente mille hommes qu'il avait au début de l'action, il n'en échappe que quatre mille. Le roi de Nort pays voit qu'il a le dessous et s'enfuit à Quidalet sur un cheval rencontré par hasard. L'impératrice vient à sa rencontre et le renvoie au combat. V. 925-979.

Nouvelle bataille. Quatre cents Français sont tués. Richard, Ripé, Baudouin, Hues, Naimes, Geoffroy l'Angevin sont blessés. — Ce fut là que périt Thierry de Vannes, père de Roland. V. 980-990.

L'empereur gémit sur la perte de ses hommes. Il regrette surtout Thierry dont il fait l'oraison funèbre : « Gentil « duc, en récompense de tes services, je t'avais donné pour « femme ma sœur, la belle et noble Bagueheut. La voilà « veuve et voici Roland orphelin ! » Puis il se pâme trois fois et tombe de cheval. Naimes le reconforte et le roi saute légèrement sur son cheval. Il s'en va frapper un chevalier ennemi, puis une foule d'autres. Au milieu de ces prouesses, Charles fend la tête à un des conseillers d'Aquin, appelé Séguin ; l'enseigne de Saint-Denis crie : « Montjoie ! » et Naimes s'exclame : « Vous avez bien « vengé Thierry, duc pour duc ! » Les païens s'enfuient, emportant le corps de Séguin. V. 980-1030.

Aquin fuyant rencontre une seconde fois l'impératrice. Ils se désolent ensemble de la mort de Séguin et des autres. — Séguin se trouve être le propre frère du roi. — La reine s'évanouit. « Dame, reprend Aquin dont le cou- « rage se ranime soudain, cessez de pleurer, ils seront « vengés. » V. 1031-1055.

Le jour est terminé, la nuit a mis fin au combat. La lune brille et éclaire le champ de bataille. Charlemagne le visite et fait mettre à part les corps des chrétiens qui ont péri. On construit un beau charnier sur lequel on établit une chapelle, dont le maître-autel est dédié à saint Etienne. Charles, après avoir enterré ses gens, gémit sur leur perte. Naimes lui prodigue ses consolations. Après leur entretien, les Français s'en vont sur le champ de bataille, ramasser hauberts, heaumes, écus, lances, haches, épées brillantes, jupes de paile, ciclatons et autres richesses sans nombre qui y sont demeurées, ainsi que les chevaux errants. V. 1055-1093.

Naimes donne alors à Charlemagne le conseil d'investir la ville. Le roi, pour mettre à exécution ce projet, fait écrire par un clerc des lettres à tous les barons de son royaume. — A la lecture de ce message, les barons s'empressent d'accourir ; il ne reste point d'hommes en France. Quatre cents chevaliers se distinguent entre les autres par la beauté de leurs armes. Charles éprouve une grande joie en les voyant arriver. Il jure par saint Denis de ne pas retourner en France avant d'avoir pris Quidalet. Les arrivants applaudissent. V. 1094-1131.

On entoure Quidalet. Charlemagne campe à une lieue environ de la Cité. Les campements des assiégeants n'occupent pas moins de trois lieues de long, sur une lieue de large. — Description de la tente de Charlemagne, qui se déploie sur un arpent de terrain : Les bandes sont de taffetas brodé d'or ; les cordes de soie. La tente est couverte de dessins d'or et d'argent, représentant des oiseaux et des animaux. Tout autour, une seconde enceinte de toile, puis une grande douve et un profond fossé. En l'honneur de saint Malo, ce lieu fortifié fut appelé Château-Malo. V. 1132-1147.

L'auteur raconte à ce propos l'histoire de saint Malo. Ce saint vivait dans une île près de la Cité, où il servait Dieu. Un an avant cette histoire, il ressuscita un païen mort [1], ce qui lui attira la vénération des peuples de la contrée et il se nourrissait de leurs charités, car il n'y avait point de chrétiens dans le pays. L'auteur prend à témoin de la vérité de son récit le livre [de la légende du saint] conservé à Saint-Malo. Cette sainte vie avait été racontée à Charlemagne. V. 1149-1179.

Situation de la tente de l'archevêque Isoré : elle est du côté de Bise, exposée au levant, touchant un marais, sur le bord d'un ruisseau qui court vers la Cité. Avec l'Archevêque, trois mille chevaliers. Il fonde dans cet endroit un moutier dédié à Notre-Dame. V. 1180-1188.

Le lendemain est le jour de la Pentecôte. Le matin, l'Archevêque veut dire la messe en l'honneur du Saint-Esprit. Il appelle son serviteur Guinemant et l'envoie chercher l'eau nécessaire. Guinemant s'arme de pied en

---

[1] *Mortuum ad vitam revocat...* (Propr. Maclov.)

cap, prend à la main une coupe d'or enrichie de pierreries et sort de la tente et du camp. Il s'achemine, car il connaissait le pays, vers la fontaine, dans la direction de la Cité. Un païen, monté aux créneaux, voit venir le vassal, se glisse traîtreusement à sa rencontre, lance son dard et le tue ; puis s'empare du calice, qu'il va offrir à Aquin. Le roi en fait hommage à la reine. V. 1189-1225.

Un valet d'armée qui avait suivi Guinemant, va raconter ce forfait à l'Archevêque, qui promet énergiquement de venger son bon vassal. Il fait armer ses trois mille hommes et va donner l'assaut avec une telle vigueur que les Norois sont sur le point de se rendre. V. 1226-1250.

Les Bretons attaquent le château de Dinard. Les Norois accourent et montent aux murs, du haut desquels le châtelain jette à Isoré les plus violentes invectives. Il termine en réclamant avec ironie le tribut que Charlemagne doit à Aquin. « Sortez, lui crient les compagnons d'Isoré, et « nous vous le payerons ; nous vous apportons déjà des « épées et des dards, que vous recevrez dans le corps. « Rendez Dinard, ou vous serez tous pendus. » — Les Norois refusent avec indignation. Les Bretons les attaquent avec rage. V. 1251-1289.

Suite de l'assaut du château de Dinard ; ce château est presque entouré par la mer. Le lignage d'Aquin s'y défend courageusement. Grimoart, son neveu, en est le châtelain ; ses cousins sont avec lui ; ils sont plus de mille païens. Les Bretons leur lancent des dards de toute espèce, et au moyen de l'arc, du feu grégeois, qui les brûle ainsi que le château. Les Sarrasins, pris de terreur, s'enfuient à Quidalet en traversant la Rance sur les vaisseaux de Chaliart[1]. Aquin manque d'éclater en voyant ce

---

[1] Ou « devers Chaliart », car Chaliart, au lieu d'être un nom

désastre ; il avait le quart de sa famille dans Dinard. V. 1251-1312.

Aquin est au désespoir; son château et ses hommes ont été brûlés. Il se roule sur le sol ; l'impératrice le relève et le baise trois fois. « C'est trop de deuil, dit-elle, pour un seul « château ; vous en avez assez d'autres en Bretagne. » Aquin soupire en pensant à la perte de ses gens, mais sa douleur se calme. V. 1313-1334.

Les Bretons, après avoir détruit le château de Dinard, marchent sur Quidalet par la grève, car la mer baisse, et la Rance n'avait à peine qu'un arpent de large au pied de la ville. (La mer arrive dans cet endroit avec la rapidité de la foudre.) Les Bretons s'arrêtent au bord du courant, qui les empêche de passer. Ils lancent de là des traits aux murs inférieurs. Un grand nombre de païens, descendus de la ville haute, les garnissaient ; ils ripostent ; beaucoup de chrétiens sont tués. V. 1334-1353.

L'auteur retourne à Charlemagne. Celui-ci donne un assaut général. Les païens résistent jusqu'à la fin du troisième jour. Charles est obligé de retourner à son camp. Les païens emmènent quatre cents Français prisonniers. V. 1354-1370.

Pendant ce temps, Isoré, de retour à son campement, regardant la mer, a aperçu trente barges et un dromont qui se dirigent vers Quidalet. C'est une flotte chargée de richesses immenses et surtout de vivres et d'armes que l'on envoie à Aquin du pays de ses pères. Juste à ce moment, la mer se retire et laisse la flotte sur le sable. L'Archevêque l'attaque avec deux mille chevaliers et s'en empare, malgré

---

d'homme, pourrait être aussi le roc Chalibert, indiqué en face de la Brillantais par la carte des côtes (Beautemps-Beaupré, 1836). Le sens de ce passage demeure, du reste, fort obscur.

la résistance des païens de la flotte, secourus par ceux de la ville. V. 1371-1405.

Un seul navire s'échappe, la mer l'emporte vers les rochers de Biseux, puis il descend la Rance au fil de l'eau. — L'Archevêque fait le partage de la prise entre les chrétiens et retourne à sa tente avec un immense butin. V. 1406-1417.

Charlemagne tient conseil avec le duc Naimes devant sa tente. Il lui rappelle l'origine de cette guerre. Étant allé tout jeune conquérir la Saxe sur Guitelin, Aquin a profité de cette longue guerre pour s'emparer de la Bretagne et se faire couronner à Nantes. Il occupe maintenant Quidalet, mais Charlemagne craint qu'il n'abandonne cette ville et ne lui échappe. Naimes répond qu'il ira lui-même camper dans l'île de Césembre avec ses chevaliers. Il y mènera des vaisseaux. De l'île, il pourra surveiller tous les mouvements d'Aquin, et l'arrêter, s'il tente de s'enfuir. Charlemagne l'engage, pour plus de sûreté, à prendre Fagon avec lui. Celui-ci se joint à la troupe de Naimes ; tous deux, avec plus de mille chevaliers, s'en vont à Césembre à cheval. Ils campent dans l'île ; le soleil est levé, le jour est beau, Naimes, assis devant sa tente, regarde du côté de la Cité. Il aperçoit de nombreux Sarrazins sur les tours et les murailles. Il prie Dieu de livrer aux chrétiens cette redoutable ville ; il ne se doute guère du malheur qui lui arrivera avant trois jours, faute de faire bonne garde. V. 1418-1481.

Aquin est à Quidalet. Il est triste et se lamente de la perte de sa flotte et d'avoir vu naguère brûler Dinard et les siens. Il appelle ses gens et les excite en leur rappelant ces funestes événements. Les chrétiens l'environnent de toutes parts ; ils veulent même l'empêcher de fuir en son pays, et, dans ce but, Fagon et Naimes sont établis à Césembre, mais ils n'ont que mille hommes. Il sera facile, cette nuit, à la clarté de la lune, de les surprendre et de les massacrer. Cinq mille païens s'arment aussitôt. — L'auteur déplore ce qui va arriver. V. 1481-1520.

Les païens partent à minuit et s'acheminent vers l'île. Ils trouvent Naimes et les Français endormis. Ils saisissent leurs chevaux qu'ils tuent sans faire de bruit. Ils coupent ensuite les cordes des tentes, dont les toiles tombent sur les nôtres. Les Norois se précipitent alors, et frappent avec la hache et l'épée. Les Français, pris au dépourvu et accablés par le nombre, périssent presque tous. Naimes fait des prodiges de valeur. — Lutte terrible. Elle a lieu dans la partie basse de l'île. Les chrétiens invoquent le secours de Dieu et supplient Naimes de les sauver, car c'est lui qui les a amenés dans ce lieu. Le duc verse d'abondantes larmes et, de sa grande voix, ranime les siens en leur promettant le paradis. « J'entends, dit-il, « les anges qui vous y appellent. » V. 1521-1579.

Un païen bondit alors sur lui, en invoquant Tervagant. D'un coup de hache, il fait tomber les pierres précieuses et les fleurs du heaume de Naimes. Heureusement, le duc n'est pas grièvement blessé. Fagon venge Naimes et fend la tête du mécréant d'un coup terrible qui partage en deux le cheval même du païen. Fagon continue ses exploits. Les Français jurent de ne pas fuir et retrouvent de nouvelles forces. — Il y avait là des Angevins, des Normands, des Lorrains, des Bavarois, des Allemands, des gens du Berry, de la Flandre et de la Frise, tous vassaux de Charlemagne. — La lutte se continue au clair de la lune et ne cesse que bien après le chant du coq. Tous les chrétiens sont occis, excepté Fagon et Naimes. Ce dernier est blessé et gît pâmé au milieu des cadavres. Il a reçu un grand coup de hache dans le côté. — Le lendemain, sur ce champ de bataille, on eût bien pu ramasser de bonnes armes et s'emparer de bons destriers dont les maîtres étaient morts. — Les païens sont retournés vers Aquin et lui ont fait le récit de la bataille. Grande joie du roi. V. 1580-1687.

L'auteur revient à Naimes et à Fagon qu'il a laissés dans l'île. Fagon se lamente de la perte de tant de Français et s'inquiète de Naimes. Il le cherche longtemps parmi les morts. Il le trouve enfin et lui demande s'il vit encore. « Oui, répond Naimes, mais j'ai peu de santé. » Le duc a perdu tant de sang qu'il est presque mort. Il s'inquiète cependant du sort des chrétiens. « Ils sont « tous tués, sauf nous deux », répond Fagon. Naimes s'évanouit de désespoir. Fagon le ranime en lui parlant des nombreux païens qui ont été massacrés; puis il le prend par la main et le remet sur ses pieds. Ils se dirigent ensemble vers la grève. Ils viennent au gué et entrent dans l'eau. La mer montait, ils en ont jusqu'à la ceinture. Naimes s'en tire à grand'peine, avec l'aide de Fagon, qui le porte dans ses bras et le dépose sur le bord. Naimes s'évanouit quatre fois. Fagon ne sait que faire, car il n'a pas de cheval. Il est trop affaibli lui-même pour porter le duc et ne veut pourtant pas l'abandonner. Il l'appelle une dernière fois; celui-ci ne répond pas un mot. Fagon le quitte alors en le recommandant à Dieu et s'en va à pied retrouver Charlemagne; il arrive près du roi, épuisé de fatigue. V. 1688-1754.

Charles apprend le massacre de ses chevaliers et le sort de Naimes qui est resté étendu sur la grève. Il demande aussitôt son cheval, et, conduit par Fagon, il va à la recherche de Naimes. Le héros gisait toujours sur le sol, mais le flot avait monté et baignait déjà les jambes du bon duc. Charlemagne se précipite sur lui et met son baron en lieu sûr; puis il fait son oraison funèbre, car il le croit mort. A ce point, on entend un soupir de Naimes. Charlemagne en remercie Dieu. La blessure de Naimes ne lui permet pas un mouvement, le roi commande qu'on lui fasse une litière. On pose cette litière sur des chevaux qui ramènent Naimes au camp. Un mire le guérit. V. 1755-1828.

Ici l'auteur proteste contre le récit qu'ont fait certaines gens au sujet de Naimes. On a dit que le duc mourut en cette rencontre, mais il n'y a en cela aucune vérité. Naimes vécut très-longtemps après. Il alla ensuite avec Charlemagne, dans les gorges d'Aspremont, combattre l'émir Agolant et son fils Eaumont, qui prétendait renverser l'empereur et se mettre à sa place. Cet Eaumont fut tué par Roland. Dans cette même bataille, Roland conquit son cheval Valentin et son épée Durandal, ce qui le fit armer chevalier. V. 1824-1848.

Charlemagne jure par saint Denis qu'il ne se reposera pas avant d'avoir vengé ses gens qui ont péri dans Césembre. Il donne l'assaut à la Cité avec cent mille hommes. Les sujets d'Aquin se défendent. Ils tuent même un archevêque et un abbé. V. 1849-1864.

Au milieu du combat, Charles se plaint à Naimes de la peine qu'il se donne pour conquérir cette ville. Naimes fait remarquer, en plaisantant, que l'endroit est mal choisi pour se livrer à ces réflexions. On retourne au camp. Charlemagne réunit les chefs de l'armée. L'empereur trouve son camp trop éloigné de la ville et ordonne à ses vassaux de s'en rapprocher. On décampe. Le roi de France établit sa tente près de la Cité, sur le bord de la mer, en face de la porte d'Aleth. Le roi fonde en ce lieu une chapelle en l'honneur de saint Servan. L'empereur enrichit cette fondation d'une croix de vermeil, renfermant des reliques des SS. Innocents, de saint Etienne et d'autres saints. V. 1865-1906.

Charlemagne demande à Dieu qu'il attache à cette croix le privilège de châtier les parjures dans l'année. L'archevêque consacre la nouvelle église. Le roi de France se prosterne devant l'autel et y récite en manière de prière un long *Credo*. Il termine en réclamant pour la croix de saint Servan la grâce qu'il a déjà demandée ; puis il fait une oraison particulière à saint Servan dont il nous fait connaître la légende. — Saint Servan était fils de la sœur de sainte Anne ; fait captif en Egypte, il fut mis en prison et gardé trois jours sans boire ni manger. Les portes de sa prison s'étant brisées miraculeusement, il se rendit par mer à Rome sans prendre aucun bateau. Le roi Adace qui était alors maître de Rome voulut le tuer ; le saint reprit son chemin sur la mer et arriva à Ascalon où Hérode lui fit couper la tête, qu'il envoya au roi de Rome. En attestant la vérité de ce récit, Charlemagne conjure le saint de châtier ceux qui se parjureront sur la croix qu'il lui a donnée, de quelque condition qu'ils soient. Il finit en conjurant le saint de lui rendre Quidalet, pour y rétablir le service de Dieu. V. 1907-2029.

Au moment où Charlemagne achève sa prière, un vieux chevalier de sa suite l'aborde et lui donne ce conseil : « Les gens de Quidalet n'ont point de source ; s'ils ont de « l'eau, elle leur vient par un canal souterrain. Faites « prendre un cheval, donnez-lui en abondance foin, orge, « avoine et empêchez-le de boire, puis laissez-le aller en « liberté. Il trouvera bien ce canal, s'il existe. » L'empereur trouve ce conseil salutaire ; on le met à exécution. Le cheval est lâché après trois jours, il se précipite vers la mer, ne pouvant s'y désaltérer, il revient sur ses pas. Les Français gardent le côté de la terre. Le cheval, mourant de soif, s'arrête alors près de la chapelle dédiée à saint Servan et gratte le sol du pied. On creuse en cet endroit, on rencontre une fontaine recouverte d'une voûte dont les murs et la margelle sont du marbre le plus beau. Un conduit de cuivre, scellé de plomb, porte à la Cité une eau limpide. Les Français jettent dans le conduit toutes les ordures du camp. V. 2030-2289.

Les vivres manquent dans Quidalet, les païens n'ont plus d'eau douce, le chef tient conseil. Chacun se désole de la famine. La femme d'Aquin est déjà toute « faillie », car elle a beaucoup jeûné. On parle de rendre la ville. A ce moment un Norois, âgé de plus de cent ans, qui paraît être le gardien de Solidor, s'adresse au roi Aquin : « Il y
« a déjà plus de cinq ans, dit-il, que l'archevêque Isoré
« nous a pris les navires que l'on envoyait à notre secours.
« Si tu m'en crois, tu partiras avant ce soir, et tu t'en
« retourneras dans ton pays, en emmenant un grand
« nombre de tes gens ; j'ai pour toi une barque que j'ai
« enlevée aux chrétiens, elle est près d'ici, attachée au
« donjon. Il y a peu de villes, sauf Vannes[1] et Dol
« l'archevêché dont tu ne sois maître. Que le feu d'enfer
« brûle cette ville, nous n'y sommes que trop demeurés. »
V. 2090-2132.

Aquin profite du conseil et descend de la ville au havre. La nuit est noire. Le roi, la reine, quatre cents hommes avec de riches trésors, entrent dans la nef ; ils n'y mettent point de vivres, car il n'en restait pas dans Aleth. On met à la voile. — Beaucoup de Norois demeurent dans la ville. — Le navire d'Aquin suit la côte. Le roi des Norois passe devant Terzon. Arrivé à Saint-Mathieu, ses gens lui demandent où il veut aller. « Allons, répond-il, à Nantes,
« où j'ai été couronné il y a trente ans, et où il y a encore
« beaucoup des miens. Nous nous arrêterons à Brons ; ce

---

[1] Corr. s. d. Rennes.

« château est fort, quoique petit. » Les païens doublent le cap Saint-Mathieu et changent de vent. Ils entrent dans le havre de Brest et pénètrent dans la ville. Ils s'y reposent et mangent copieusement. « Où irons-nous ? » demandent-ils dès le lendemain à leur roi. « A Carhaix, dit « celui-ci ; c'est la ville du vieil Ahès, qui nous a fait tant « de mal, et qui a blessé Doret mon neveu. » Ils montent tous à cheval ; la reine les accompagne. V. 2133-2189.

Les païens s'établissent à Carhaix, dont ils réparent les murs. Aquin appelle à lui tous ses barons païens fixés en Bretagne. Il se hâte surtout d'écrire aux Norois de Nantes. Ceux-ci font lire le message, y apprennent le désastre de Quidalet et envoient tout de suite au secours d'Aquin trente mille hommes et des provisions de bouche. V. 2191-2209.

L'auteur revient à Charlemagne. Celui-ci ne sait pas encore le départ d'Aquin ; il assiste à la messe dans sa chapelle, puis, sortant au dehors, regarde du côté de la Cité ; il entend des pleurs et des cris qui s'élèvent de la ville. Etonné, le roi envoie Fagon en reconnaissance. Fagon arrive à la porte de Quidalet, voisine de la Tour-Aquin. Il entend distinctement la voix des païens. « Ah ! font-ils, « Aquin, nous ne devons guère t'aimer, car tu nous as « abandonnés. Maintenant, il ne nous reste qu'à mourir de « faim ou à nous chrétienner. » Fagon revient tout joyeux annoncer à Charlemagne que la ville est à lui. L'empereur fait sonner les trompettes, s'approche des murs. Les païens ouvrent la porte et baissent le pont-levis. L'empereur fait baptiser les païens qui se convertissent et trancher la tête de ceux qui se refusent au baptême. V. 2210-2277.

Charlemagne n'oublie pas les prisonniers chrétiens. Un des comtes s'offre de le conduire à la chartre où ils sont renfermés, forteresse dont l'entrée est près du pont-

levis de la ville, au bord de la mer. Le seigneur qui la gardait s'est enfui avec Aquin. Ce donjon est si fort, que trois hommes l'auraient défendu contre une armée. L'étage le plus voisin de la mer était celui où le roi Aquin faisait jeter ses prisonniers. Charlemagne a hâte de s'y rendre. Il en fait briser les portes, il délivre les prisonniers et ordonne de dire des messes pour ceux qui ont péri dans cette prison. L'empereur ne néglige pas de faire raser et tondre les infortunés captifs, ni de leur donner de riches vêtements. Charles fonde alors dans la Cité un moutier sous le vocable de saint Pierre. L'Archevêque dit la messe de consécration. Le roi fait au nouvel autel de magnifiques offrandes. Après la cérémonie, Charlemagne s'adresse à Isoré : « Grâce à Dieu, sire Archevêque, nous
« avons pris cette bonne ville. Il nous en a coûté, car voilà
« plus de sept ans que nous sommes venus de France dans
« ce pays pour nous en emparer. Je vous la donne, vous
« l'avez méritée par vos faits d'armes. » L'Archevêque remercie « cinq cents fois » Charles et lui jure de marcher à son secours avec tous les siens, en quelque pays qu'il puisse être. V. 2277-2353.

Les Français sont campés dans la ville, l'empereur monte au palais où il trouve de grandes richesses. Le lendemain, Charlemagne offre à ses barons un festin dans le palais d'Aquin. Les convives se réjouissent de la nouvelle conquête. Le duc Naimes ouvre l'avis de s'emparer de Gardaine, cité puissante appartenant au prince Doret. Près de cette ville, il y a un château fort appelé Dorlet. Naimes demande à se charger de cette expédition, et prie le roi de lui confier son oriflamme. Il ne se soucie pas d'être accompagné par Isoré. Celui-ci peut rester avec Charlemagne dans la ville qui lui a été donnée. V. 2354-2396.

Naimes part avec l'assentiment de Charles. Ayant fait deux lieues en chevauchant, on aperçoit l'admirable cité de Gardaine; l'aspect en est terrible. Les fossés sont hérissés de longues broches sur lesquelles sont plantées plus de mille têtes de chrétiens. La ville est encore défendue par une foule de bêtes féroces, des lions, des léopards; il y a même un géant. Un fleuve impétueux l'entoure, c'est le Bidon. « Dieu ! s'écrie Naimes, Quidalet est une bien belle « ville, mais celle-ci est encore plus belle. Aidez-nous, et « Charlemagne y sera couronné à la Pentecôte. » Et tous s'en vont à l'assaut. V. 2397-2431.

Un païen a vu venir les Français et a donné l'alarme. Quatre mille ennemis sortent de la ville. Chaque Français lutte contre sept païens. L'inégalité du combat arrache des plaintes aux chevaliers. « Malheur à nous! Après avoir eu « tant de mal dans ce pays pendant plus de sept ans, voici « que Charles nous laisse périr aujourd'hui sans nous se- « courir. Que fait-il à cette heure? Pendant que nous souf- « frons, il est bien à son aise dans Quidalet avec Isoré; ils y « boivent des vins aromatisés et ne s'occupent pas de leurs « compagnons d'armes. — Barons, leur crie Naimes, com- « battez pour Dieu qui vous donnera la couronne du mar- « tyre et ne faites pas de lâchetés que l'on puisse reprocher « à vos hoirs ». Ces paroles donnent une nouvelle vigueur aux chrétiens; vers le soir, leurs ennemis abandonnent le champ de bataille. En les poursuivant, les Français parviennent aux fossés. Ils enlèvent les têtes plantées sur les piques. V. 2431-2480.

Les Norois, de retour dans Gardaine, se plaignent à Doret de leur défaite et l'engagent, par sarcasme, à réclamer aux chrétiens le tribut qu'il a établi sur eux. Doret répond avec audace qu'il va le faire à l'instant; il députe, en effet, le plus insolent de ses Norois vers le chef des chrétiens. V. 2481-2500.

o

Le païen, arrivé devant Naimes, énumère les différents objets de ce tribut : bourses d'or fin, selles de peile, ciclatons, cuirasses, boucliers, chevaux arabes, blanches haquenées, sans compter des lions et des monstres, et aussi trente pucelles. A cela, Naimes fait la réponse d'usage : « Ce « tribut nous vous l'apportons à la pointe de nos lances ; « nous voulions le payer à Aquin, votre roi, mais il s'est « enfui. » Sur ces mots, lui et ses gens assaillent les païens et leur présentent un tribut de coups de toute nature. Il n'échappe que deux Norois. V. 2500-2530.

Doret entend de ces derniers le récit de cette défaite. Il gémit du départ d'Aquin qui l'a laissé sans appui. « Il va « falloir, dit-il, que j'abandonne Gardaine, Dorlet que « j'avais fortifié. Je n'aurai plus de pouvoir en Bretagne ! « Mais avant qu'il en soit ainsi, je ferai bien du mal aux « chrétiens. » Il part contre ses ennemis à la tête de vingt mille hommes. V. 2531-2562.

Bataille terrible. Les Français perdent une lieue de terrain. Ils vont être mis en déroute, quand Naimes aperçoit, à travers les bois, Charlemagne qui arrive. A la vue de ce secours, les païens se replient sur Gardaine. Naimes va au-devant du roi, lui apprend le péril qu'il a couru et le remercie d'être arrivé à point. V. 2562-2588.

Le roi de France lui-même va donner l'assaut à Gardaine. Les assiégés se défendent ; l'un d'eux décoche traîtreusement son dard et atteint Charlemagne entre les côtes. Le roi tombe de son cheval et reste longtemps évanoui. Effroi des Français. Les païens redoublent d'ardeur, saisissent le corps de l'empereur et vont l'emporter dans leur ville, quand les chrétiens, ayant à leur tête archevêques, évêques, abbés et autres clercs, le délivrent. Le roi sort de l'évanouissement dans lequel il a été plongé durant toute cette scène, et, animé de colère contre le traître qui l'a blessé, il se jette à genoux et maudit la ville de Gardaine. Il demande à Dieu, dans une longue prière, où il insère, selon son habitude, une forte partie de l'Evangile, de confondre cette ville, que pas un seul de ces mécréants n'en puisse sortir, et qu'aucun homme n'y puisse habiter. V. 2589-2666.

Bientôt commence un orage épouvantable. A minuit, la ville s'écroule avec ses murs et ses forteresses. La mer sort de ses limites et envahit la contrée, engloutissant six lieues de large sur deux de long. Elle s'arrête au Terrain. Les Français tremblent de peur en voyant ce miracle. Plus de dix mille d'entre eux y périssent noyés. La tempête et l'obscurité durent quatre jours. L'empereur lui-même est saisi de frayeur. L'inondation parvient jusqu'à lui. « Vous avez trop bien prié, lui dit alors le duc Naimes ; « voici que tous vos gens périssent. — Hélas, dit Charles, « je n'ai pu mieux faire. » L'archevêque de Dol vient au secours de Charlemagne. Il s'en va dans la campagne, et, à l'abri d'un oratoire établi à la hâte, demande pieusement à Dieu de les épargner. Le miracle ne se fait pas attendre ; l'ouragan cesse, la mer retourne dans son domaine, le soleil brille, les prairies reverdissent. V. 2667-2712.

En ce moment Naimes, regardant du côté du nord, voit venir une brillante armée; ils sont dix mille chevaliers richement équipés, dont les bannières flottent au vent. Le duc les prend pour des païens et se met à pleurer en apercevant tant de nouveaux ennemis. Il appelle Aion, Guinemer, Thehart de Rennes, et les envoie demander à cette troupe qui elle est. V. 2713-2784.

Ce ne sont pas des païens, c'est Garnier de Gascogne, que le « Gardien de Rome » envoie au secours de Charlemagne. Garnier, arrivé près de Charles, le salue au nom du pape et lui apprend que celui-ci ayant su le siège de Quidalet, envoie cette armée au secours de l'empereur. Au récit que Charlemagne fait à Garnier des fatigues qu'il a éprouvées, l'envoyé du pape lui demande s'il n'a pas l'intention de s'en retourner en France, après tant de maux. — « Certes non, répond Charles, il me faut aller « ailleurs ; j'ai ouï dire que le roi Aquin s'est établi à « Carhaix ; je veux lui faire couper la tête ou le pendre, « s'il ne se fait pas chrétien. — Vous le poursuivrez donc « en char, dit alors Naimes, car avec votre blessure vous « ne pourrez point chevaucher. » Naimes se charge de faire préparer le véhicule. — Description du char. — L'empereur s'y établit. Départ. Naimes et Garnier cheminent ensemble. V. 2735-2799.

Les Français passent la Rance à gué. Pendant qu'ils gravissent les collines du bord opposé, le roi de France perd connaissance dans son char et on le croit mort. Les Français pleurent et font son oraison funèbre. A ce point, il sort de sa pamoison et voyant la douleur de son peuple, il lui promet de guérir. Joie générale. V. 2800-2818.

L'ost s'arrête à Corseul, autrefois belle ville, mais alors ruinée et depuis longtemps sans seigneur. L'armée continue sa route vers Carhaix, par le grand chemin que fit la femme d'Ahès. Le char s'arrête dans la campagne et on établit le camp. Dix mille Francs vont courir le pays. Ils font un grand nombre de païens captifs et assiègent la ville de tous côtés. Effroi d'Aquin. Il jure de livrer bataille en rase campagne et sort à la tête de dix mille hommes. V. 2819-2849.

Paroles d'Aquin aux siens. — Combat acharné. — Aquin et Naimes se rencontrent, et avant de jouter l'un contre l'autre, échangent quelques discours. Le Norois rappelle le siège de Quidalet, qu'il a perdu après 22 ans de possession paisible, et dont la famine seule a pu le chasser. Isoré en occupe maintenant le palais. Cette pensée, amère pour Aquin, ne l'est pas moins pour Naimes. Le duc fait une courte invocation et entame le combat. Après quelques beaux coups, les deux champions tombent à terre. Naimes se relève le premier, mais les épées sortent en même temps du fourreau. Aquin est le plus fort. Naimes le voit et craint pour sa vie. Mais Dieu le protège et soutient son bras ; d'un coup irrésistible il fend le heaume de son ennemi jusqu'au cercle. Aquin eût péri sans le secours des siens. — V. 2850-2909.

Le combat continue encore quelque temps ; mais les païens ne peuvent résister et abandonnent Carhaix. Le roi Aquin s'enfuit, suivi de la reine. Naimes les aperçoit qui se sauvent à bride abattue. Il fond sur eux, arrête le cheval de la reine : « Dame, vous êtes prise, s'écrie-t-il ; « je vous emmène au roi de France et vous serez chré- « tienne. — Je ne puis résister, fait-elle, mais je suis reine, « je suis la femme de l'émir Aquin, gardez-moi du « déshonneur. — N'ayez crainte, réplique le duc. » V. 2910-2940.

La reine est conduite à Charlemagne, qui croit à peine à cette heureuse capture. Il lui demande si elle veut se faire chrétienne. — « Volontiers, dit-elle, car Mahomet ne vaut « pas *un ail pelé*, nous avons bien éprouvé son impuis- « sance à Quidalet. » L'empereur satisfait sourit. Il appelle vite ses prélats et leur ordonne de préparer les fonts baptismaux. Le baptême se fait avec pompe. — Beauté de la néophyte. — Elle fut par la suite aimée et honorée des chrétiens. V. 2941-2969.

L'auteur laissant Charlemagne, suit Aquin dans sa fuite rapide. Tout en gémissant de la captivité de la reine, il se dirige vers un château très-fort et très-ancien qu'il connaissait de longue date, le château du Méné. V. 2970-81.

Les Français, conduits par Naimes, viennent relancer Aquin dans ce repaire. Le roi de France suit Naimes; il ne s'arrête qu'après avoir occupé la forêt de Nevet. Aquin est cerné à la faveur de l'obscurité. L'armée campe. — Le lendemain, à l'aube, Aquin voit les troupes de Charles; il sort immédiatement du château avec ses guerriers; il les anime par ses paroles contre cette race qui lui a enlevé sa femme qu'il aimait plus que la vie, et la belle cité de Quidalet, qui faisait toute sa joie. V. 2982-3006.

Excités par ces discours, les païens font des prodiges; ils culbutent les troupes romaines, commandées par Garnier de Gascogne, neveu du pape, qui périt dans le combat. « C'est grand dommage », dit l'auteur, en manière d'oraison funèbre. — Aquin réussit dans la mêlée à reconquérir sa femme[1], qu'il entraîne dans le château. Désespoir de Charlemagne; il pleure Garnier et jure de prendre ce château, ce qu'il exécute sur le champ. Le feu grégeois détruit la forteresse de fond en comble. V. 3007-3022.

Aquin n'a pas péri. Il abandonne les ruines et s'en va du côté de la mer. Il rencontre un ermitage. L'ermite s'appelle Corentin, il disait la messe en l'honneur de saint Martin. Les païens font grand bruit autour de l'église où ils s'apprêtent à se retrancher. Aquin lui-même pénètre dans l'intérieur. Le saint reconnaît les païens à leur langue, il savait « leur latin ». Il achève de dire sa messe et se dépouille des vêtements sacrés. A cet instant, les païens se jettent sur lui, mais Dieu fait un miracle et protège la fuite du saint en l'enveloppant d'un nuage. V. 3022-3040.

Charlemagne, à la recherche du roi Aquin qui lui a

---

[1] V. note du vers 3014.

échappé, voit venir un étranger; il appelle Naimes, Ripé et plusieurs autres, et les envoie demander à ce survenant, qu'il prend pour un des hommes d'Aquin, ce qu'est devenu son maître. Les comtes abordent brusquement cet inconnu, qui n'est autre que saint Corentin, échappé à ses persécuteurs. Ripé cherche même à l'effrayer. « Es-tu du pays des Norois ? lui demande-t-il « avec arrogance. Dis-nous des nouvelles d'Aquin, sinon « je vais t'occire. » Corentin répond en confessant sa foi et leur apprend qu'il a été chassé de son ermitage par les païens. V. 3041-3062.

Le récit de saint Corentin anime les chrétiens : ils accélèrent leur marche, le saint leur sert de guide, il amène les Français près de sa demeure, on surprend les païens. Lutte acharnée. Cette bataille va terminer la chanson, car le frère de Séguin y périt. (On se rappelle que Séguin lui-même avait été tué à Quidalet, de la propre main de Charlemagne, le jour où succomba Thierry de Vannes, père de Roland). 3063-3082.

Commencement du combat singulier engagé par le duc Naimes avec le frère de Séguin. 3083-3087.

Ce héros païen, frère de Séguin, qui va succomber dans ce duel final, n'est autre que le roi Aquin.

Les gloses qui accompagnent le texte donnent en style du XVIe siècle le résumé de la chanson ; nous croyons intéressant de les réunir.

* CHARLES et sa compaignie chevauchent vers Bretaigne [1].
* Charles descend à Avranches.
* Au Mont sainct Michel va Charles.
* Charles arrive à Dol.
Remonstrances de l'Archevesque à Charles, f° 2 v°.
Charlemaine respond aux remonstrances de l'Archevesque, f° 3 v°.
Conseil de l'Archevesque, f° 4.
L'Archevesque fournit IV^x hommes.
Dayres fist Quidallet, f° 4 v°.
Quidallet est descrite.
Chasteau de Solidor, f° 5.
Portraict d'Acquin, f° 5 v°.
Harangue des ambassadeurs davant Acquin, f° 6.
Acquin est fasché pour son dieu.
Description de la beaulté et parure de la femme d'Acquin, f° 6 v°.
La roigne saulve les ambassadeurs.
Ripe fait sa legation à Acquin, f° 7.
Les ambassadeurs, fonction rude; adieu aux Gentils, f° 8.
Miracle pour saulver les ambassadeurs.

[1] Les gloses précédées d'astérisques sont empruntées au ms. de s^{te} Geneviève; toutes les autres au ms. 2233.

Nesmes donne conseil, *f° 8 v°*.

Ripe, marchis de Dol, est frappé d'un payen, *f° 9*.

La roigne sermonne Acquin commander marcher contre Charles, *f° 10*.

Acquin promet à la roigne courir sus aux chrestiens.

Charlemagne menace Acquin par Tiori, *f° 11 v°*.

Acquin defie Charles, *f° 12*.

Bataille terrible, *f° 12 v°*.

III^c François prisonniers, mil Sarrazins prisonniers, *f° 13*.

L'Archevesque de Doul conduit les Bretons, *f° 13 v°*.

Ysoré, archevesque de Doul.

La magnificence du chasteau de Doret, *f° 14 v°*.

Doret se saulve par bien courir, *f° 15 v°*.

Acquin, oncle de Doret.

Ohes, vieillard et vaillant, conte ses nouvelles, *f° 16*.

Chemyn ferré ou chemyn Ohes.

Par un merle mort congnoit la dame sa vanité.

Acquin menace Charles, *f° 17*.

Charles et Acquin se combattent rudement, *f° 17 v°*.

Charles en grande necessité.

XXVI mille Sarrazins desconfis.

La roigne rencontre Acquin tout honteux, *f° 18*.

La roigne donne courage au roy Acquin.

Tioris mort, beau frere de Charles et pere de Roland qui mourut à Roncevaulx.

Bagueheut, sœur de Charles, femme de Tioris et mere de Roland, *f° 18 v°*.

Seguyn turc tué par Charles.

La roigne rencontre Acquin fuyant et marri, *f° 19*.

Franczoys recueillent la despouille après la bataille, *f° 20*.

Charles demande secours en France contre Acquin.

Miracle pour sainct Malo, f° *21*.

Sainct Malo estoit pauvre.

Charles donne Chasteau-Malo audit sainct Malo et le feit edifier, f° *21 v°*.

Chapelle de Nostre-Dame construicte jouxte le maresq, pres Chasteau-Malo.

Payens demandent tribut aux christians, f° *23*.

Parlent les christians.

Christians demandent Dinart aux payens, f° *23 v°*.

Dinart assailli par les Bretons.

Mil Turcs tiennent Dinart.

Dinart destruict par feu gredays, f° *24*.

Acquin fasché quand il vit Dinart bruslé.

Noter que Rence estoit ores petite entre Dinart et la Cité, f° *24 v°*.

La roigne reconforte Acquin.

Assault sur Quidalet par Charles et ses gens.

L'archevesque Ysoré empesche les victuailles d'Aquin, f° *25*.

NARRATIO CESEMBRII, f° *26*.

Acquin coronné à Nantes.

Entreprise pour faire embusche en Cesambre pour les chrestiens.

Noter qu'on passoit à Cesambre à pied et à cheval, f° *26 v°*.

Acquin se plaint voulant descouvrir l'embusche de Cesambre, f° *27*.

Entreprise des payens pour lever le camp de Cesambre.

Cinq mille payens contre mille chrestiens à Cesambre, f° *27 v°*.

Nesmes ouït les anges attendant les asmes, f° *28 v°*.

Nesmes blessé aux deux costes, f° *29*.

Tous les chrestiens occis dans Cesambre, excepté Nesmes et Fagon, f° *30*.

Plus de payens mors que de chrestiens dans Cesambre.
Sarrazins se retirent de Cesambre.
Nesmes et Fagon demeurent seuls vivants dans Cesambre, f° *30 v°.*
Fagon cherche Nesmes entre les mors et le trouve.
Fagon conduit Nesmes hors de Cesambre à pied, f° *31.*
Nesmes foible.
Fagon laisse Nesmes pour querre secours à le porter, f° *31 v°.*
Nesmes presque nayé attendant ayde, f° *32.*
Charles plaint Nesmes qui se releve de sa pamayson, f° *32 v°.*
Nesmes bien secouru de sa playe, f° *33.*
Charles veult assaillir Quidalet pour venger les mors en Cesambre, f° *33 v°.*
Plus de cent mille davant Quidalet.
Charles approche son camp davant Quidalet au lieu où est Sainct-Servan, f° *34.*
L'oriflambe desployée.
Charles donne une crouez à sainct Servan avec reliques des Innocens et de sainct Estienne.
L'église sainct Servan consacrée du commandement de Charles, f° *34 v°.*
L'oraison Charlemagne à sainct Servan.
Charles prient que ceux qui mentiront devant la crou ez perissent, f° *35 v°.*
De sainct Servan et d'où il estoit.
Ici parle à sainct Servan, f° *36.*
Le martyre de sainct Servan.
Conseil donné à Charles pour couper l'eau aux tenans Quidalet et ce par un chevalier, f° *36 v°.*
La fontaine de sainct Servan trouvée par un cheval, f° *37.*

La fontaine de sainct Servan empoisonnée, f° *37 v°*.
Faulte de vivres, c'est misère, f° *38*.
CONSILIUM DATUR.
Cinq ans depuis les navires d'Acquin perdus.
Ils ne disnent point par faulte d'en habvoir, f° *38 v°*.
Terzon, cité; Brons enxin.
A Brest arrive Acquin, f° *39*.
Acquin s'en va à Karhes, f° *39 v°*.
Acquin mande à Nantes pour le secourir.
XXX mille viennent secourir Acquin.
Les remanans en Quidalet se desesperent, oyant Fagon, f° *40*.
Charles et les siens entrent à Quidalet, f° *41*.
Le roy Dayres fit la prison de Quidalet et la Cité, f° *41 v°*.
Fondation de Sainct-Pere de la cité de Quidalet par Charlemagne, f° *42*.
Ysoré, archevesque, chante la messe à Sainct-Pere dans la Cité.
Charlemagne fut sept ans en Bretagne.
Charles donne Quidalet à Ysoré, archevesque de Doul, f° *42 v°*.
Charles prend son repas en Quidalet conquise.
La cité de Gardayne tenue par Doret, nepveu d'Aquin, f° *43*.
Le chasteau Doret.
Plusieurs chrestiens mors à Chasteauneuf, f° *43 v°*.
Un geant à Gardayne et diverses bestes.
Gardayne plus belle que Quidalet.
Quatre mille Turcs sortent de Gardayne sur les Françzois, f° *44*.
Christians soutindrent la guerre en Bretaigne sept ans contre les payens.

Christians se plaignent pour defaut de secours, f° *44 v°*.
Sarrazins prennent la fuite.
Christians gaignent les fossés de Gardayne.
Payens se plaignent à Doret, f° *45*.
Doret demande ranczon aux chrestiens.
Responce de Nesmes aux payens, f° *45 v°*.
Chrestiens traitent payens rudement.
Deux payens font complainte à Doret.
Doret se desespere, f° *46*.
Doret se veult venger des christians, o vingt mille fait saillie de Gardayne.
Nesmes prend courage voïant Charles venant pour secourre ses gens, f° *46 v°*.
Les Turcs perdent courage voïant Charles venu au secours de ses gens.
Les payens se saulvent en Gardayne.
Charles livre assault à Gardayne, f° *47*.
Charles grandement blessé.
Orayson fait Charles contre Gardayne, f° *47 v°*.
Gardayne confondue par l'orayson Charlemaigne, f° *48 v°*.
La mer deborde 6 lieues de leise et 2 de long.
Dix mille François noyés en Gardayne, f° *48 v°*.
L'archevesque Ysoré prie Dieu contre la tempeste, f° *50*.
Toute tempeste s'en va.
Dix mille chevaliers romains envoyés du pape à Charles, f° *50 v°*.
Nesmes effrayé voyant les Romains envoyés du pape à son secours.
Garnier de Quoquaigne se declare à Charles, f° *51*.
Charlemaine porté en un char vers Kerahes, f° *51 v°*.
L'armée Charles passe Rance à cheval et à pied.

Charles pasmé et fort plainct.
Corseult fut ancienne et riche cité, f° 52.
Rencontre devant Kerahes, f° 52 v°.
Dix mille Turcs contre Francs et Bretons devant Carhes, f° 53.
A l'archevesque Ysoré fut donné Quidalet par Charlemagne, f° 53 v°.
Nesmes et Acquin s'entrerencontrent.
Acquin est estourdi des coups de Nesmes, f° 54.
La roigne s'enfuyant apres Acquin est prise par Nesmes.
REGINA CAPITUR ET FIT CHRISTIANA, f° 54 v°.
La pauvre roigne payenne craint son deshonneur.
Nesmes presente la roigne payenne à Charlemagne.
La roigne convertie.
La roigne baptisée, f° 55.
Acquin s'en va au Mens[1], f° 55 v°.
Nivet chasteau.
Acquin va contre les François davant Nivet.
Acquin maître XXX ans de Quidalet, f° 56.
Garnier romain tué.
Acquin recouvre sa femme.
Nivet bruslé par feu grecouais.
Sainct Corentin assailli par les payens, f° 56 v°.
Miracle pour sainct Corentin.
Sainct Corentin interrogé respont aux christians, f° 57.
Charles tua le payen qui avait tué son beau frere Tiori, père de Roland, f° 57 v°.

[1] Cf. Introd. LXXXIV et Sommaire CXVIII, CXIX.

LA CONQUESTE
DE LA BRETAIGNE
ARMORICQUE

PAR

LE ROY CHARLEMAIGNE

C Y ensuit le discours d'une conqueste du royaulme de Bretaigne Armoricque, faicte par le preux Charlemaigne roy de France, avant son coronement à l'empire environ dix ou douze ans, contre un roy sarazin nommé Acquin qui habvoit possédé le dit réaulme par l'espace de XXX ans, sauff Dol, Rennes et Vennes; duquel Acquin coroné à Nantes est mention en la Cronique de Bretaigne, *au second libvre, chapitre de la sépulture des chevaliers occis à Roncevaulx;* on pourra voir la Mer des histoires, Cronica Cronicarum, *et aultres, pour bien conjecturer les*

*temps et entreprises dudit Charles ; auquel furent
envoyez ambassades de la part des Bretons deman-
dants secours, ainsi que ay peu cognoistre par les
piecz̧es du premier feillet ; auxquels, conseill prins
par ses princes, donna responce ovecq effeict le dit
Charles ; recité en langaige et rithme assez selonc son
antiquité plus à prisier que nouvelle rethoricque qu'on
y pourroit dresser. Et ensuyt en la dicte réponcz̧e et
conseill donné au dit Charles :* « *Et si Dieu plaist
le vroy creatour, etc.* »

I

. . . .

  T si Dieu plaist, le vroy creatour, *(f° 1)*
 « Nous y vaincron paens Sarrazinour,
 « Par quoy auron paradis et honour ;
— « Sire, dist Nesmes, alez y sans sonjour ;
5 — « Vous dictez bien, » ce dist l'empereour.
Charlez apelle Fagon le pongneour,
Mareschal est de l'ost et guieour.
« Voulentiers, Sere, » ce dist le pongneour.
Lors sont montez le prince et le contour ;
10 Quant ils asemblent, nuls homs ne vit gregnours.
.LX.ᴹ furent ly pongneours.
Lors font souner lours cors et lours tabours,
Droit vers Bretaigne chevauchent par .V. jours.

II

CHARLES chevauche et sa grant compaignie,
15 Par doulce France ont lour vaye aquillie;
De France yssirent et passent Normandie.
Juqu'à Seüne ont lour vaye aquillie
Emprès Abranches une cité garnie;
Là descent Charlemaine en la lande enermie.
20 A Saint Gervese a le roy messe ouye
D'un riche evesque qui est de bonne vie.

III

LA messe ouyt l'empereour Charlon
D'un riche evesque qui moult estoit prodom ;
Celuy evesque qui Tiori abvoit nom,
25 Nez est de France, de la ciz de Seison.
Après la messe n'y font aultre sermon ;
Charles se trouve entre luy et Nermon,
Ensemble à eulx ont maint riche baron, (f° 1 v°)
Et le grand ost chevauche o esperon ;
30 Davant les guie duc Nesmes et Fagon.
Au Mont s'en va le bon roy de Seison ;
A saint Michel ala fere son oraison,
Et y fist moult riche et grande oblacion,
Ung marc d'argent ofrit et ung riche mangon.

35 Lors se devalle aval dedans le sablon,
　　A cheval si monte et se prant à l'arson ;
　　Ly ost sy s'arote et sans nulle tanczon,
　　Sounant lours [cors] de couepvre et de leton,
　　Des cors qui sounent moult est grant le treson.
40 Là veïssez maint destrier d'Aragon,
　　Mainte baniere et maint bel gonfanon,
　　Et mainte lance et maint bel feinion,
　　Et maint escu qui fut paint à leon.
　　Lors chevaulchent la greve et le sablon,
45 Et passerent Seüne et sesirent Coaynon ;
　　Ce sont dous aeves qui portent le dongeon
　　Entre ly Normens et entre ly Breton.
　　Juqu'en Bretaigne n'y font aretaison,
　　A Doul s'en vont sans nulle aretaison ;
50 Une cité, arcevesque y ot bon
　　Pour porter armes contre la gent Mahon.
　　Or en va Charlez adourer saint Sanson ;
　　Illec pria ly roys et ly baron
　　Que Dieu lour face de lour peché pardon,
55 Et lour doint force vers la gent de Mahon. (f° 2)
　　Illec abvoit maint chevalier Breton,
　　Contes et ducs, et maint riche baron,
　　Que Sarrazins, qui ja n'aient pardon !
　　A chascun d'eulx ont saesi sa méson,
60 Tant comme ilz furent en Sesoiene o Charlon.

　　De ces barons veil fere mencïon,

Dont ilz sont nez et comment ilz ont nom :
Des plus vaillans qu'en cest escript trouvon,
Illec estoit dom Coneyn de Leon ;
65 De Leon est Richardel et Guion ;
Et Merïen de Brest qui est prodon,
Et sere Aray de Mené le baron ;
Thehart de Rennes qui portoit ung dragon
En son escu vermail comme leyon ;
70 Et Tïori et son nïés Salemon
Qui de Bretaigne tint puis la regïon,
Roys fut et sires de tretout le regnon,
Moult abvoit gens en sa subjection,
O Challeméne fut puis en Appremon ;
75 Et y estoit seres Yves de Seyson,
Ung chastel est qui moult fort est et bon,
Fors d'une part le clot mer environ,
La gent Aiquin l'orent par traïson,
Quar pouay avoient léans de garnison
80 Il n'y entrast le lignage Mahon ;
Et sy y est de Mont Releys Hamon ;
De Quarahes Hoës au blanc guernon,
Moult estoit veil, en escript le trouvon ; *(f° 2 v°)*
Et de Dolas quen[s] Morin le Breton ;
85 De saint Pabu Excomar le prodon ;
Et sire Eyon de Servan Chateillon,
Sus la mer siet, moult y a bel dongeon,
Serain le fist avant l'Incarnacion
De Jhesu Crist qui souffrit passïon

90 En sainte crouez pour la redempcïon ;
    Agot y estoit qui portoit ung panon,
    D'une ysle estoit que mer clot environ,
    Nul hom n'y entre s'il n'y a aviron ;
    Illec abvoit une forte maison,
95 De pierre estoit faitte, de chaulx et de sablon,
    Moult y estoit de grant deffension.
    Ne vous vuil fere yci trop grant sermon,
    Tant en y a que nommer ne soit hom,
    Illec estoint tretouz à mencïon
100 O l'arcevesque de Doul qui estoit prodon.

    Cil est venu davant le roy Charlon,
    Es piez du roy se mist à genoillon,
    Oyant tretouz a fait sa clamaison,
    Onc en Bretaigne plus fiere veït l'en !
105 Ly roys l'apelle, sy l'a mis à raison :
    « Sire, dist-il, Dieu vous face pardon !
    « Fors vous, beau sire, nul droit seignor n'abvon
    « Fors Damme Dé qui souffrit passion
    « Et l'apostoire à qui obeïsson ; *(f° 3)*
110 « A vous me clame d'Aiquin le roi felon
    « Et de ses gens, qui ja n'aient pardon !
    « C'est Grimouart et Doret le felon ;
    « Cest Grimouart qui moult par est mal hon,
    « En Dinart est o riche garnison,
115 « Fors d'une part asauldre n'y pot l'on,
    « Quar mer y enclot par tretout environ.

« Là [est], de près ou rochier, Clarïon
« Et ses cousins Grihart et Florïon,
« Et Avisart, Corsalium, et Noiron,
120 « Et tant des autres que nommer ne sceit l'on.
« Ly aultre prince qui [a] Doret à nom
« Sy tient Gardoyne sour l'eve de Budon,
« Cité est riche, telle ne vit onc hom,
« Il n'a plus belle de cy en Adiron.
125 « Là dedans a maint Sarrazin felon,
« Et maint paen, maint Tur, maint Esclavon.
« Maint asault ont donné à cest dongeon,
« Mès n'y forsirent vaillant ung esperon,
« Onc n'en quasserent tour ne mur ne perron,
130 « Mès de mes hommes ont mort à grant foueson
« Et ge des lours oncques n'en prins renson,
« Mis ont ma terre à grant destruction.
« En Quidalet est Aiquin le felon,
« Et y adoure Tervagant et Mahon,
135 « Et y deuillent Jhesu Christ et son nom;
« Toute Bretaigne mist en confusion,
« Les citéz a, souez en sont ly dongeon. *(f. 3 v)*
« Vez ci les princes de celle regïon
« Qui de lour terre n'ont valant ung bouton,
140 « Que vous ne veistes fors le filz Justamon,
« Par quoy perdirent lour terre ly baron;
« Secourez les pour Dé et pour son nom,
« Et lour rendez ore le guerredon !
« Ne fust Ripe o moy, et auxi Salemon,

145 « Et Baudoin, Richer son compaignon,
« Et Tïori et ly aultres baron,
« Payens eussent piecza passé Coaynon !
« Aquin ly roys [en] a juré Mahon
« Qu'il conquerra toute vostre region,
150 « De cy en France n'aura arestacion ;
« Dist qu'il prendra Orleans et Leion
« Paris et Chartres, Saint Denis et Saison ;
« Ja n'y laira ville ne regïon,
« Ains y meptra Tervagant et Mahon ;
155 « Dedans Oreilghe vous meptra en prinson,
« Là vous meptra en grand captivaison,
« De ce vente Aiquin le felleon ! »
Charlemaines respont par moult doulce raison :
« Dieu me deffende par son santisme nom !
160 « Si Dieu plaist moult très bien les vaincron,
« Et par bataille touz les desconfiron ! »
A sa gent dit : « Conseillez moy baron. »
Dist l'arcevesque : « Consoil avez moult bon. »

IV

LY arcevesque s'estut desus ses piez *(f° 4)*
165 Et a parlé comme homs bien enseigniez :
« Droit emperiere, faites paix, si m'oiez,
« Se il vous plest, bien serez conseilliez ;
« Prenez mesages, au roy les envoyez,

« Et lui mandez que il soit baptisiez ;
170 « Et y auge Ripe de Doul qui est prisiez,
« Et Baudoin, et Richer l'enseigniez,
« Et Tïori qui bien est affectiez,
« De parler est courtays [et] enseigniez ;
« Par ceulx est bien le mesaige nunciez
175 « Au roy Aiquin le couvert regnoiez ;
« Se il ne veult fere, fierement l'assaliez
« En la cité qui tient grant pechiez.
« O vous yray, touz surs vous en teniez,
« O .IIII.ᴹ hommes de vers heaulmez gemez,
180 « Touz de Bretaigne bons chevaliers prisiez
« Que Sarrazins les couvers regnoiez
« Ont de lours terres tretouz vifs esilliez,
« Mès avec moy les ay cy rechetiez,
« Mès si Dieu plaist par vous seront vengiez ! »
185 Dist l'emperiere : « Bien abvez enseigniez. »
Ung brieff font fere long, paré et prisiez,
De maintenent fut à Ripé bailliez.
Les .IIII. contes se sunt apareilliez
Les haubers vestent, héaulmez ont laciez,
190 Çaignent espées et prannent lours espiez,
Es chevaulx montent, n'y [sunt] plus delayez ;
Lors s'en tournerent touz serrez et rangiez *(f° 4 v°)*

V

Ipe s'en trouve, Richer et Tioris,
Et cil de Vennes le courtays Baudoins,
195 Chacé l'avaient les couvers malvéys,
Hors de sa terre fut chacé et yssis.
Lors chevaulchent les messagez de pris,
Par plains [s'en vont], par terre et par larris,
Vers Quidallet la cité seignouris.
200 Cité est bonne, faitte dou temps entis,
Ains que Dieu fust en la Virge nasquis
Qui pour son peuple fut en sainte crouez mis ;
La fist roy Dayres qui moult fut potéys ;
N'est mie close de fust ne de palys,
205 Anceys est close de fort mur chauséys,
A cheres estres, à pilliers [et] à virs,
Et à grant salles sour pilliers bien assis ;
La mer lui bat environ le réys,
Fors d'une part y vient la mer touz dis,
210 C'est devers Bise, ce conte ly escris ;
Là est la porte et le pont tournéys
Par où l'en entre et veit l'en ou pays ;
Le portal fut à voulte bien assis,
Et la grand porte de couepvre getéys ;
215 Le pont de fer et tretout le postis
Jouste le port vers la roe de medis.
Illec avoit ung fort dongeon poursis

Sur une roche, en ung petit pourprins,
A quatre estages bien fait et bien assis.
220 Cinq piez de lé ot ly bon mur chausis, *(f° 5)*
Et de haultour en ot cinquante et sys ;
Et est fermée par si fait à devis
Que ge [ne] voy comment puisse estre prins,
Si Dieu n'en pense le roy de paradis !
225 Quar par dessus est le dongeon voultis ;
Les quarreaux sont en bon cimat assis
Tout de fin marbre, plus blanc que flor de lis :
Cieul dongeon est moult riche et de grant prins,
Plus fort ne vit onc nul hom qui soit vifs.
230 Forment l'ameit Acquin de Nort pays ;
Soupvent y est et ly et l'emperis,
Pour deporter et faire lour delis.
La tour Aiquin l'apellent Sarrazins.
Là est la charte où les prinsons sont mis,
235 Illec les meptent payens quant les ont prins ;
Forment y a chétives et chétifs
Des Crestïens qui sont nez du pays.
Ung riche homs guiestoit es estays
O bon servanz, armez, de fer vestis,
240 Qui le port gardent et par niez et par dis,
Les nefs, les barges et les dromons ausis
Qui illec viennent de moult laintain pays,
Les draps de saye, mustables, et samis,
Cendeux, et propres, et draps de riche pris ;
245 Et y aportent le poivre et le commis,

Aultres richesses don ne soy le devis,
Don roy Aiquin est richement servis.
En mé la ville, ot un palais antis,
Don les coulombes furent de marbre bis, *(f° 5 v°)*
250 A or d'Arabe bien fait et bien polis.
En ceul poncel ot ung faulxtuel mis,
Pierres y a, coupvertes, amestris,
Et esmeraudes, et rubiz, et saffirs ;
.IIII. i a escarboucles rouges comme feu esprins,
255 Tel clarté getent ou palais seignoris,
Auxi est cler par niez comme par dis.
Ou faulxtuel qui estoit de grant pris,
Illec estoit le roy enxin assis ;
De jouste luy se sist l'empereris,
260 Plus belle damme onc n'ot en nul pays !
Et le roy fut moult proux et mult hardis,
Blanche ot la barbe, le cheff chenu flouris,
Large couronne portoit dessus son vis ;
Piecza ne veistes plus felon Arabis !
265 En son poign tint ung gavelot fourbis,
Dont le manche estoit d'or et d'argent bien mis ;
Aporté l'ot le roy de son pays.
O luy abvoit quatre cens Arabins,
Vestuz avoint mustables et samis.

270 Or vous diray des mesagiers gentils :
Tant sont alé sus les chevaulx coursirs,
Qu'en Quidallet la cité se sont mis ;

Juqu'au palays amont ont fort gauchis ;
Sour ung lorier qui fut hault et fettis
275 Là se descendent eulx et des arabis.
Ou palays entrent par les degrez assis ;
Davant Aiquin s'arestent les mesagis ;
Ripe parle qui bien en fut aprins, *(f° 6)*
Aiquin salue et puis l'empereris :
280 « Cil Damme Dé qui fourma paradis,
« Et touz les biens a par le monde assis,
« Et en la crouez fut pour son peuple mis,
« Et fut percié o longs clous et traictifs ;
« Et de la lance lors le ferit Longis,
285 « Et ou sepulcre fut et couché et mis,
« De mort à vie surexit au tiers dis,
« Si comme c'est vroy et ge croy à devis,
« Si sault et gart Charles de Saint Denis,
« Ripé de Doul, Richier et Tïoris,
290 « Hernoul de Flandres, Bernard et Beaudonis,
« Et tretouz ceux qui à Dieu se sont mis !
« Et ly seon Dieu sault huy le roy Aiquis !
« C'est Mahommet le dolant et chétifs
« Qui n'a povair plus que ung chien occis ! »
295 Aiquin l'entent qui fut mal talentifs,
Beisse son cheff, d'autre part tourt son vis,
Si grant deul a, [à] poay n'enrage vifs !
En son poign tint ung gavelot fourbis,
Ripé en fert de Doul le bon marchis ;
300 Desour l'esselle luy a ce dart là mis,

A la chemise est luy acier fermis,
Dieu le garda et point ne l'a malmis.
Sarrazins saillent, Franczois ont estormis ;
A cest point fussent les contes occis,
305 Que ja des quatre n'en eschapast nul vifs,
A mon escient, si ne fut l'emperis.
Plus belle damme n'ot onc en nul pays ! *(f° 6 v°)*
Gent ot le corps, gresle et eschevis,
La chiére blanche plus que n'est flour de lis,
310 Et revelante comme rose de pris,
Desus le blanc est le vermail assis ;
Tant par est belle que n'en sczoy le devis !
En son dos ot ung blïaut de samis,
Et à son coul ung mantel de grant pris,
315 Moult estoit riche, fourré estoit de gris,
A or d'Arabe sont les tessuz assis ;
Moult y ot pierres, bons rubiz et safirs,
Qui mielx valaint que cent marcs tous inassis.
Large couronne portoit desus son vis.
320 Quant el vit luy roy mal talentifs,
Lors l'acolla et luy a fait ung ris.
« Amirant sere, dist la damme o cler vis,
« Pour Mahommet don ly moult est garis !
« Loyaulx mesages doyvent dire lours plesirs ;
325 « Quar le roy Charles les a à toy transmis,
« Ce seroit honte s'ils estoint occis ;
« Ne doibt mesaige de rien estre ledis,
« Ains doyvent estre escoutez et ouys. »

  — Dist Aiquin : « Damme, or soit à vos plaisirs. »
330 Vers les mesaiges tourna le roy son vis,
  Et les apelle, les a à réson mis :
  « Francs mesaigiers entendez à mes dis :
  « Bien a .XXX. ans que Bretaigne ay conquis,
  « Et dedans Nantes fuy ge roy poestis, *(f° 7)*
335 « La mienne couronne y porté sur mon vis ;
  « Encore y a des gens de mon pays
  « De mes lignages et de mes bons amys,
  « En la Mé gardent et y sont establis.
  « Puys ycest terme, ce saichez noz devis,
340 « Ne fu ge mès de Crestien requis !
  « Moult fustez foulx quant cy vous estez mys
  « Qu'à mes sermens ne fust le congé prins,
  « Et non pourtant ja ne serez desdis,
  « Or povez dire tretouz les vos plaisirs. »
345 — « Me oirez donc, dist Ripe le marchis,
  « Amirant syre, riche roy poestis,
  « Mal fut ton corps, quant à Dieu n'es amys !
  « Croy celle loy qu'establit Jhesu Crists,
  « Si seras sauff et auras paradis !
350 « Et si sers Charlemaine, le roy de Saint Denis ;
  « En tout le monde n'a roy si poteïs ;
  « Yci te vient, bien en soys tu suyrs,
  « Jà est [il], ce saichez, en cest pays,
  « Il est à Doul la cité seignouris ;
355 « En sa compaigne .C.ᴹ fervestis ;
  « .XVII. rois y a de mult laintaing pays,

« Et ducs et contez qui moult sont potéys,
« Par ceulx seras cy dedans asaillis ;
« Toy et ta gent moult seras enserris ;
360 « Vez cy un breff que Charlez t'a transmis. »
Lors luy tendist et l'amirant l'a prins ;
Bien fut lectré, car il en ot aprins.
La lectre leist, puys si feïst ung ris *(f° 7 v°)*
Lors a parlé com homs mal talentifs,
365 Les mesagers avoit à réson mis :
« Seignours, dist il, entendez à mes dis :
« Vostre roy Charles qui ycy m'a requis
« Que ge grepisse Mahom le potéys
« Pour adourer voz malveys Dieux faillis ;
370 « Voir non feré ! ma loy tendré touz dis,
« Ne ja par moy n'ert Mahom degrepis !
« Sy m'asegez cy dedans cest pays,
« Ja ne verrez quatre jours acomplis,
« En vos herberges serez touz esbahis,
375 « Le roy de France auré ge mort ou vifs,
« Et en Oreigle l'en envoyré chetifs !
« Yceste terre sera maye à touz dis !
« Mon enseisour en fut longtemps sesis
« De cy au temps Clodoveil ly entis ;
380 « [Quar n']abvoit nom de France ycel pays
« Au temps que Turs y eurent estays.
« Tien ge Bretaigne, et la tendré touz dis,
« Les forteresses, [les] chasteaulx et pleissis,
« Nantez la belle, la cité seignouris,

385 « Et ceste ville que g'ayme moult et pris,
« Ja en sa vie n'en sera mès sesis !
« Allez vous en, mesagiers beaux amis,
« Dictez à Charlemaine, le roy de Saint Denis,
« Qu'à nul jour verra jamès cest pays ;
390 « Ainz le tendray et Orliens et Paris (f° 8)
« Et porteroy couronne à Saint Denis.
« Et si ne fust notre empereris,
« La gentil dame que g'ayme tant et pris ;
« Saichez bien que vous fussez occis ;
395 « Ja nul de vous n'en eschapast mès vifs ! »
Ripe l'entent, moult fut mautalentifs,
Dou palais eist, onc n'y a congé prins ;
Il trait l'espée don le brant fut fourbis,
Davant la porte a un Norreins occis,
400 Baudoin ung autre, et le tiers Tyoris,
Richer le quart, atant s'en sont partis.

De la ville yssent touz noz quatre marchis ;
Les chevalx poignent de l'esperon forbis.
La noase lieve, payens ont estormis,
405 Adeis les sieulvent [ly] payens maléys ;
Moult grant miracle y fist Dieu Jhesu Cris,
Lieve une nue sur les Dieu ennemis,
Noz Franczoys perdent com Dieu vint à plesirs.
Quant eulx ne voyent, forment en sont marris,
410 Sour une engrade monptent les Arabis,
Voyent l'ensaigne au roy de Saint Denis

3

Qui vient de Doul, moult y a fervestis,
Richez ensaignez de propre et de saffris,
Et maint destrier courant et arabis ;
415 Payens les voyent pour prendre lour pays.
« Charlemaine, font ilz, tu sayes maldis !
« Ains que t'en ailles te verras tout chetifs,
« Tu remaindras o nous en cest pays,
« En Quidallet seras en prison mis *(f° 8 v°)*
420 « Dedans la chartre Aiquin le potéys ;
« De tes avairs seron moult bien servis ! »

Ores lairoy de payens maleïs.
Si vous diroy du bon duc Tyoris,
Et de Ripé de Doul le bon marchis,
425 De Baudoin, de Richer le gentils.
Tant ont couru les bons chevalx de pris,
Decy à Charlemaine n'en ont frain gauchis.
Quant il les vit, à réson les a mis :
« Trovastes vous Acquin de Nort pays ?
430 — « Ouïl voir, sere, ce luy dist Tyoris,
« Vostre mesage avvon [trés] bien fournis ;
« Quant est l'orgueil Acquin, ce vous plevis,
« Il ne vous prise valant ung parisis ! »
Charlemaine l'entent, si gecte deux soupirs.
435 Nesmes le voit, si a gecté ung ris,
Et luy a dit com homs de sens assis :
« Droit emperiere, ne soiez mez maris ;
« Chevaulchez, sere, contre vos anemis ;

« Isnellement soit roys Acquin assis
440 « En Quidallet la cité seignouris;
« N'en partiron si sera mort ou pris,
« Mort ou vaincu, ou chacé du pays.
— « Nesmes, dist Charlemaine, vous saiez benéys,
« Vous me donnez bon consoil touz dis. »
445 A ces parolles ont veu lours anemis.
« Damne Dé, ce dist Charles, qui oncques ne mentis,
« Celles gens que voy la resemblent Sarrazins;
— « Sy sont ils, sere, ce luy dist Baudoins,
« De Quidallet nous ont [cy] poursuys,
450 « Mors nous eussent, detranchez et occis,
« Se Dieu ne fust, le roy de paradis;
« Par son plaisir nous a de mort gueris;
« Sere emperiere, qu'en saient envays! »
Et respont Charlemaine : « Ce me vient à plaisirs. »

455 Poignant y court Richard, et Tyoris,
Ernoul de Flandres y court, et Guar[i]nis,
Et le duc Nesmes et l'escuer Baudonis;
Et les Bretons qui sont nez du pays,
Venger se veulent des payens maléïs
460 Qui ont lours villes, lours chasteaulx, lours pays.
Les chevaulx courent o frains acoursis.
D'antre les aultres s'est ung Noreins partis;
Riche personne, conseiller fut Aiquis,
En son poign tint un gavelot fourbis;
465 En son escu fiert Ripé le marchis;

L'escu luy perce ou ly jet fut assis ;
L'aubert fut fort, de ren ne l'a maulmis ;
Grant coup luy donne, mès ne l'a pas jus mis,
Quar Dieu ne voult ly roys de paradis !
470 De rien ne l'a empiré ne maulmis !
Honte ot Ripé pour le duc Tyoris
Qui près estoit, si en a esté maris,
Brandist la lance o gonfanon treslis,
L'escu presse hors, l'aubert a desconfis ;
475 Parmy le corps l'espiez lui avoit mis ; *(f° 9 v°)*
Mort le tribuche ou melieu le lerris !
Quant Ripé ot le Sarrazin occis,
« Monjoe ! » escrie l'ensaigne saint Denis.
Après Ripé, a jousté Tioris ;
480 Et puis duc Nesmes qui est proux et hardis,
Et Baudoin, et Richier le gentils ;
Chascun des contes a ung pean occis.
Des Sarrazins n'eschappa que ung vifs,
Vers la riviere s'en fuyt tout à devis,
485 Entre les rochez s'est le Norois gueris.
Tant a alé qu'en la Cité s'est mis ;
Ou palays monte qui est dou temps antis ;
Par troys foiz claime à l'amirant Aiquis ;
Puis l'en l'apelle et l'a à réson mis :
490 « Amirant, sere, riche roy potéys,
« Se il vous pleist entendez à mes dis :
« Karl de France, l'orgueillours vous tient vifs !
« Dequ'à Seüne avez renne conquis,

« Ne vous léra ne terre ne pays,
495 « Cité ne ville, ne bourc ne plessis ! »
Aiquin l'entent, n'y ot ne jeu ne ris :
« Amy, dist-il, qui est ce que me dis ?
« Onc ne fut Charlemaine si foul ne si hardis
« Que ceste terre [dommager] se soit mis,
500 « Par Mahommet mon Dieu le potéïs !
« Ja ne verra .IIII. jours accomplis
« Que je l'aray ou vaincu ou occis,
« Qu'en ma chartre sera en prinson mis,
« Qu'en Oreigle l'en envayré chetifs !
505 — « Par Mahom ! sere, ce luy dist l'Arabis, *(f° 10)*
« Mort y sont mes freres, parens et amis ;
« Roys chevauchez ! Si vangez vos amis,
« Si vous ne festes vous estes escharnis !
— « Chevauchez, sere, ce dist l'empereris,
510 « A ycest temps que vins en cest pays,
« Tous me dounastes et Oregles et Paris,
« France la belle le regne saint Denis ;
« Le roy de France me debvez rendre vifs,
« Et envoïer au regne don venis ;
515 « Si vous ne faittes vous serez vils honis,
« Et si le faittes vous serez mes amis ;
« Honour [...] en aurez à touz dis,
« Et pour tes armes, quar tues tes anemis !
« Va luy encontre, si feras que gentils ;
520 « Il prant tes armes et destruit tes pays,
« Que as tenu .XXX. ans ot accomplis ! »

Aiquin l'acolle et lui gecta ung ris :
« Damme, dist il, ge feré vos plaisirs. »
Ung greslez ont ensemble touz baudis.
525 Lors s'adoberent et ont lours armez prins ;
Vestent haubert, lacent heaulmez brunis,
Çaignent espées, es chevalx sont saillis,
Lors espées prannent dont les brancs sont fourbis.
De la ville eyssent sur les chevalx de pris ;
530 .XXX.^m hommes y avoit fervestis.
Quant fut la noise des gens de Nort pays !
Vers nos Françoys s'en vont touz à devis, *(f° 10 v°)*
Qui vers eulx viennent de bataille pensifs.
Dieu prions, qui en la crouez fut mis,
535 Que il lour aist contre lours anemis !

VI

Trante mille hommes de la gent péannie
De la ville yssent, Damme Dé les mauldie !
Sounant lours [cors], grant en sont la baudie ;
Cors et tabourts moult font grant estourmie,
540 De bien deux leuez en est la noase ouye.
Bien sont armez celle gent peannie,
D'or et d'argent resplent la peannie,
Orgueillous[e] et de grant estourdie.
Aiquin le roy, qui les chandelle [et] guie,
545 Moult fust prodom, s'il creüst en Marie,

Et en Jhesu qui fut né de Marie ;
Mès n'a volair ne talant ne anvie ;
Il vouldroit miex aver perdu la vie !
Droit vers l'angarde ont lour vaye aquillie,
550 Et Charles vient qui [ne] s'atarde mie,
Moult a grant ost et fiere compaignie ;
Fagon les mayne et duc Nesmes les guie,
Les Bretons sont en lour connestablie,
Juqu'à ung tertre maynent la compaignie.
555 Charles chevaulche et sa gent yst rengie,
Vers peans vont la pute gent haye ;
Poair a grant de sa gent qu'a norrie.
Ly arcevesque que Jhesu begnéïe
A nostre gent commande et lour prie :
560 « Pour Dieu, Seignours, ne vous espargniez mie
« De bien feriz desus la gent haye,
« Qui cy mourra son ame soit requeillie *(f 11)*
« En paradis en la Dieu compaignie ! »

VII

Ly arcevesque, à qui Dieu soit amy,
565 Celui de Doul le proux et le hardy,
A nostre gent dist certenement ainxy :
« Seignours, dist il, pour Dieu qui ne menty !
« Ferez chascun des brans d'acier fourby
« Sur Sarrazins ; [dist] le cuer tout marry :

570 « Qui cy moura Diex en aura mercy,
« Tant sera sauff, pour verté le vous dy ;
« Et en [a]près Charles vous a norry ;
« Ovec luy vous a mayné icy ;
« Aidez Charlemaine pour Dieu qui ne menty,
575 « Que le nom Dieu ne soit icy failly,
« Ou saint Baptesme parellement ledy !
« Chascun de nous vait le sien anemy ;
« Cilz nous viennent, mult suymez mal bailly,
« Batez vos corp[e]s, criez à Dieu mercy,
580 « Touz debvon estre et parents et amy ! »

Quant l'arcevesque ot son sermon finy ;
Nostre emperiere à terre descendy,
Vers Orïent s'est tourné et gauchy,
Dieu reclama qui oncques ne menty :
585 « Dieu, dist il, pere ! par la vostre mercy,
« Deffendez moy d'Aiquin mon anemy ;
« Que mon royaulme ne soit par luy febly
« Ne saint Baptesme emperé ne ledy ! »
Franczoys luy dis[en]t bellement et enxy :
590 « Sire, dient ilz, ne saiez efray,
« Ne vous fauldron, tant com en aura vy ;
« Chascun de nous sera proux et hardy ;
« Saichez du roy Aiquin est mal bailly *(f° 11 v°)*
« Et de Bretaigne sera tost deseisy.
595 — « Seignours, dist Charles, la vostre grant mercy,
« Je vous asur et de Dieu et de my. »

Lors se sont touz armez et fervesty,
Et nostre roys est armé et garny,
L'escu au coul à cheval est sailly.
600 Ly roys apelle ung chevalier hardy :
« Amy, dist Charlemaine, va Aiquin, sy luy dy
« Que il a tout cest mon regne sesy,
« Renge le moy, g' auray de luy mercy,
« Et croige en Dieu, ge seré son amy ;
605 « S'il ne veulst fere, maintenant si luy dy :
« N'en partiroy [ains] sera mal bailly,
« Ou avant seré mort ou affebly,
« Que ja le champ n'ert par moy deguerpy !
— « Bien luy diroy, » celuy [luy] respondy.
610 Lors s'en tourna qu'il ne meist en obly ;
Au roy a dit le mesage hardy :
« Sire, dist il, or oirez que ge dy :
« Luy roy de France m'envoie à vous icy,
« Il vient à vous, ce saichez vous de fy,
615 « O sy grant ost onc si trés grant ne vy.
« Par moi vous mande le bon vuil seignory,
« Que croez en Dieu qui passïon souffry ;
« Et il aura de vous moult grant mercy !
« Sy ne le faittes, pour verté le vous dy
620 « Que sans nul terme serez ja asailly ! »
Aiquin l'entant, le sanc luy est fremy ; (f° 12)
Au mesager le fort roys respondy :
« Amys, dist il, va au roy, sy luy dy :
« Ja Mahommet n'ert par moy deguerpy ;

625 « Ne Jhesu Crist de moy sera servy !
« Je luy mant, dictes luy biaux amy,
« Qu'il soit aseur et afermé auxy,
« Et l'endemain et le tiers jour auxy,
« Me trouvera de bataille garny ;
630 « Lors verra l'en qui couart et hardy ! »
A ces parolles s'en tourne Tiory ;
Decy à Charlemaine brocha l'araby.

VIII

Quant le mesaige fut au roy retourné,
De maintenent luy a dit et conté
635 Du roy Aiquin l'orgueil et la fierté,
Et tretout auxi que luy avoit mandé ;
Que par luy ne seroit Ihesu adouré,
Tousiours croira en Mahommet son Dé,
Ne ja pour vous n'en sera destourné.
640 Trois jours playniers le trouverez armé
Encontre vous en bataille champé ;
Ne ne s'en tournera avant soit avespré.
Charles respont par grant humilité :
« Or nous aist Dieu, le roy de majesté !
645 « Qui nous secoure, par sa grande bonté ! »
Lors a roy Charlemaine son grant ost ordiené,
Et l'un conré de l'autre desevré.
[Et] auxi fist Aiquin luy amiré
Quar de combatre a moult [grant] volanté.

IX

650 Nostre emperiere, que [Diex] puist benéïr! *(f° 12 v°)*
　　Fait ses bataillez richement establir,
　　Et son conray de l'aultre departir.
　　Aiquin les siens [ne] voult [mie] alentir.
　　La veïst l'an maint bon escu luisir,
655 Et maint cheval et braire et hannir;
　　Telle noase mainnent, la terre font fremir.
　　Nesmes apelle Charles à grant héïr.
　　A ses parolles font les gresles baudir,
　　Lours cors souner et lours trompez tentir.
660 Lors s'avancent Franczoys par grant héïr;
　　Et Sarrazins n'ont talant de fouïr,
　　Es bons Franczoys se prennent à venir.

　　Aiquin desrenge, que Dieu peüst maudir !
　　Point le cheval qui court par grant héïr,
665 Tint une hache en sa main, va ferir.
　　Le heaulme tranche, le cheff fait saillir,
　　Jus à la terre le fait Aiquin flachir;
　　Crie : « Manbrie ! » pour sa gent esbaudir;
　　C'est son ensaigne pour sa gent avertir.
670 Et notre gent reprennent asaillir.
　　La veïssez fier estour esbaudir;
　　Tant pié, tant poing, tant[e] teste tolir;
　　L'un mort sur l'autre tribucher et chaïr.

Onc en Bretaigne, bien le vous os plevir,
675 N'ot nul estor de sy trés grant aïr.
Bretons y font maint Sarrazins mourir,
Qui de lours terres ont fait mult grant sesir;
Et les Franczoys, que Dieu puist benéïr
Fort se combatent par force et par aïr. *(f° 13)*
680 Toute jour font la bataille fouïr.
De cy à vespres que il doit aserir
Lours convenances ne vouldront desmentir.
Les Sarrazins se vouldrent revertir;
.III.c Franczoys emmaynent par aïr,
685 Dedans lours chartres les misdrent à gésir.
Et nos Franczoys, que Dieu puisse benéïr!
Mil Sarrazins en font o eulx venir.
Charlez repose decy à l'echeriz;
Et à matin fait sa gent fervestir,
690 Quar il [se] voulst à l'estor revenir.
Et roys Aiquin ne se voulst alentir.
Par matinet fait ses gresles baudir;
Vers nos Franczoys se prannent à venir.

X

Par matin se lieve le roy Charlemaine;
695 Bien fut armé luy et sa compaigne;
[Aquin] menace qu'il lui fera engingne,
Pour foul le tient qu'il vint en Bretaigne.

Brandist s'espée et desplaie s'ensaigne,
Point le cheval, veit sey en la berganne,
700 Ung péan fiert moult tost sans demorangne,
L'escu luy perce et l'aubert luy mehaigne,
Mort le tribuche davant luy en la plaingne.
Sire estoit de Cordes une terre laintaigne.
Ung bon cheval [y] conquist Charlemaine ;
705 Yceul cheval sy avoit nom Corengne,
N'avoit meillour de cy en Allemaigne ;
Puis ot mestier au bon roy Charlemaine ; *(f° 13 v°)*
(Vous soupviengne ou fut grant la bergaigne
Contre Rolend qui fut mort en Espaigne ;
710 Et aussi fut d'Olivier luy chadoine.
Humes perdeist Charles en la bergaigne!)
Quant le duc Nesmes a crié son ensaigne
Et les Bretons, nul n'y a qui se faigne,
De bien ferir sur celles gens ne craigne ;
715 Et l'arcevesque y fiert sans demoraine,
Qui des Bretons est maistre et chevetaigne.
Forment occit ces paens et mehaigne.
Fort se deffent Aiquin et sa compaigne.

XI

Fier fut l'estor et mult grant la bataille !
720 Maint pié y ot coupé et maint entraille.
Onc en Bretaigne, ge vous le dy sans faille,

N'y ot à nul jour nulle si grant bataille !
Nesmes ly roys tint l'espée qui taille,
Ce qu'il atteint ne peut defendre maille,
725 Tout le pourfant juques en la couraille !
Maint Sarrazin y meurt et y baille.
N'y a Françzoys qui les payens n'asaille,
De Sarrazins y font moult grant mortuaille ;
Maint Franczoys ont tué mort la chenaille.
730 Bien font Aray viquens à Cornouaylle
Et les Bretons, n'y a nul qui defaille.

XII

GRANT fut l'estor plainier et aduré ;
Tout tentissoit et les champs et les pré.
Ceulx de Bretaigne s'y sont moult bien prouvé,
735 Qui d'eulx venger ont [moult] grant talenté
Du roy Aiquin le riche amiré *(f° 14)*
Qui de Bretaigne les a desherité.

Illec estoit le bon conte Ripé,
Quens est de Doul la mirable cité ;
740 Thehart de Rennes s'y est moult bien prouvé ;
Et dom Conayn de Leon le sené,
Qui en son escu porte un leon doré,
Et sy y est sere Aray de Mené ;
Et Baudoin de Nantes la cité ;

745 Et Tïori le bon duc honoré,
Cil qui de Vennez est [et] duc et enté ;
Et Sal[e]mon, filz de son frere esné,
Qui de Bretaigne tint puis la reaulté,
Seignour en fut et roy tout couronné.
750 De Brest y est Merïen l'aduré.
Agot y est qui est moult redoubté ;
Dedans la mer a ung chastel fermé,
Nuls homs n'y entre ne par pont ne par gué,
Quar de la mer est tout avironné.
755 Hamon y est qui est de grant beaulté
De Mourellés est sere et avoué ;
De Char[a]hes Hoës le vuil barbé ;
Nynet y est qui n'a mie oblïé
De bien feriz sus payens deféé,
760 Chastelserein est sen en esquité ;
Par sy y est Hubaut de la Fierté ;
Et dom Tourgis qui moult est redoubté ;
De saint Pabu Excomar l'alosé.
Moult y a aultres que ge ne puis nommer.
765 Tretouz estoint o le bon Ysoré, *(f° 14 v°)*
Ly arcevesque de Doul l'arcevesché ;
O luy avoint ja longtemps sonjourné ;
Chevalx et armes lour donnoit à planté,
Quar soupvent est de Sarrazins grevé,
770 Et [de] Doreit un niés à l'amiré
Qui tient Gardayne la mirable cité,
Qui est assise sur un fleuve desrivé.

Bidan a nom celle [esve] en ceul regné ;
Jouste la ville avoit ung grant fousé,
775 Juqu'à la mer est fait et compassé,
Plus de .XX. piez ot la dousve de lé
Et bien .LX. de hautour et d'esté.
Jouste ycelle y ot ung chastel fermé ;
Les portez furent de moult grant richeté,
780 A fin argent et à fin or meslé
Qui resplendist comme soulail en esté ;
D'une grant leue en voit l'en la clarté.
Tout le portal est bien enluminé
D'or et d'argent richement painturé.
785 Par duc Doreit, qui d'Oreigle estoit né,
Fut celle porte et le portail doré
De l'or qu'il ot de sa terre aporté ;
Quar il estoit riche homme et en abvoit planté.
Dorlet estoit ceul chastel apellé ;
790 Moult estoit bien garni et estoré
De pain, de vin, et de char et de blé ;
Chevaulx et armes [y] avoit à planté,
Et Sarrazins de moult rude fierté *(f° 15)*
Qui bien gardoint ycelle fermeté,
795 Qu'il n'y passast Crestien sans lour congé,
Ne nul aultre homme qui de mere soit né,
Pour secours fere à la crestïenté,
Ne à Charlon le fort roy couronné,
Qui se combat o Aiquin l'amiré.

800 A la chanczon vous ay cy demouré,
Dire vous en feré la pure verité :
Nostre Arcevesque, qui Diex croisse bonté !
Fut en l'estor moult richement armé ;
En sa compaigne ot Bretons à planté,
805 S'ensaigne crie par moult grant fierté,
Et fiert payens de l'espée naellé,
[A] maint en perce le front et la testé.
A ycest point ont ung payen tué,
A ung poignent et [poignent] à l'autré.
810 Celuy Doreit qui orainz fut nommé
Soubs son escu fiert Hoës le parlé,
Desus la bouche [il] luy fiert [rez à rez],
Mays du haubert n'y a maille faulcé ;
Quar Damme [Dé] a le baron tensé.
815 Hoës fiert luy qui ne l'a pas doubté,
Sus son escu d'un grant espiez quarré ;
Haubert n'escu ne l'a pas garenté,
Dedans la char l'a playé et naffré,
Jus à la terre l'a mis et graventé,
820 Ly espiez perce [et] en .II. l'a trouué.
Dyable d'enfer a le péan tensé
Que il n'est mort piecza et decolé ! *(f° 15 v°)*
Sur le péan est Ohès aresté
Et trait du feurre le branc aceré ;
825 Ja luy éust le cheff dou coul sevré,
Quant sur luy vint Aiquin luy amiré,
Et Sarrazins don il y a planté,

Qui l'ont rescours et à cheval monté.
Atant s'en est Doret fouyant tourné,
830 Droit à Gardoine la mirable cité.
Après luy sont de sa gent aroté.
Et ce Ohès s'est en hault escrïé :
« Doreit, dist il, moult estes efrayé,
« Vous en fuyez comme couart prouvé ;
835 « S'ung soul petit fussez plus demouré,
« Jamès roy Charles ne fust par vous grevé
« Ne l'arcevesque ne la crestïenté ! »
Doret s'en fuyt, ne l'y a moult soucié,
Juqu'à Gardoine n'y a regne tiré.
840 Ysnel[le]ment entra en la cité,
La porte ont close, quand fut léans antré.
A sa gent dist qu'il eist au cors naffré ;
Lors en a ung mire en sa chambre mandé,
Qui [tant] sa plaie a bien mediciné
845 Tout le guerit ainz le tiers jour passé.
Et roys Aiquin, son oncle l'amiré,
De la bataille s'en est fuyant tourné ;
Luy et Doret furent desbaraté.

Et nostre gent sy en sont retourné
850 A lour herberge quar moult furent lassé ;
Et auxi estoit vespres et le soulail couché. *(f° 16)*
Moult ont Ohès entre eulx fourment loué
Que il s'estoit en l'estor bien prouvé ;
Bien .VII^{xx}. anz avoit ja touz passé.

855 De sa femme ont Franczois illec parlé,
Qui fut moult saige et fut de grant beauté ;
Et si luy ont enquis et demendé
Don elle fut née et de quel parenté ?
Ce dist Ohès : « Ja ne vous soit celé,
860 « El fut fille Corsout luy aduré
« Qui bien vesquit .III.c ans [...] passé ;
« Mès celle damme ot ung moult foul pençé
« Qui cuidoit vivre toujours en geune aé !
« El fist fere ung grant chemin ferré,
865 « Par on alast à Paris la cité ;
« Quar le pays estoit de bouays planté ;
« A Quarahes, ce sachez de verté,
« Fut le chemin commencé et fondé ;
« Par celle dame fut maint chesne coupé
870 « Et abatu maint grant arbre ramé.
« Quant ce chemin fut fait et compassé,
« Plus de vignt leues fut le chemin ferré ;
« Moult y ot l'en en poay de temps oupvré,
« Decy au terme que ge vous ay conté
875 « Que la damme ot ung merlle mort trouvé.
« De l'un[e] main en l'autre l'a tourné et viré ;
« Lors a la damme ung soupir gecté :
« Que ycest secle n'est [tout] que vanité ;
« Qui plus y vit, plus a mal et peiné ;
880 « N'y a si riche qui n'ait adversité !
« Lors a la damme moult grandement plouré. *(f° 16 v°)*
« De maintenant avoit ung clerc mandé,

« Qui estoit mestre de la divinité,
« Et luy avoit enquis et demendé :
885 « Si l'on povait mouriz sans estre tué,
« Ou mehaygné, ou plaié, ou naffré?
« Il luy a dit : « Ouïl pour verité !
« Touz celx mouront qui sont de mere né,
« Que [pas] ung soul n'en sera trestourné,
890 « Ne n'en gardera ung soul sa richeté,
« Ne nul avoir que [il] ait amassé,
« Ne bourc, ne ville, ne chastel, ne cité,
« Or ne argent, ne denier monnayé,
« Ne drap de saye, ciclaton, ne cendé,
895 « Ne nulle chose que onques [a] fait Dé ;
« Quar Damme Dé l'a enxin destiné ! »
« Lors a la damme ung soupir geté :
— « Helas! dist elle, pourquoy fumes nous né ?
« Or ne me prise ung denier monnayé,
900 « Ne ma richesce ne ma grant po[e]sté ;
« Anczois me doy tenir en grant vilté !
« Ja ne sera par moy le chemin achevé,
« Moult me repens don g'y ay tant oupvré ;
« N'ert mès par moy fait ne edifié,
905 « Ne nulle aultre eupvre car ce serait foulté,
« Quar tout cest secle ne vault ung ail pylé! »
« Ainxin remaint, com ge vous ay compté.
« Seignours barons, dist Ohès le barbé,
« Iceste damme don ge vous ay parlé,
910 « El fut morte bien a cent ans passé ; *(f° 17)*

« Onc puis ne fu o femme marié,
« Et non seré ge jamès en mon aé,
« Quar ge suys [ores] moult vuil et moult usé ;
« De sang de famme moult ha que ge fu né ;
915 « Quar de famme ne sera vuil homme amé,
« Qui [ne] la peut bien servir à son gré ;
« Vuil hom fredist quant il est en aé,
« Et geune famme pour [dire] verité
« Soupvent eschauffe, telle est sa qualité,
920 « Qui sont à paine elx deux à ung gré ! »
Quant Franczoys l'oyrent, grant joaye en ont mené ;
Moult se en sont entre elx ris et joué ;
Et luy respondent : « Ce semble de verté. »
Or leray cy d'Ohès dont j'ay parlé ;
925 Si vous diray de Aiquin l'amiré
Qui en Quidallet est la forte cité.

XIII

EN la Cité est l[y] fort roys Aiquin ;
Forment menace Charles le filz Pepin
Qu'il l'ocira o son brant acerin ;
930 Ou le fera mouriz à malle fin,
Dedans Oreigle dedans ung sien terrin,
En la grant [chartre] don le mur est de chaulx fin ;
Et luy fera, ce dit, adourer Apolin,
Et Mahommet, Jupiter et Jupin,

935 Et regnaier Jhesu en son latin.
    L[y] roys de France entent le Sarrazin ;
    Quant l'oit parler, moult a le cuer frarin,
    Lors luy respont : « Vous y mentez Aiquin ! »
    Le cheval point o l'esperon d'or fin, *(f° 17 v°)*
940 Brandist l'espée o le fer bon et fin,
    Isnellement fiert le péan lupin,
    La targe perce et l'aubert doubletin ;
    Aiquin fiert Charlez dou grant espié fermin ;
    Lors trait l'espée le péan de pu[t] lin,
945 Charlez la sienne qui la plomme ot d'or fin ;
    Grans coups se donnent es heaulmes partin.
    A terre chiéent les dous barons enxin ;
    Sur Charles courent ly couvers Sarrazin,
    Fierent de hachez sur l'aubert doubletin,
950 Contre la terre le tindrent les mâtin.

XIV

OR est à terre le roy de Saint Denis,
    Sur luy acourent les payens maléis ;
    A mon escient illec [il] fust occis,
    Quant le duc Nesmes y vint tost à devis,
955 Et l'Arcevesque, Richard, et Tïoris,
    Ernoul de Flendres, et le proux Baudonis,
    Et Sal[e]mon qui moult fut de grant pris,
    Et moult des aultres barons de Saint Denis.

Lors commença bien fort le mesléys,
960 A la rescource ont mil payens occis.
Au roy amaynent ung destrier arabis ;
Lors est monté et s'est à l'arson prins.
Moult y perdit Aiquin de ses amys ;
De trante mille qu'il en ot ou champ mis,
965 Que quatre mille n'en eschappa de vifs.
Les Sarrazins ont [ung] cheval sesis,
Don le seignour estoit ou champ occis ; *(f° 18)*
Au roy le maynent, qui estoit de Nort pays ;
Le roy y monte comme mautalentifs,
970 Quar de ses [gens] y a moult mors et prins.
Quant Aiquin voit que il en a du pys,
Vire sa regne, en Quidallet s'est mis ;
Contre luy veit la belle empe[re]ris,
Et luy demande : « Que vous est, beaux amis ? »
975 — « Malement, Damme, par ma foy le plevis,
« Mors sont mes hommes, le plus en est occis ! »
— « Sere, dist elle, ne sayez effrays,
« Allez erriere, ne sayez alentifs,
« Vengez voz hommes que ilz ont mors et prins. »

980 Lors se hasterent, lours espées ont brandis,
Fierent de lances et d'espiés fourbis ;
La commença ung moult grant chappléys.
Des bons escuz y veïssez partis,
Et tant haubert derompre........;
985 Moult par y ot [là] de noz gens malmis

De nos Franczoys ot quatre cents occis ;
Richard naffré, Ripé et Baudonis,
Hues, duc Nesmes, et Geffroy l'Engevins.
En cieul estor fut Tïoris occis,
990 Celuy de Vennes, pere fut Rolendis.
Moult y ot mors de barons Saint Denis,
Dont l'emperiere fut moult maltalentifs.
Le roy de France regrete ses amis :
« Franche mesgnée ! Mal fustez onc nourris ;
995 « Or estes mors, moult en suy affeblis,
« Mors sont mes hommes dont ge estoie servis ! »
Luy roy[s] de France fut forment marris,
Forment regrete la gent de son pays ;
Sur touz les aultres regrete Tïoris :
1000 « Franche personne, gentil duc potéis,
« Pour le servige que jadis me feïs, *(f° 18 v°)*
« Te donnay famme Bagueheut la gentis ;
« Ma serour est, la belle o le cler vis ;
« Or en est veusve et Rolend orphelins ! »
1005 Quant luy roys ot regreté le marchis,
Troys foiz se pasme le bon roy potéis,
A terre en chiet [du] bon destrier de pris ;
Dolent fut Charles et moult maltalentifs,
Moult le conforte duc Nesmes le gentils.
1010 Ly roys monta sy tost à l'arson prins,
L'estreff lui tint Nesmes ly potéis,
L'escu enbrace le roy de Saint Denis,
Point le cheval des esperons mansis ;

Ung eleys fait com chevalier elys,
1015 Et vait ferir ung chevalier Turquis.
Et puis .IIII. aultres et puis .V. et puis .VI.;
Forment se payne de venger ses amys ;
Le cheval point, erriere s'est gauchis,
Par son heaulme va feriz un marchis.
1020 Riche personne, conseiller fut Aiquis,
Seguin ot nom le Tur en son pays.
Sus ses espaules luy avoit le branc mys, *(f° 19)*
Mort le trebuche dou destrier arabis ;
Crie: « Monjaye! » l'ensaigne Saint Denis.
1025 Nesmes le vait, sy a getté ung ris,
Au roy s'escrie : « Vous saiez benéys !
« Bien as vengé le bon duc Tioris,
« De duc pour duc avez vangence prins ! »
A cest, moult ont payens le champ [guerpis] ;
1030 Seguin emportent desus son escabis.
Aiquin s'en fuit, onc n'y a congé prins ;
Tant esperonne qu'en la Cité s'est mys.
Contre luy va la belle empe[re]ris,
Avant passa, par la regne l'a prins :
1035 « Sire, dist elle, Mahom te soit amys !
« De tes novelles, s'il te plaist, si m'en dis ? »
Ly roys respont, com homs maltalentifs :
« Mors sont mes hommes et mes charnelx amys,
« Seguin est mort don moult suy affeblis,
1040 « Mon frere ont mort et mon frere ont occis ! »
— « Peut ce estre voir ? » dist la dame o cler vis ;

6

— « Ouyl voir, Dame, pour voir le vous plevis! »
Quant elle ouait n'y a joaye ne ris,
Ses paulmes destant et agrace son vis ;
1045 Et elle se pasme desoubz le marbre bis.
« Lasse! dist-elle, morte suy ge à touz diz!
« Mors sont mes hommes, perduz sont mes amys. »
Aiquin l'embrace, qui estoit son maris :
« Damme, dist il, reïgne seignouris,
1050 « Lessez ester et vos bretz et vos cris; *(f° 19 v°)*
« Vangez seront, ge vous dy sans mentiz,
« Le roy de France vous rendré mort ou vifs! »
Ce dist la damme : « Sire .V.ᶜ mercis. »
Atant fut vespre et le jour afinis ;
1055 La nuyt reposent, tant que fut esclardis.

XV

BEAUX est le vespre, le jour est reconsé,
La lune rée et gette grant clarté ;
Et Charlemaine le fort roy couronné
Si est es champs o sa gent aposté,
1060 Là où son peuple ot esté decouppé,
Luy et sa gent ilz sont à pié allé ;
Isnellement ont lours gens decerné,
D'ovec paiens ont Crestïens osté.
Le roy fist fere ung charnier bien oupvré
1065 De bonne pierre, en bon mortier scellé.

Illec fut mys le peuple Damme Dé,
Qui en bataille ot esté decollé.
Une chapelle fist sur les martyrs Dé ;
Sur le charnier fut le moutier fondé
1070 De saint Esti[e]ne en fut le mestre aulté.
Quant Charlemaine ot sa gent enterré,
Lors fist grant deul, forment s'est dementé :
« Helas ! dist il, à quoy fu onques né !
« Mors sont mes hommes et mon riche barné ;
1075 « Or soi ge bien tout sey[e] achetivé,
« N'auray mès joaye en tretout mon aé ! »
Nesmes ly ducs l'a moult reconforté :
« Sire, dist il, mercy pour l'amour Dé,
« En grant deul fere n'est nul bien recoupvré ! *(f° 20)*
1080 « Forte est la ville et fier luy amiré ;
« Ja qu'il [ne] puisse n'amera Damme Dé. »
— « Non, ce dist Charles, mal fut sa grant bouté,
« Quant il ne croit Jhesu de majesté. »
Endementent qu'ilz ont enxin parlé,
1085 Par la champaigne sont noz Franczoys alé.
Haubers, heaulmez y ont assez trouvé,
Escuz et lancez et maint espiez quarré,
Auxi hachez et maint dart enpanné,
Et des espées qui gectent grant clarté,
1090 Jupes de peiles, ciclatons de cendé,
Aultres richesses don y a à planté ;
Et maint destrier bausen et pommelé
Don lours seignours estoint mors et tué.

Nesmez ly ducs a le roy appelé :
1095 « Sire, dist il, or oiiez mon pencé,
« Ja sanz grant siege n'aurez ceste cité,
« Asiegeon la environ et en lé,
« Tout votre empire soit en France mendé. »
Ce dist ly roys : « Or avez bien parlé,
1100 « Si soit il fait comme avez devisé. »
De maintenent ont ung clerc appelé ;
Les briefs font faire, tantost furent scellé.
Decy en France s'en est ung mesaige alé,
Les briefs monstre es barons du regné.
1105 Quant ont ouy ly roys les a mandé ;
Ny demoura homme en verité,
Qui maintenent ne soit tost apresté. *(f° 20 v°)*
.IV.c hommes si furent bien armé,
Entre les aultres don il y a planté.
1110 Hachez aportent de bon acier trempé ;
Aultres, bastons de grant adversité,
Don maint heaulme [a] esté esquartelé
Et maint haubert rompu et deserté.
Juques en Bretaigne ne se sont aresté ;
1115 Vindrent à Charlez le fort roy couronné.
Quant il les vait, grant joaye en a mené.
Cieulx le saluent et se sont encliné,
Et ly roys eulx par moult grant humilté.
« Seignours, dist il, Dieu vous croisse bonté !
1120 « De moy servir vous voy entalenté ;
« Par saint Denis que g'é mon cheff voué,

« Jamès en France ne seray retourné ;
« Ains auray prinse Quidallet la cité
« Et y auray mise sainte crestienté ! »
1125 Et ilz respondent : « C'estoit en l'ovre Dé,
« Qui nous la rende par sa sainte bonté. »
A ses barons a le roy commandé :
Que tost se saient et logé et targé,
Et que paiens saient avironné
1130 En Quidallet la mirable cité.
Et ceulx respondent : « A vostre volanté. »

A une leue bien près de la Cité,
S'est Charlezméne et tréu et logé.
Une grant leue tient le siege de lé
1135 Et troys de long, ce dit l'en pour verté. *(f° 21)*
Le roy de France a fait tendre son tref ;
Moult estoit bel et richement ouvré ;
Ung arpent dure le paveillon de lé ;
Les ganons sont de çandal d'or brodé,
1140 Les cordes sont de saye pour verité,
Ouaysiaulx et bestes y avoit à planté
A fin argent et fin or naellé ;
Tretout entour fut ung vaille levé,
Haulte est la dousve et parfont le fousé,
1145 Que ne le prinsent sarrazins defféé.
Chastel Malo ont cel lieu apellé,
Pour saint Malo, ung saint beneüré
Qui d'Angleterre fut illec apassé.

Dedans une ysle vesquit près la Cité
1150 En ung abit où servit Damme Dé,
En juner, en veiller, en grant humilité,
En oroyson et en grant charité.
Maint bel miracle fist pour ly Damme Dé !
Ung an avant que je vous ay conpté,
1155 Ung Sarrazin fut à sa fin alé
Et de cest secle et mort et trespassé ;
Par la requeste Saint Malo l'amy Dé,
Vint cil péan en vie et en santé ;
Don paens tindrent l[e] prodom[me] enchanté,
1160 Selond lour loy, [le] avoint moult amé,
Et luy donnaint moult soupvent charité,
Et la prenoit volentiers et de gré,
Quar pouay abvoit le saint de proprieté,
Don il mengeast quant il abvoit jusné ; *(f° 21 v°)*
1165 Quar poay avoit illec crestïenté
Qui luy feïssent aumosne ne bonté ;
Mays Sarrazins y abvoit à planté.
Si ne craiez que ge dy de verté,
A Saint Malo est ou libvre trouvé
1170 Par la legende saint Malo l'amy Dé ;
Illec [y] est ceul miracle enbullé,
Et moult des aultres de vuil[le] antiquité.
A Charleméne fut dit et raconté
D'iceul prodom[me] les biens et la sainté
1175 Qu'il me[n]tient toujours en son aé.
Yceluy lieu où Charlez s'est trouvé,

A cil saint homme fut cil lieu avoué,
Et en son nom fait et édifié ;
Chastel Malo [en] fut cil lieu nommé.

1180 Quant fut logé l'emperiere sené,
Donc se logea l'arcevesque Ysoré ;
Par devers Bise, devers soulail levé,
Joust[e] ung marest a fait tendre son tré,
Près ung rucel qui court vers la Cité ;
1185 O luy .III.ᴹ [bons] chevaliers armé.
Ung moutier a l'Arcevesque fondé
De Nostre Dame, la mere Damme Dé,
La nuyt reposent tant que fut adjourné.

Au matin s'est l'Arcevesque levé ;
1190 Penthecoust[e] eist cil jour en esté.
Messe veult dire l'Arcevesque sené
Dou saint Esprit, o grant sollempnité ; *(fº 22)*
Que Dieu de gloire lour rendit la cité.
Guyne[mant] a l'Arcevesque apellé
1195 [Guynemant] qui estoit moult son privé,
Il l'en apelle et l'en a resonné :
« Vasal, dist il, fay que tu dois à Dé,
« Aporte moy esve dedans mon tré,
« Chanter vuil messe ou nom de Damme Dé. »
1200 En la herberge est le vasal entré ;
Il veist l'aubert et le heaulme fermé,
L'espée a çainte tranchante à son costé,

A son coul prent un fort escu bouclé,
Et sy a prins ung fort espiez quarré ;
1205 Prent une couppe de fin or esmeré.
Entre l'ovraigne resplent un amidé,
A cheres pierres fut le henap oupvré.
A cheval monte et est exu du tré,
Et des herberges, sy s'est acheminé
1210 A la fontaine, s'en va vers la Cité,
Où il abvoit [ja] aultrefoiz esté.
Ung Sarrazin fut es carniaux monté,
Qui le mesage a veu et regardé,
Qui en sa main tint ung henap doré.
1215 Isnellement est celle part allé,
Juqu'aux Franczoys ne s'estoit aresté ;
En sa main tint un dart bien esmeré,
Estant le braz, et le fiert au costé.
Juques au corps luy est le dart coulé,
1220 Mort le tribuche sus la rive du gué !
Le Sarrazin a le henap coupplé. *(f° 22 v°)*
Isnel[le]ment s'en estoit retourné,
Et si s'en entre erriere en la Cité ;
Le henap baille à Aiquin l'amiré,
1225 A la reigne l'a le roy presenté.
Ung [men]estier a tout ce escuté ;
Après Guynemant s'estoit acheminé,
Pour le guetter tant qu'il fust retourné ;
Et vait le mesage mort et afolé,
1230 Teul deul en a, à pouay n'est forcené ;

Juqu'aux herberges ne s'estoit arresté,
A l'Arcevesque a tout yce conté ;
Quant l'a ouy, grant deul en a mené,
Piteusement l'a plaint et regreté :
1235 « Guiynemant sere, bon vassal aduré,
« Si [ne] vous venge plain suy de malvestié ! »
A sa gent dist que fusent tost armé ;
« Alon asauldre moult tost celle cité,
« Et les payens, qu'ilz soient mehaigné
1240 « Qui mon mesage ont mort et afolé ! »
Et ceulx respondent : « Il nous vient bien à gré ;
« De maintenent soit ung gresle sonné. »
Bien .III.^m hommes se sont bien adobé.
De maintenent sont es chevaulx monté.
1245 Moult y ot trait et lancé et jecté ;
Moult s'en esmaient ly Noreys defféé,
Durement sont là dedans effréé,
Et esmoyez, et moult desconforté ;
Quar moult les griesve l'arcevesque Ysoré ; *(f° 23)*
1250 Rendre se veullent à la crestïenté.

XVI

LE heaulme prent, à son cou son escu,
Prennent lours lances et lours espiez molu,
Droit à la porte sont moult tost acouru ;
Amont es murs montent ly mescreü ;

1255 Le chastelain lour escrie à ung hu :
      « Estes des gens Charles le mescreü ?
      « Qui croit celuy qui en crouez fut pendu,
      « Ne fut pas Dieu, touz estes deceü,
      « Dieu est es cieulx, qui fait mainte vertu,
1260 « Il n'a ça jus monté [crouez] d'un festu !
      « Ainz est cest secle Mahommet et Quahu,
      « Par qui touz biens sont de la terre essu,
      « Par qui le pain et le vin sont creü,
      « Et toutez choses don suymes soutenu.
1265 « Respondez moy [et] ne sayez mye mu :
      « Abvez vous moy aporté le trehu
      « Que Charlez doit à Aiquin notre duc ?
      « Cil mult riche onc tel ne fut veü. »
      — « Eisez ça hors, sy vous sera rendu ;
1270 « Maint heaulme et haubert abv[on], et maint escu,
      « Et mainte espée, et maint dart esmoulu
      « Don vous serez parmy le corps feru ;
      « Ou craiez en Dieu et le nom de Jhesu,
      « Par tant serez et saulvé et solu ;
1275 « Si vous ne faittez vous serez confondu.
      « Rendez Dynart, quar trop l'avez tenu,
      « Qui à grant tort fut à noz gens tolu ; *(f° 23 v°)*
      « Ou par cil Dieu qui touz temps est et fu,
      « Si vous povez estre prins ne vaincu,
1280 « Tretouz serez [lors] par les couls pendu,
      « Au departir pour foul[z] serez tenu. »
      [Ly payen] dient : « Vous estez touz deçeu,

« Si vous cuidez le chastel soit rendu ;
« Ains y seron occis et confondu
1285 « Que en saiez seisis ne revestus ! »
Bretons l'entendent, sy sont moult irascu ;
Droit es quarniaulx getent maint peil égu,
Et mainte lance et maint dart esmoulu.
[Cil] se deffendent à force et à vertu.

XVII

1290 Bretons asaillent le chastel de Dinart ;
N'y peuvent [mès] toucher que d'une part.
Bien se deffent le lignage Quynard.
Le chastelain avoit nom Grimouart ;
Nyez est Aiquin qui vis à de lepart,
1295 Moult est cruel et de moult male part ;
Ovecques luy est ung sien cousin Girart,
Et Cherion, et son niez Avisart,
Et Flour[ion] et son niés Acrochart,
Et Corpssabron et le vuil Alart,
1300 Et tant des aultres n'en soy nommer le quart.
Bien furent mil, que Turs et aultres d'une part.
Qui mielx vouldroint estre penduz o hart
Que ou chastel éusent Bretons [de] part,
Noz gens lour lancent mainte lance et maint dart,
1305 Et feu gregeys lour lancent ovecques l'arc,
Qui le chastel et les Sarrazins art. *(f°24)*

Des Sarrazins fut moult grand ly esguart,
Qu'en Quidallet estruent de l'autre part
D'autre part Rence ou flote Chaliart.
1310 Aiquin a deul, à pouay qu'il ne part,
Quant de sa gent a veü tel essart,
De son lignage à bien leans le quart.

XVIII

Moult fut Aiquin courocé et iré
De son chastel qu'il voit enxin bruslé,
1315 Et de ses hommes qu'il voit ars et greslé.
Tel deul en a, à poay n'est forcenné,
De maltalant [s']est à terre pasmé ;
Et l'emperis si l'avoit relevé,
Par troys foiz l'a besé et acolé :
1320 « Sire, dist el, pour Mahom[met] mon Dé !
« Pour poay de chose estez ore efréé,
« Pour ung chastel que avez adiré ;
« En mal[e] heure fust il onques fondé ;
« Seignour, dommage avez moult enduré,
1325 « Puys que roy Charles vint en ceste cité ;
« Lessez ce deul et ne soit plus mené,
« Quar pour deul fere n'est nul bien recoupvré.
« Chastiaulx avez encore à grant planté
« Parmé Bretaigne et du long et du lé. »
1330 — « Damme, dist il, c'est fine verité,

« Mès de mes hommes soy forment iré,
« Si ge [ne] puis vivre longuement par aé. »
Donc a Aiquin ung grant soupir geté ;
Le deul lessa, si est ass[e]üré.
1335 Et les Bretons ne sont mye arresté, *(f° 24 v°)*
Quant le chastel ont destruit et quassé,
Vers Quidallet s'en vont touz aroté.
Parmy la gresve se sont acheminé,
La mer retrait et vait à son chevé ;
1340 Petite estoit Rance au pié de la Cité,
Mays plus tost brut que fouedre ne oré ;
Endroit la ville, [elle] n'abvoit de lé
Plus d'un arpent, qui l'éust mesuré.
En l'orée de l'esve sont Bretons aresté,
1345 Quar d'aler oultre n'ont nulle po[e]sté ;
Tendent lours ars de cords et de plané,
Droit au bas murs ont trait et palecté.
Illec abvoit payens à grant planté,
Qui de la ville se estoint devallé,
1350 Sour les murs[.....] estoint bien serré,
A Crestïens ont moult forment rué,
Maint gavelot et maint dart enpanné,
Maint en y ot et mort et afolé.

Or vous diré de Charles le sené,
1355 Qui veult aler assaillir la cité;
Don oïsiez maint bon gresle souné.
De maintenent se sont Franczoys armé,

Et tretout l'ost, ne n'est nul aresté,
Povre ne riche, ne genvre ne barbé,
1360 Ne clerc ne prestre, ne moygne ne abbé,
Ne mays yceulx qui ont les trefs gardé,
Vont à la ville, moult y ot trait gecté.
Ceulx se deffendent qui l'ont acoustumé ;
Tout à long du jour à l'assault duré ; *(f° 25)*
1365 Onc ne finerent juqu'au tiers jour passé ;
De nostre gent y ont moult affolé.
L[y] roys de France sy s'en est retourné,
Grevé, mari, courocé et iré.
.IIII.^c Franczois en ont payens mené,
1370 Dedans lours chartres les ont enprinsonné.

Or vous diroy du bon clerc Ysoré,
L'arcevesque de Doul, l'arcevesché.
A ses herberges est ly ber retourné ;
Droit vers la mer s'est le ber regardé,
1375 Voit .XXX. barges o ung dromont ferré,
Par la mer viennent à hault sigle levé ;
De grants richessez sont les veseaulx rasé,
Peiles aportent, ciclatons et cendé,
Fain et avayne, et pain, et vin, et blé,
1380 Chantiax o payns de forment beluté ;
Et si aportent .X.^m beufs tué,
Et venaison de cerff et de sanglé ;
Paisons de mer aportent à planté ;
Et boguerastre, pyment et ysobé ;

1385　Haubers et heaulmes et maint escu bouclé,
　　　Lances aportent et maint dart enpanné,
　　　Et bonnes hachez de bon acier trenpé ;
　　　Tout ce aportent à Aiquin l'amiré
　　　De son pays dont il ot esté né.
1390　Sy comme ilz furent anz ou port arivé, *(f° 25 v°)*
　　　La mer retrait et veit en son chané.
　　　Nostre arcevesque lour est encontre alé,
　　　O bien deux mille de chevaliers armé ;
　　　Fort les asaillent environ et en lé.
1395　Ceulx se deffendent environ le rivé ;
　　　Moult ont es Francs et geté et rué ;
　　　Et les payens qui sont en la Cité,
　　　Maint gavelot ont à noz Francs rué,
　　　Et ceulx des barges et du dromont ferré
1400　Fort se deffendent vers la crestienté ;
　　　Mais pour neant, ja n'auront garenté ;
　　　Quar noz Francs ont tant feru et chaplé
　　　Les [barges] prennent par sure poesté,
　　　Et le dromont qui est [et] hault et lé.
1405　De la navie n'en est nul eschappé,
　　　Fors ung qui eist dedans la mer floté
　　　Près une roche qui est près la Cité.
　　　Biseul estoit cil rocher appelé.
　　　Contreval Rance est le vesel tourné.
1410　Enxin est l'esve nommé en cil regné.
　　　Et l'Arcevesque a luy aver donné
　　　Et departi à la crestienté ;

N'y a si povre qui ne soit ariché ;
Et touz ensemble grant joaye ont demené.
1415 Après sa joaye furent [païen] moult iré.
A son herberge s'en retourne Ysoré
Com grant abvoir que il en a mené.

Nostre emperiere estoit davant son tref ;
Il a duc Nesmes davant luy apelé :
1420 « Beau sire Nesmes, dist Charles le sené,
« Quant ge estoye enfant en mon petit aé, *(f° 26)*
« De prime barbe, de novel adobé,
« Anczez que fusse novelment coronné ;
« Pour conquester suy en Seisoigne alé,
1425 « Sur Guitelin qui moult m'a fort grevé,
« Sur moy s'en vint Aiquin luy amiré,
« Et print Bretaigne et du long et du lé,
« Et il destruit nostre crestïenté,
« Et dedans Nantes fut il roys coronné.
1430 « Or est il là en celle forte cité,
« Il nous a moult de nos gens afolé ;
« Et nous des siens et mort et desconté ;
« Il s'en fuyra, ce me dist mon pencé,
« Par celle mer à hault à cigle levé ;
1435 « Et s'il s'en va, qu'il nous soit eschappé,
« Tousiours sera à noz hers reprouché. »
— « Sire, dist Nesmez, saichez de verité,
« S'il s'en fuyt, il sera encontré ;
« Et Châlez secour[re] luy vient en cest regné,

1440 « Si nous povon il sera destourbé ;
« Demain yray tout contreval le gué,
« Dedans celle ysle feré tendre mon tref ;
« O moy mainray chevaliers a planté,
« Qui guieteront illec touz arivé
1445 « Que ne s'en fuye Aiquin luy amiré ;
« Et nous mainron maint batel aquippé,
« Et y metron mariniers à planté. »
Ce dist luy roys : « Il me vient bien à gré,
« Menez Fagon qui moult est de bonté
1450 « Qui plusieurs foiz a de grans ostz g[uié]. »
— « Sire, dist Nesmes, à vostre volanté. » *(f° 26 v°)*
De maintenant fut Fagon apelé,
Si luy ont dit ce qui est pourpancé ;
Et dist Fagon : « Ce me vient bien à gré. »

1455 Fagon et Nesmes se sont moult tost armé,
Et maint riche homme de maint terre happé,
Ysnellement sont es chevalx monté ;
De maintenant se sont acheminé ;
Mil chevaliers ont avec eulx mené,
1460 En l'ysle vont touz rengé et serré.
Cesambre estoit celle ysle apelé.
De maintenant se sont Francs ostelé ;
Tendent lours loges et paveillons et trefs ;
Mès mal le font, et cher lour sera conperé,
1465 Quar ilz seront trestouz desbaraté.
Beau fut le jour et le soulail levé

8

Qui reluisent et gettent grant clarté.
Nesmes le duc s'estant davant son tref ;
[Garde] amont l'esve vers la nostre Cité,
1470 Sur les tours vait maint Sarrazin armé ;
Amont es murs qui sont fort quarelé,
Les hauberts luisent et gectent grant clarté.
« [Diex], ce dist Nesmes, [ly] roys de majesté,
« Tant est ça ville de trés grant majesté,
1475 « Quar la rendez à la crestïenté ;
« Que Dieu y soit servi et honoré,
« Et son saint Corps et chouché et levé. »
[Enxin] disoit ducs Nesmes le sené,
Mais ne sçzoit pas la grant adversité
1480 Que il aura avant troys jours passé ;
Point ne se garde le vasal honoré. *(f° 27)*

Or vous diré de Aiquin l'amiré,
Qui en Quidalet est la forte cité ;
Moult est dolent, triste et esmayé,
1485 De la navie [et] de la richetté
Don Crestïens l'av[e]ient desrobé ;
Et de Dinart et de son parenté
Qui l'autre hier fut ars et graventé ;
Grant deul en a quant en est remembré.
1490 L[y] roys Aiquin a sa gent appelé :
« Franche mesgnée, ce lour dit l'amiré,
« Mal vous demayne celle crestïenté ;
« Ilz nous asaillent chascun jour adjourné ;

« Ilz ont nostre or qui estoit arivé,
1495 « Tretout ensemble l'en ont o eulx porté !
« Dinart ont ars, don moult suy avillé,
« Et mes amys don g'avaye à planté.
« En ceste ville nous ont cy asiegé,
« Par mer, par terre nous ont avironné ;
1500 « Forment me guiettent, yce m'a l'en conpté
« Que ne m'en fuye ou regne ou ge fu né.
« Dedans Sesambre est de lours gens alé,
« Et sy y sont et logé et entré,
« Pour m'y guietter sont là [touz] ostellé ;
1505 « Fagon et Nesmes y sont eulx deux alé,
« Et maint Francs y ont o eulx mené ;
« N'ont que mil hommes ; yce m'a l'en conpté ;
« Armez vous tost, francs vasalx honoré,
« Ja sera vespre et le soulail cliné ;
1510 « La lune raye qui donne grant clarté, *(f° 27 v°)*
« Ja par lour roy ne seront secouré,
« Quar ne soit [pas] de cest consail privé,
« Ains que soit jour bien serez retourné. »
Payens respondent : « A vostre volenté,
1515 « S'il soit honni et si ait mal dehé,
« Qui n'y ferra o le branc aceré ! »
Cinq mille payens se sont [tost] adobé.

Ha ! Dieu, vroy pere, sire adouré !
Enqui seront noz gens desbaraté ;
1520 Quar petit sont encontre tant malfé !

A mesnuyt sont payens acheminé ;
Jusques à l'isle ne se sont aresté.
Là ont duc Nesmes et les Franczoys trové,
Couché se sont, trop se sont aduré
1525 Et endormi dont c'est moult grant foulté.
Lours chevalx ont les Sarrazins trové,
Que ilz ont touz cay[te]ment encellé,
Lors ont payens traitz les brancz aceré,
Les chevalx ont touz mors et [de]tranché.
1530 Les cordes tranchent, leurs trefs ont decoupé,
Sur les Franczois est le chapplé tourné ;
Fierent de hachez et de brancs aceré,
Et de jusermes don il y a planté ;
Francs s'estourmissent ; al[las ! vont s'en] aler,
1535 Vaient qu'ils sont traïz et engennés,
Lours chevalx vaient qui sont mors et finé ;
Lors ont tel deul, à poay ne sont desvé.
Lors a chascun trait le brant aceré,
[Il] fierent fort sus payens deféé,
1540 A maint en ont le cheff dou coul sevré ;
Mais pour neant ja n'auront garenté ; *(f° 28)*
Contre ung des noz y a bien sinc malfé !
Et [sy] sont prins don c'est deul et pitié.
Là ot grant deul et grant mortalité.
1545 Nesmes ly duc[s] tint le branc aceré,
Quenqu'il ataint à plain coup est finé.
Moult a payens occis et afolé.

XIX

Fier fut l'estor et merveillous et grant
Dedans Sesambre soubz l'erbre verdeant,
1550 Entre Franczois et la gent mescreant
Qui [n'en] allerent au premier [coq] chantant.
Més la presse fut des payens sy grant,
Contre deux des noz y ot .V. mescreant!
La nostre gent se vont moult efforçant,
1555 A haulte voez se vont moult escrïant :
« Ha ! Ihesu, vroy pere tout puissant !
« Que nous soiez en aide et secourant !
« Traïz nous ont les payens soudement.
« Beau sere Nesmez, pouay nous estez aidant ;
1560 « Ycy veneismez par le vostre commant,
« Où estez vous, gentil duc, souspoiant ?
« A grant besoign vous estez or faillant,
« Aidez nous quar mestier abvon grant,
« Où sy ce non nous seron recroyant ! »
1565 Nesmes les ouayt, si en va souspirant,
Et de ses yeulx moult tandrement plourant,
Tel deul en a, à poay n'en va pasmant ;
Lors s'escrïa à la vouez qu'il ot grant :
« Ferez chascun o l'espée tranchant
1570 « Sus ces peans felons et mescreant ! *(f° 28 v°)*
« C'est tout pour [Dieu], le pere omnipotent,
« Que nous soufron cest martire si grant ;

« En paradis Damme Dé nous atant,
« Je ouay les anges qui cy nous vont querant
1575 « De nous touz vont les armes attendant! »
Quant ceulx l'oyrent, moult se vont efforçant
Adonc prennent et cueur et hardement;
Fierent d'espée et de lance tranchant,
Chascun occit son pean maintenant.

1580 Nesmes luy ducs tint l'espée tranchant
Moult a occis de la gent Tervagant.
Atant es vous ung paien mescreant;
Cieul Sarrazin, ou nom Tervagant,
Tint une hache moult merveillouse et grant,
1585 Qui toute est faitte de bon acier tranchant,
Juques es poigns ot le manche sanglant
Des Crestiens que là vont occiant.
Nesmes chouasit que il aloit tuant;
Bien le cognut à ses armes portant;
1590 La hache lieve le pean soudement,
A Nesmes donne soubz le heaulme ung coup grant,
Que flors et pierres [à terre] en vont chaiant;
Mès le bon heaulme n'empera tant ne quant,
Quar la grant hache l'ataint en reclipant,
1595 Par près l'espaule va le coup devalant,
Soubz le costé au bon duc vint raiant,
Les maillez tranche de l'aubert jacerent
Juqu'à la char ne se va arestant,
Que deux des costes luy [v]a parmy couppant; *(f° 29)*

1600 Et Nesmes chiet qui ot engouesse grant.
De grant dolour se va ly ber pasmant.
Le ber Fagon fut près luy en estant,
Entre peans qui le vont guerroiant ;
Et il en va moult forment occïant ;
1605 Au paen va, si luy va escrïant :
« Par Dieu ! dist il, plus n'irez avant,
« Ja me rendrez celle hache tranchant
« Dont maint Franczois avez mort en cest champ ;
« G'en vengeray duc Nesmez le vaillant
1610 « Que ge voy la en mé le champ gesant ;
« Tel conseiller ne fut onques vivant
« Ne plus sage homme à mon escïent ! »
L'espée hauce o poign d'or reluisant,
Sur le heaulme va feriz le truant,
1615 Juques es dens le va tout pourfandant ;
La hache chiet au paen mescreant,
Et avec[ques], Fagon l'aché[ve] maintenant.
Isnellement a estoiié le brant,
Ne l'esue, quar n'a leissis si grant,
1620 Dedans le feure l'a bouté tout sanglant.
L[y] gentils qu[ens] tint la hache pesant ;
Ung pean fiert qui est près ly en estant
Qui nostre gent aloit moult laideant,
Le heaulme tranche, le haubert va fendant,
1625 Juqu'à la selle [il] le va tout tranchant ;
Onc le cheval n'ot de mort nul garant,
Tant en abat erriere et avant.

   Lors s'escrïa o la vouez qu'il ot grant : *(f° 29 v°)*
   « Ferez, Franczoys, sus ça gent soudement
1630 « Qui nous ont cy asailliz en dormant ;
   « Tel traïson ne vit nul[s] homs vivant,
   « Quar je cuide bien touz y seron morant ;
   « Pour l'amour Dé nels alez espargnant ! »
   — « Sire, font ilz, tout à vostre commant ;
1635 « Ainz y mouron que saïon recreant,
   « Ne que de riens nous augeon fouyant ! »
   Lors ont prins et cuer et hardement.
   Adonc y fierent Angevin et Norment
   Et Leharenc, Bauvier et Allement,
1640 Et Beruier et Flammier et Frisant,
   Qui de roy Charles sont lours terres tenant.
   Maint bon destrier y veïssez gesant,
   Tant pié, tant poign, tant de teste tolant,
   Et tant paen et tant crestien mourant,
1645 Et tant destrier [à] lour rene tirant
   Don lours seignours gesoient mors ou champ !
   Forment se vont nostre gent efforçant ;
   Mais pour neant ja n'y orent garant,
   Quar des paens fut la presse si grant,
1650 Contre ung des noz y a .V. mescreant,
   Qui nostre gent vont forment occïant.
   S'ilz sont las [ne] m'en voys merveillant,
   Quar ne finerent dès premier coq chantant,
   Fort se combatent à la lune reant,
1655 Onc ne finerent decy à l'ajournant.

Que vous iraye le plet plus alongeant ?
Tout y sont mors la crestienne gent,
Ne mès que deux en furent eschappant ;
Ce fut Fagon et Nesmes le vaillant
1660 Qui est naffré, don dolour en est grant.
Entre les aultres gist pasmé et sanglant ;
Mors sont les aultres, Jhesu le roy amant
Ait lours armes, par son [trés] saint commant !
Des Sarrazins y ot mort autretant ;
1665 Voire moult plus, ce trovon nous lesant
Dedans l'ystoire qui point ne va mentant. *(f° 30)*

XX

La bataille est et le champ affiné ;
Touz y sont mors noz gens et decouppé,
Ne mès Fagon et Nesmes le sené.
1670 Entre les aultres gist Nesmes tout pasmé ;
D'une grant hache y est à mort naffré,
Moult malement près parmy le costé.
N'y a qu'eulx deux qui ne soit definé ;
Tretouz les aultres si furent martiré ;
1675 Dieu ait lours armes par sa [sainte] bonté !
Qui l'andemain s'en fust ou champ alé,
Prandre peüst armes à grant planté,
Maint bon haubert, maint héaulme gemé,
Et maint bon brant et maint escu bouclé ;

1680 Et maint destrier bausen et pomelé,
Don lours seignours gesaient mors [et] tué.
Adonc s'en sont les Sarrazins tourné ;
Ysnellement s'en vont à la Cité.
A l'amirant ont tout [ce] raconté :
1685 Comment ilz ont Franczois desbaraté *(f° 30 v°)*
Et detranché en l'isle et decouppé.
Aiquin l'entent, grant joaye en a mené !

Or leroy cy de Aiquin l'amiré,
Et des paens, qui saient veregondé ;
1690 Si vous diray de Nesmes le sené
Et de Fagon le bon vasal loué.
En l'isle sont courocé et iré,
Eulx deux à pié et touz desbaraté,
Quar leurs chevalx estoint touz decouppé.
1695 Lors fut Fagon dolant et esmayé
Pour les Franczois qu'avoit en l'isle mené,
Qui touz y sont et mors et devïé,
Et pour le duc Nesmes qui moult abvoit bonté.
Mès ne sczoit pas le duc la verité,
1700 Se il est vifs ou il est trespassé ?
Lors a dit dedans son cueur.......
Qu'il le querra tant qu'il aura trové,
Ou mort ou vifz, enxin l'a devisé.
Parmy les mors s'en est Fagon alé ;
1705 Tant a cerché que Nesmes a trouvé
Qui de sa playe estoit moult fort grevé.

Sont noz gens bises menuz sout gast ale
Plumé Sans sur touz sout mors et sont
fors .j. q(u)i dure ce nous dij pour rien
Et bien leutaut apo(ur)ay nest foraine
lors est leber deq(ui)t dolour pa(ssi)eure
lequeure façon ley a sus releure
lors lupa du sire vuj pour ce
laiser le dueil il plus ne sout meure
Quar pour deul s(ir)e ne s(e)ra(n)ul bi(e)n recoup(er)
Jegra est de vj bises y eschappe
moult vij a buon oare et a sote
Veuches noz seignours q(ui) quil no(us) ou couste
le bier faço(n) la plaina(n)y cou(r)che
Et son estat a lj meisme(n)t leure
droit a la preure s(e) sout d(e) malle
meurt autres sout de dans autre
lames ne tort sa e. entree on ch(er)e
Ju stre sau turee sont d(e) dens autre
Oy de j(e)nus out le beste adure
Chanouthe apo(ur)ay nest sur rise
same fist osier hors du ch(er)e
Qume fist façon q(ui) hors ley la gete
Par mj lecorps la mort estront cou(r)che
hors de la kure la spayruure porte
jus a la tre la ou le ber pose
Nuit ne mesure est E quai forz posi
florins est offe(r)te quai reste ancor s(ur)queure
hors a façon vulj deul demeure

Fagon l'apelle qui luy a demandé :
« Sere, vifz tu, pour saincte charité ? »
— « Ouïl, Syre, mès pouay ay de santé,
1710 « En pamaison ay longuement esté,
« Tant ay saigné que près soy devïé,
« Quar durement suy en mon corps naffré.
« Sont noz genz vifs ? ne me soit pas celé ? » (f° 31)
— « Nennil, voir, Sire, touz sont mors et finé
1715 « Fors que nous deux, ce vous dy pour verté. »
Et [quant] l'entant, à pouay n'est forcenné !
Lors s'est le ber de grant dolour pasmé ;
Le quens Fagon l'en a sus relevé ;
Lors luy a dist : « Sire, mercy pour Dé !
1720 « Laisez le deul, ja plus ne soit mené,
« Quar pour deul fere n'est nul bien recoupvré.
« Ice qu'a est de cy vifs eschappé,
« Moult en abvon occis et afolé ;
« Vengez nous suymez que qu'il nous ait cousté. »
1725 Le ber Fagon l'a par la main coupplé,
Et son estat a ly meismes levé.
Droit à la greve [il] se sont devallé,
Viennent au gué, sont dedans a[e]ntré ;
La mer montoit, ja est entrée ou gué,
1730 Juques es çaintures sont dedans a[e]ntré,
[Quar] paens ont le vasel adiré ;
Guide [Fagon le vasal aduré,]
Chancelle, à pouay n'est jus versé ;
Ja ne fust ostez hors du gué,

Si ne fust Fagon qui hors l'en ha gecté ;
1735 Parmy le corps l'avoit estroit couplé,
Hors de la rive l'a à payne porté,
Jus à la terre l'a ore le ber posé.
Illec Nesmes s'est par quatre foiz posé,
Forment est affebli quar moult avoit saigné.
1740 Lors a Fagon moult [grant] deul demené,
Quar n'a cheval sus quoy il soit porté, *(f° 31 v°)*
Lesser le conte s'en est forment iré,
Il l'apela, sy n'a ung mot souné ;
Fagon le vait, durement fut iré.
1745 Lors s'est le ber illec moult demanté :
« Haa ! dist il, pere de majesté !
« Par moy n'en peut cest duc estre porté ;
« Si ge le leisse n'en doy estre blasmé ;
« Biau sire Nesmes ge vous commens a Dé
1750 « Qu'il ait de vous et mercy et pitié ! »
A ces parolles s'en est le quens tourné ;
Et si a Nesmes à Jhesu commendé.

Decy à Charlez s'en est à pié alé ;
Quant il fut à Charlez, si fut forment lassé.
1755 Davant le roy est Fagon aresté.
Le roy luy a maintenant demendé :
« Sire Fagon, dist Charlez le sené,
« De voz novellez nous dictez verité,
« Comment abvez expleité et oupvré ?
1760 « Vous me samblez [ores] forment desheté ;

« Où sont mes hommes que aviez mené ?
« Ne les voy pas cy o vous retourné. »
— « Sire, dist il, il ne peut estre celé ;
« En l'isle sont tretouz mors et tué,
1765 « Ne mays que moy et Nesmes le sené ;
« N'y a que nous qui seon eschappé !
« Sus nous vindrent les paens deféé,
« Là nous soupprindrent par lour grant fauceté. *(f° 32)*
« Sere emperiere ne doy estre blasmé,
1770 « Quar moult [y] suy travaillé et pené,
« Moult en ay mort o mon branc aceré ;
« Mil chevaliers y avïon mené,
« Cinq mille y vint de la gent l'amiré ;
« G'y lessai [Nesmes] moult mallement naffré
1775 « D'une grant hache, près parmi le costé ;
« Dedans la greve est remaint près du gué ;
« Illec lessay le vasal aduré,
« Oncques par moy ne peut estre porté ;
« Se il [y] meurt, jamès n'e[r]t recoupvré ! »
1780 Quant Charlez l'oit, à pouay n'est forcenné !
Son cheval a maintenent demendé ;
L'en luy amayne dès qu'il l'a demendé ;
[Et] il monta quant il fut arivé.
De maintenent s'en est le roy tourné.
1785 Après luy sont de ses gens arouté,
Le quens Fagon les a devant guié,
Juques au duc Nesmes n'est aresté,
Qui oncques puis ne s'estoit relevé.

S'ung soul petit fusent plus demouré,
1790 Noyé fut Nesmes et à la fin alé;
Le flot de l'esve fust à luy arivé.
Jambez et piez et esperons doré
Estoint en l'esve au bon duc honoré
Et les deux pars de son haubert saffré;
1795 La mer luy bat au flanc et au costé. *(fº 32 vº)*
Ly roys l'a prins qui moult l'avoit amé;
Moult vitement l'a de l'esve jecté,
Desus la rive l'a couché et posé;
Moult fut ly roys courocé et iré
1800 Pour la pitié du baron aplainé,
Quar il quida que il fust devié.
Nostre emperiere l'a forment regreté :
« Biau sire Nesmes, pour vous [suy] moult iré ;
« Tant mal fut oncques cest consoil parlé,
1805 « Quant là veneistez o mon riche barné ;
« Si estez mort tout suy achestivé,
« Jamès n'aré joaye en mon aé ! »
Nesmes l'ouait, ung souppir a gecté ;
De pamaison s'est luy ber relevé,
1810 Lors se dres[s]a le roy à esgarder.
Charlez le voit, grant joaye en a mené,
Dès maintenent tendit ses mains vers Dé,
Jhesu gracie le roy de majesté.
A Nesmes a ly roys tost demandé
1815 S'il est ou corps moult malement naffré?
« Ouïl voir, Sire, ja ne vous soit celé,

« Jamès de cy ne seré remué,
« Si ge ne soy en litiere porté. »
De maintenent a Charlez commendé,
1820 Qu'en face tost ung lit encouturé,
Où le duc Nesmes soit couché et posé ;
Et l'en le fist dès qu'il ot commendé. *(f° 33)*
Nesmez luy ducs y ont mis et posé,
Desus chevalx [il] l'ont mys et posté,
1825 Droit aux herberges l'en ont moult tost porté.
Quant ilz y sont, ung mire ont mandé,
Qui de sa playe a duc Nesmes saulvé ;
Tant fut o luy que il vint en santé.

Plusieurs gens dis[en]t qu'illec fut desvïé,
1830 Mès non fut pas, ce dist l'auctorité,
Ains vesquit longuement par aé ;
Et fut o Charles en Aspremont mené
Contre Agolant, l'anforcant amiré,
Et contre Eaulment son filz l'oultrecuidé
1835 Que il abvoit noveaulment couronné,
Qui moult s'estoit valenté et vanté
Qu'il de France seroit roy couronné,
Et Charlezmaine seroit desherité,
Ou mors ou prins, occis ou affolé.
1840 Mès il faillit moult bien à son pencé,
Quar par Rolend fut tout escervellé
O ung tronson d'un rede espiez quarré,
En Aspremont, ce soit l'en par verté ;

Et y conquist Valentin l'abrivé,
1845 Et Durendal o le plon d'or niellé,
Don il fut puis chevalier adobé ;
Sus tel cheval ne fut nul homme monté,
Ne maindre espée n'ot nul à son costé !

A la chanczon vous ay trop demouré,
1850 Diray vous en la pure verité. *(f° 33 v°)*
Moult fut roy[s] Charlez dolant et espasmé,
Des gens qui sont en Cesambre finé ;
Lors a luy roys forment son chef juré
A saint Denis son seignour avoué :
1855 N'aura repos jamès en son aé,
Sera vengez Nesmez et son barné
Qui dedans l'isle ont esté decouppé.
Ly roys commende que son ost soit armé,
Qui veut aler asaillir la cité.
1860 Plus de cent mille se sont tost adobé ;
Ly aultre peuple ne pot estre nonbré.
Droit es murs vont, si ont trai[t] et lancé ;
Ceulx se deffendent qui ont acoustumé ;
Ung arcevesque ont mort et ung abbé.

[Dist Charlemaines : « . . . .]
1865 « La gent dedans sont de moult grant fierté,
« Forment m'ont ja travaillé et pené. »
— « Sire, dist Nesmes, vous dictez verité,
« Alon nous en trop abvon cy esté ;

« Sy nous parceyvent ly gloton defféé,
1870 « Deux gras prisons auraient encontré ;
« S'ilz nous prenaient bien auraient oupvré. »
Ysnellement ont les chevalx hurté,
Decy à l'ost ne se sont aresté.
Nostre emperiere s'estant davant son tref ;
1875 Ysnellement fut un gresle sonné.
De maintenent sont cilz de l'ost levé ;
Les ducs, les princes [s'en] sont au roy alé, (f° 34)
Et sy ly ont maintenent demandé
Qu'il veulst fere et qu'il a enpencé ?
1880 Ly roy[s] lour dist : « Tost vous sera conté :
« Herbregé soy trop loign de la cité,
« Aprime[z] vous, soient quely ly tré. »
Et ceulx respondent : « A vostre volenté ! »
De maintenent s'est ly roys destourné.

XXI

1885 LY roys de France n'en est pas oblïer,
Ysnellement s'estoit fait destourner,
Les sommiers fist et charger et troucer.
Près la Cité s'est alé osteler,
Jouste la rive, assez près de la mer,
1890 Davant la porte que Dayres fist fermer
A haulte voulte de marbre bel et cler.
Ly roys de France y fi[s]t son tref fermer,

Et l'oriflambe et son trigon lever.
Une chapelle y fist le roy fonder,
1895 De saint Servan en fust le mestre auter ;
Ung amy Dé, qui moult fait à louer,
Cousin Dé fut, yce ouy conpter,
De par la Virge qui moult fait à louer
Où Damme Dé se deigna aonbrer.
1900 Une crouez belle mist Charlez sus l'auter ;
D'argent est riche, luy roys la fist dorer ;
Dedanz la crouez qui moult fait à louer
Abvoit fait Charles reliques enchasser ; *(f° 34 v°)*
De Ynocens fist en la crouez poser,
1905 Et dou martyr saint Estienne le ber,
Et d'aultres saints qui moult sont à louer.
Nostre emperiere print Dieu a reclamer :
« Damme Dé, sere, [ce] dist Charlez le ber,
« A Saint Servan veil ceste crouez donner
1910 « En moutier, et meptre à presenter,
« Par teil commant comme ge veil deviser :
« Ceulx qui sus le se vouldront parjurer,
« Que mal lour vienge sanz longuement demourer,
« Eins que l'an [en] puisse estre passez
1915 « Y facez voz vertuz et demonstrez,
« Apertement [voz] vertuz y facez ! »
Nostre emperiere, qui fut gentil et ber,
Arcevesques fist ou moutier entrer ;
L'eglise fist de [Damme] Dieu segner.

1920 Le roy de France sy fut davant l'auter,
Fist tel priere comme pourrez escouter :
« Damme Dé, ce dist Charlez le ber,
« Qui descendis du ciel le monde saulver,
« Et en la Virge te deignas [a]onbrer
1925 « Et sang et char en son saint corps porter ;
« En Bethléem nasquit[es] sans faulcer,
« Où les Troys Roys t'alerent visiter,
« Ce que t'offrirent ne voulis refuser,
« Ceulx te offrirent mirre, [encens] et or cler ;
1930 « Voulst toy occire Herodez et demunder, *(f° 35)*
« Ycelle mort ne voulays endurer,
« Juqu'en en Egypte te fist Joseph porter
« [Et] vostre mere qui moult vous pot amer,
« Quant le saint Ange luy vint ammonester.
1935 « A la Thephayne te féys baptizer,
« Ou fleuve Jourdan baptizer et laver.
« .XXXIII. ans voulays par terre aler,
« Desqu'au Jeudi Absolu lour nommer.
« Quant à la Table furent à ton disgner,
1940 « Les tiens Apostres, que moult voulays amer,
« De ton saint [pain] les y féys disgner.
« Au Vendredy que l'en doit adourer,
« T'offreys tu fere ton corps en crouez pener,
« Et piez et mains te les[s]as estander,
1945 « O clous de fer [te] bouster et ficher,
« D'aspres espines te les[s]as coronner,
« Et ton costé de la lance percer.

＿＿＿＿＿＿＿＿＿＿＿＿＿＿＿＿＿＿＿＿＿＿＿

        « Ce fut Longis que nul ne doit blasmer :
        « Quar les mains luy firent [Juifs] bouter,
1950 « Quar ne veait [il] goute sans doubter,
        « Le sang et l'esve [il] en fist ruceler ;
        « Aval la lance commencza devaler,
        « Juqu'à ses poigns ne se voulst arester,
        « Quant le santit à ses mains arester
1955 « A ses yeulx touche, et tantost vit tout cler,
        « Dieu regarda, print mercy à crïer *(f° 35 v°)*
        « Et Damme Dé ly voulst tout pardonner !
        « Nicodemus et Ioseph le ber
        « A ceul Pilate alerent demender
1960 « Pour lour souday qu'il lour debvoit donner ;
        « Tantost le lour a baillé et livré ;
        « Hors de la crouez t'alerent ceulx oster ;
        « Ou Saint Sepulcre te alerent poser,
        « Et t'aporterent dou basme d'oultre mer ;
1965 « Mais le tien corps ne porent pas trouver.
        « En enfer [fus] tes amys delivrer.
        « Saint Gabriel les conforta ly ber.
        « Et au tiers jour voulais resusciter.
        « Ta vie Magdalene voulis demonstrer,
1970 « Es sains Apostres la dire et conpter,
        « En Galilée où estoient ly ber ;
        « [Et] des paynes les voul[i]s delivrer.
        « Si quar est vray [que ge dy] sans faulcer ;
        « Vous pri ge Dieu voz vertuz à monstrer :
1975 « Que celx qui à [Dieu] se vouldront [parjurer]

« Sus ceste crouez qui moult fait à louer,
« Que mal lour vienge ains [que] l'an [soit] passez !
« Et me lessez en ça cité entrer,
« Que ge la puisse des payens delivrer ;
1980 « Crestienté y meptre et alouer ! »
A ces parolles se fut davant l'auter
Et saint Servan commence à reclamer.

XXII

QUANT Charlemaine[s] a Jhesu reclamé,
Davant la crouez, tout droit si s'est tourné :
1985 « Saint Servan sere ! dist Charlez le sené,
« Vroy martyr, cousin es Damme Dé, *(f° 36)*
« De par la Virge qui Jhesu a porté ;
« Sere, vous fustes dou ciel saint parempté ;
« Bien le ouy quar l'en le m'a conté ;
1990 « Anne fut mere Marie pour verité,
« Don Dieu nasquit le roy de majesté ;
« Anne la dame, qui fut de grant bonté,
« Ot une seur de grant nobilité.
« Saint Servan sere ! bon saint beneüré !
1995 « Entre Egypte vous print ung amiré,
« En une chartre fustes mis et posé.
« Là vous garderent juqu'au tiers jour passé,
« (Onc ny goutastes ne de pain ne de blé,
« Ne de nul vivre, si ne vous tranmist Dé,)

2000 « Brisast la porte, de l'aval fut quassé.
« Par mer salée vous en fist aler Dé,
« Onc n'y prenystes neff ne batel nagé,
« Decy à Romme venistes la cité ;
« A vous en vindrent les payens defayé,
2005 « Gent orgueilleuse qui onc n'amerent Dé.
« Ly roys Adace à qui Romme estoit la cité,
« Vous voulst occire pour sa grant cruaulté ;
« Mays Dieu ne pleut le roy de majesté !
« Par mer sallée vous en fist aler Dé,
2010 « En Escallogne, là fustes arivé,
« Mais vous prindrent les cruelx defféé,
« Le roy Errodes qui eist de grant cruaulté ;
« Par luy eüstes, [sere], le cheff couppé ; *(f° 36 v°)*
« Illec, beau sere, fustes vous decolé !
2015 « Au roy de Romme fut ton cheff presenté !
« Si com c'est vroy que ge dy verité,
« Vous pri ge, sere, bon saint beneüré :
« Que vous priez Jhesu de majesté,
« Que mal lour vienge, ainz que l'an soit passé,
2020 « De corps ou d'amme ou d'amy bien pené,
« Ou de chateil se il est amassé,
« Soit roy ou prince de grant terre chasé,
« Ou arcevesque, ou evesque, ou abbé,
« Ou clerc ou lay, ou prestre couronné,
2025 « Ou povre ou riche, ou d'aver aseuré !
« Et qu'il me rende par tens celle cité,
« Que le corps Dieu y puisse estre sacré,

« Et saint baptesme et mis et aloué! »
Ainxy ly roys s'est en pïez levé.
2030 O luy abvoit un chevalier sené
De grant aage, chanu fut et barbé;
Yceluy a Charles aresonné :
« Sere, dist-il, or oïiez mon pancé,
« [Ou] ja nul jour n'aurez celle cité :
2035 « Leans n'ont esve, ce cuide de verité,
« Quar ge n'y cuide fons [ne] rive ne gué,
« Si de dehors ne lour vient par chané ;
« Par sour terre lour vait, c'est mon pancé.
« Faitez tost prandre ung cheval souranné,
2040 « Fain et avayne luy donnez a planté,
« De bon orge bien sec et bien lavé,
« A menger [bien], bien de boyre soit gardé ; *(f° 37)*
« Puis soit hors mis de l'estable gecté;
« Lessez l'aler de la bride defrené ;
2045 « Devers la terre soit bien avironné
« De nostre gent don nous abvon parlé ;
« S'il y a esve ne puz acoupverclé,
« Par le cheval, ce cuit, sera trouvé. »
Dist l'emperiere : « Bien abvez pourpencé,
2050 « Moult bon consoil, ce cuit, m'avez donné,
« Il sera fait comme l'avez devisé. »

A ung cheval ont à menger donné,
Trois planiers [jours] onc ne fut abevré,
Au quart l'ont de l'estable gecté.

2055 D'aler vers terre l'ont Franczoys bien gardé.
Lors se bessa le cheval abrivé
Qui moult estoit de grant soiff agrevé;
Tout droit s'en va courant à la Cité,
Mais il n'y trove ne fontayne ne gué,
2060 Fors mer salée don il n'a point gouté.
A l'ouré s'est le cheval retourné,
Près du moutier saint Servan amy Dé
Illecques s'est le cheval aresté,
Fronche du neys moult forment abriffé,
2065 Des piés d'avant a la terre gecté.
Et tout ce a bien le veil homme gardé,
Et a le roy moult tost aresonné :
« Sere, dist il, saichez de verité,
« Illec a esve, comme dit mon pencé,
2070 « Beau sere roys, or y soit [il] gardé. » *(f° 37 v°)*
Franzcoys l'entendent, grant joaye ont demené;
O picz, o houes, gectent terre à planté ;
Tant ont fouy illecques et oupvré,
L'esve ont trouvé qui est de grant bonté,
2075 Fontayne riche et de moult grant bonté.
Close est à mur de fin marbre licé,
A riche voulte, bien fait et conpassé ;
La mardrelle est de marbre esquarré,
Plus blanc que n'est flour de lis en esté.
2080 Celle fontayne est de moult grant beauté ;
En yver chaulde comme [ung] baign tranpé,
En esté frede comme s'il eüst gelé ;

Par desour terre aloit en la Cité,
Par ung conduit de couepvre trejeté
2085 Et de bon plon bien richement scellé.
O mails d'acier ont Francs le mur quassé,
Fians et ordure ont ou conduit gecté
Et sang de beufs, de vaches, qu'ont en l'ost tué.
Moult grant miracle y a fait Damme Dé !

2090 Dedans la ville tourne moult grant cherté,
Fault lour le pain et le vin et le blé,
Et l'esve douce, à dolour sont tourné.
Chevalx mangent, trop ont de poverté,
Moult [cher] se fait qui en a à planté.
2095 Forment se sont les payens demené :
« Franche mesgniée, ce lour dist l'amiré,
« Fort nous travaille celle crestïenté ! »
— « N'abvon que prandre touz suymez afamez. » (f° 38)
Dist le roy : « Ay [....] moult grant pitié,
2100 « Faillye est la damme quar moult a juné ;
« Que feron nous ? rendre[z] vous la cité ? »
Chascun d'eux s'est forment demené ;
Dist l'un à l'autre : « Mal fuymez onques né ! »
Aiquin soupire, moult forment a plouré.
2105 D'entre les aultres s'est ung Noyres tourné ;
Blanche ot la barbe, [le cheff] chanu meslé,
Moult estoit veil, cent ans avoit passé ;
Quant voit Aiquin enxin desconforté,
En hault parla, moult bien fut escouté :

2110 « Amirant sere, dist il, roys couronné,
« Par Mahommet don le monde est saulvé !
« Consoil te don se il te vient à gré ;
« Cinq anz a [.....] ja touz passez,
« Que le navie vint à ceste cité,
2115 « Qui grant richesse qui nous a presenté,
« Que nous tollit l'arcevesque Ysoré.
« G'é une barge qui est de grant bonté
« Que g'é rescours à la crestïenté,
« Qui est moult près de ma chambre aentré,
2120 « A cieul dongeon ataché et fermé.
« Si tu me croiez, ains que soit avespré,
« Tu lesseras les Crestiens defféez,
« Avant que soit le soulail [...] cliné ;
« Et t'en iras ou pays don fus né,
2125 « Et emmainras de tes gens à planté.
« Il n'y a guieres ne chastel ne cité, *(f° 38 v.)*
« Don tu ne soys roy et seignour chaussé,
« Sinon Vennes et Doul l'arcevesché.
« Mal feu d'enfer arde ceste cité !
2130 « Quar moult abvon travaillé et pené ;
« Ale[z] vous en, trop abvon cy esté ! »
Ce dist Aiquin : « Bon consoil m'as donné. »

De maintenant s'en est le roy tourné
Et se devalle de la bonne cité.
2135 Decy au havre ne s'est point aresté.
Nuyt fut noire, le soulail est couché,

Dans la neff est ly roys Aiquin entré,
Et la roigne o le corps honoré.
.IV.^c hommes sont en la neff entré,
2140 Chevaulx et choses [y ont mis] à planté,
Or et argent et maint peile roué ;
Mais ilz n'y meptent [ne] pain ne vin ne blé,
Ne nulle chose dont ilz puissent disgner.
Les mariniers ont la vaille levé
2145 Amont ou mast, durement ont siglé,
Vont sanz paour au vant et à l'oré.
Moult en remaint en la bonne cité,
Quar plus n'en peut en la neff l'amiré,
Naigent et siglent o[ù] les conduie malfé.
2150 Terzon costaint celle bonne cité,
Cité fut riche, de noble antiquité ;
Tant ont entr'elx expleté et alé ;
Onc n'aresterent decy à Saint Mahé. *(f° 39)*
A l'amirant ont la gent demendé :
2155 En quel pays il voult en arive[r] ?
Et il respont : « Ja orez mon pencé :
« .XXX. ans a acompliz et passé
« Que de Bretaigne suy enheritagé,
« Et dedans Nantez fu ge roy coronné ;
2160 « Encore y a de ma gent à planté.
« Là yron [nous] se il vous vient à gré ;
« Et [il] y a ung chastel bien fermé,
« Petit et bel, de grant nobilité,
« Brons a nom, enxin est apelé,

2165 « Illec seron, s'il vous plaist, arivé. »
Paiens respond[ent] : « Sy il nous vient à gré. »
Naigent [et] siglent les paiens deffayé ;
Le vent de Nort lour est de mer tourné ;
Tant ont par mer expleté et siglé,
2170 Ou havre en Brest sont venu et entré.
En la ville entrent les paiens defféé,
Don Memerion estoit desherité,
Qui en fut seres en [toute] antiquité ;
Mès si Dieu plaist le roy de majesté,
2175 Encores en sera sires et avoué.
Leans [se sont] les peans eschellé,
De vitaille orent à grant planté ;
La nuyt reposent tant qu'il fut ajourné.
Et l'andemain quant le soulail fut levé,
2180 A l'amirant ont tantost demandé
Quel part yra, ne en quel reaulté ? *(f° 39 v°)*
« A Car[a]hès, ce lour dist l'amiré,
« Que ge conquis sus Ohès le barbé ;
« Durement a de ma gent afolé
2185 « A Quidalet ou grant est[or] champé ;
« [Doreit] men ni[é]s y fut par lui naffré
« Par[my] le corps d'un grant espiez quarré ! »
Lors sont paiens sus lours chevalx monté.
Roys Aiquin monte et tretout son barné,
2190 Et la roïgne qui moult ot de beaulté.
D'ilec s'en sont à Char[a]hès alé,
Drecent les murs, reparent l[es] fousé.

Aiquin ly roys qui moult a de fierté,
Ysnellement a ses barons mendé,
2195 Parmy Bretaigne et du long et du lé.
Ly roys fist [fere] ung brieff bien scellé ;
A ung mesage fut tantost [de]libvré.
Decy a Nantes s'en est le mesage alé ;
Les briefs Aiquin a là dedans monstré.
2200 Lyre les font les payens defayé,
Vaient qu'il est de Quidalet geté.
Grant deul en ont les payens deféé.
Payens s'atournent et sont acheminé ;
A .XXX.ᴍ priser eut l'amiré ;
2205 Au roy Aiquin se sont touz ajouté.
Maint beuf y maynent qui touz furent salé,
Et venaison prennent à grant planté.
A Car[a]hes ont moult vivre porté ;
Forment menacent sainte crestïenté. *(f° 40)*

2210 Or leray [cy] de Aquin l'amiré.
Sarez de Charles le fort roy coronné,
Qui est en Quidalet o son grant barné.
Il ne scet mie d'Aiquin la verité,
Que il s'en soit de la cité alé.
2215 Nostre emperiere s'est par matin levé,
En la chapelle se en est tost entré,
Ouït la messe, puis se en est tourné.
Regardé a vers la bonne cité ;
Sarrazins ouait qui se sont dementé,

2220 Plourent, crïent, grant deul ont demené.
« Dieu ! ce dist Charles, doulz roy de majesté !
« Moult se dolent paiens en ça cité,
« Grande noase maynnent, paiens sont effrayé. »
Ly emperiere a Fagon appelé :
2225 « Sire Fagon, dist Charles le sené,
« Par celle foy que vous debvez à Dé,
« Quar en alez à ce mur quennellé
« Novelles querre, que saichon de verté
« Pourquoy payens sont enxin effrayé ? »
2230 — « Sere, dist il, voulentiers et de gré ! »
Ysnellement s'est le vasal armé,
Vient à la porte illec s'est aresté.

XXIII

La tour Aiquin la seust l'en appeler ;
Et [le] bas estage qui siet emprès la mer
2235 E[st] la grant chartre, pour [vroy] le puis conpter,
Où roy Aiquin fist les prinsons bouter ;
Là le[s] fesoit verser et trebucher.
* « Certez, dist Charles, la me conpvient briser *(f° 40 v°)*
* « Pour les en trere et les en delivrer. »
2240 * Dès maintenant s'i fist le roy mener,
* Juqu'à la chartre ne se voulst arester.
Le ber Fagon ne se voulst arester,
Juqu'à la porte s'en est alé le ber ;

Les Sarrazins ouait leans grandement
2245 Crier et braire et glet en vi[e]ler.
Le roy Aiquin prindrent à regreter :
« Sere, font ilz, pouay te debvon amer,
« Grepis nous as, et n'abvon que disgner ;
« Or nous conpvient [icy] de fain enfler,
2250 « Et la cité à Crestïens libvrer,
« Ou nous mourir ou nous crestïenner ! »
Quant Fagon ouait celle gent sy parler,
Au roy s'en va ces novelles conter :
« Droit emperiere, ce dist Fagon le ber,
2255 « Moult debvez Damme Dé mercïer,
« Luy et sa mere servir et honorer ;
« Vostre est la ville, ne vous fault qu'y entrer ;
« Aiquin s'en fuyt par grant esve de mer,
« Bien l'ay ouy à payens regreter. »
2260 — « Dieu, ce dist Charlez, bien vous doi ge amer ! »

Ysnellement a fait sa gent armer ;
[Et] plus de cent gresles a fait sonner.
Or pourez ja grant vertuz escouter *(f° 41)*
Que [Diex] fist pour l'emperiere le ber.
2265 Juqu'à la porte ne se voulst arester ;
Quant les paens le virent apresmer,
Ysnellement vont la porte [de]fermer
Et le grant pont maintenent avaler ;
Quar il ne povai[n]t la [fain] plus endurer.
2270 En la cité primement Francs sont entrez,

N'y a paens qui lour veille varer.
C'est beau miracle, doibt l'en bien escuter
Nostre emperiere print Dieu à mercïer.
Touz les paens fist à sa Loy tourner,
2275 Et en saint[e eaue] baptiser et laver,
D'eulle de cresme en Dieu regenerer ;
Qui ne voulst croire le cheff luy fist trancher !
A paens print le roy à demander :
« Où est la chartre ? ne me veillez celer
2280 « Où Aiquin a nos gens enprinsonnez ? »
Ung des contez au roy print à parler :
« Sere, moult bien vous y feré mener,
« L[y] aval est au pont jouste la mer
« Et ung dongeon qui moult fait à louer
2285 « Que le roy Dayres y fist jadis fermer,
« A troys estages bien fai[re] et compasser.
« Le roy Aiquin s'i aloit deporter,
« Et la roigne o le visage cler ;
« Plus belle d'ele ne pouroit l'en trouver, *(f° 41 v°)*
2290 « En nulle terre v[e]oir ne regarder !
« Ung riche homs [là] la soulait garder ;
« Mès o Aiquin s'en est fouy par mer,
« Pour la grant fain qu'il ne pot endurer ;
« N'avoit ceans que nous peuson manger.
2295 « Icil dongeon don vous me ouez parler,
« En tout le monde n'a de force son per ;
« Par soul troys hommes ne fault à le garder,
« Contre tout l'ost que roy povait mander.

« Par nulle force n'y po[ur]ait l'en entrer,
2300 « Tant sara l'en meptre lance ne porter.
« La tour Aiquin la seulst l'en apeler;
« Et le bas estage qui siet près de la mer,
« Est la grant chartre, comme le puys conter,
« Où roys Aiquin fist les prinsons geter;
2305 « Là les faisoit touz trebucher....... »
— « Certes, dist Charles, là me conpvient aler
« Pour les en traire et les en delivrer. »
De maintenant s'i fist ly roys mener,
Juqu'[à] la chartre ne se voulst arester.
2310 Les huys en fist et briser et quasser ;
Tous les prinsons [hors] en fist tost geter;
Des mors a fait les ammez commender,
Et corps enterrer, et des messes chanter ;
Et puis a fait ly roys ung ban souner ;
2315 Rere le[s] fist et moult bien esbarber,
Lours chevelx tondre et lours onglez rogner ;
Moult richez draps lour a fait aporter, *(f° 42)*
Si ceulx ont joaye ne fault ja demander !
Dieu et l[e] roy prennent à mercïer.
2320 Nostre emperiere, qui Dieu peut bien donner !
En la Cité fist ung moutier fonder ;
Ou nom saint Pere en fist le mestre auter ;
Maynez y mist, rante lour fist donner,
Pour le servige que doyvent celebrer,
2325 Pour ceulx qu'Aiquin y a fait devïer.
A l'Arcevesque fist la messe chanter ;

Grande fut l'oferande qu'il y fist presenter ;
De bons deniers fut conblé l[y] auter
Et de bon or et d'argent blanc et cler.

XXIV

2330 LA messe chanta l'arcevesque Ysoré
En Quidalet l'admirable cité.
Après la messe a l[y] bon roys parlé,
L'Arcevesque en a aresonné :
« Sire arcevesque, dist Charlez le sené,
2335 « Merci à Dieu le roy de majesté,
« Prinse abvon ceste bonne cité,
« Non pas par force, mais par la vertu Dé ;
« Mainte grant payne y abvon enduré
« Pour essaurer ceste crestïenté.
2340 « Bien a sept ans acompliz et passé
« Que nous venismez de France en cest regné
« Qui[erre] ceste ville qui moult nous a grevé ;
« Moult vous y estez d'armes moult bien porté,
« Bien l'avez fait comme prodomme sené,
2345 « Ge vous la donne, tretout en equité,
« Par tel convenant comme vous est devisé, (f° 42 v°)
« Quar par vous, [sere, en] seré moult aidé. »
L'Arcevesque l'en a bien mercïé :
« Sere, dist il, .V.c merciz de Dé !
2350 « Ge vous otray de bonne volanté

« Que ne serez en sy l[aint]aing regné
« Secouray vous o tretout mon barné. »
Dist l'emperiere : « Ore avons bien parlé. »

Lors se herbregent Franczois en la Cité,
2355 Parmi les ru[e]s et du lon et du lé.
Nostre emperiere est ou palays monté
Qui moult estoit de grant nobilité.
Moult granz richessez [il] ont dedans trouvé,
Saye et argent et fin or esmeré ;
2360 Mès ilz n'y trovent ne pain, ne vin, ne blé,
Ne de nul vivre valant ung ail pelé ;
Noz crestiens en y ont prou porté.
La nuyt reposent en la bonne cité
Juqu' andemain que il fut ajourné,
2365 Que l'emperiere s'est par matin levé ;
Pour ouïr messe est au montier allé.
Puis est ly roys [ore] ou palays monté,
Et le menger fut moult riche apresté ;
As[s]is se sont, quant chascun ot lavé.
2370 A Dieu rend gracez le roy de majesté
De ce qu'il a Quidalet la cité ;
Grant joaye [en a], moult en a Dieu loué.
« Sere, dist Nesmes, entendez mon pancé: *(f°43)*
« Cy près de nous a une forte cité,
2375 « Gardoyne a nom, moult est de grant beauté,
« Forte est et riche et de [moult] grant bonté ;
« La gent dedens sont de grant fierté ;

« Et si la tient ung niés à l'amiré,
« Au roy Aiquin qui nous est eschappé,
2380 « Qui par la mer s'en est fuy et alé.
« Yceluy prince, sire, est Doret nommé,
« Moult est cruel [....] devoreigié,
« Il et sa gent nous ont moult fort grevé;
« Près de Gardoyne a ung chastel fermé
2385 « A haulte dousve, à hault mur et foussé;
« Iceul chastel sy est Dor[l]et nommé.
« G'i veil aler pour v[e]oir le regné,
« Verroy Gardoyne l'admirable cité,
« Si com Dor[l]et, dehors la fermeté.
2390 « Ne fuieray cy, aray o luy meslé ;
« Sy ge n'en viens dedans ung moys passé,
« Sy me sevez o voz riche barné,
« Vostre o[ri]flamble, s'il vous plest, me baillez;
« Bien conduray vostre [cre]stïenté.
2395 « Vous me remerrez ceans [o] Ysoré
« A qui avez donné ceste cité! »
Et dist ly roys : « O l'aye de Damme Dé! »
Ysnellement s'est duc Nesmes armé.
Il et sa gent se sont acheminé.
2400 Nostre emperiere est le [moys] reposé
O l'arcevesque qui moult avoit bonté.
O eulx remaint maint evesque et abbé *(f° 43 v°)*
Que ilz ont de maint grant terre chacé.

Nesmez chevauche le cheval aduré,

2405　Luy et sa gent qui sont de grant fierté ;
　　　Ne furent mye bien deux leuez alé,
　　　Nesmez regarde devers soulail levé,
　　　Et voit Gardoyne la mirable cité.
　　　Le ville est belle et le mur quennelé,
2410　Dehors les murs abvoit ung grant foucé ;
　　　De grandes brochez sont les foussez bordé,
　　　Qui [sont] de fer, te[s]tez y a [fait] lance[r],
　　　Plus de mille testez fist es brochez lancer
　　　Des Crestïens que paiens ont tuez.
2415　Ung geant y ot, moult grant et moult rouvé];
　　　Dieu ne feist beste qu'illec ne fut trové,
　　　Leparts, leons, y a à grant planté,
　　　Et aultres bestes de grant adversité.
　　　Là court une esve qui [est] de grant fierté,
2420　Bidon a non celle esve don est avironné.
　　　« Dieu, ce dist Nesmes, bon roy de majesté !
　　　« Moult par est [belle] Quidalet la cité,
　　　« Mès ceste est plus belle, ce me dit mon pencé ;
　　　« Se Dieu ce donne le roy de majesté,
2425　« Que Charlemaine le tienge en equité,
　　　« A Penthecouste y sera couronné. »
　　　Lors s'est le duc Nesmes illec aresté,
　　　Il et sa gent s'arestent en ung pré, *(f° 44)*
　　　[Et] lours chevalx [y] ont estroit sanglé.
2430　Lours espées prindrent, es chevalx sont monté,
　　　Isnellement s'en vont droit au foucé.
　　　Ung Sarrazin s'en vait droit au foucé ;

Noz Franczois a veü et regardé,
Haulte a la vouez, forment s'est escrïé :
2435 « Leans sont les F[rancz]ois ge soy de verité! »
Isnellement yssent de la cité.
A quatre mille [il] sont tost arivé,
Qui à Franczois ont moult forment rué.
Mains Crestïens ont illec afolé ;
2440 Mès des payens y a si grant planté,
Contre ung des noz y a bien sept malfé,
Qui de noz gens ont moult forment tué.
Noz Crestïens [sont] forment esmayé,
Et ont Jhesu haultement reclamé,
2445 Qu'il les secoure par sa grande bonté,
Et en après se sont fort escrïé :
« Helas ! font ilz, mal suymez [onques] né !
« Moult avon mal soufert et enduré
« Dedans Bretaigne, bien a sept ans passé.
2450 « Beau sire Dieu ! Bon roy de majesté !
« Que fait ore Charles, le bon roy couronné,
« Qu'icy nous lesse mouriz à tel vilté, *(f° 44 v°)*
« Que il ne vient o son riche barné ?
« Ore bien aise remaint [o] Ysoré
2455 « En Quidalet qu'il luy a donné,
« Où [il] bait vin et piment et cleré,
« De rien ne pencent en la mortalité ! »
Et le duc [Nesmes] les a bien conforté :
« Barons, dist il, ne soiez effrayé ;
2460 « C'est tout pour Dieu, le roy de majesté,

« Que nous soufron ceste fragilité ;
« En paradis en seron couronné
« O les martirs et as[s]is et posé !
« Ferez chascun o le branc acéré,
2465 « Gardez ne face nul de vous malvestié,
« Que il ne soit à voz hers reprové !
« Il soit honni et si ait mal dehé.
« Qui ne ferra o le branc aceré ! »
A luy [ly dus] s'est moult fort escrïé.
2470 Onc ne fu[i]t le vasal aduré,
Decy ansoit que il fut avespré.
Atant s'en sont les Sarrazins tourné,
Fouyant s'en vont tout droit à la cité ;
Et noz Franczoys ne se sont aresté.
2475 A pié descendent luy vasal honoré,
Frouessent les buchez qui estoint ou fousé ;
Des Crestïens ont les testes osté
Que les payens y avoi[e]nt bouté
Par lour orgueil [et] par lour grant fierté, *(f° 45)*
2480 Et pour plus fere es Crestïens vilté.
A lour seignour se sont touz asemblé,
Des Crestïens se sont à luy clamé :
« [Ha]a ! Doret, font ilz, duc honoré !
« Une gent fiere nous ont desbaraté,
2485 « Crestïens sont [et] de France sont né,
« De la gent Charles, le fort roy couronné,
« Qui a sesy Quidalet la cité.
« Quar lour fais ore le [treü] demande[r]

« Que estableys sus la crestïenté ! »
2490 Et dist le prince : « Ce me vient bien à gré,
« Alez y tost ne soiez demouré. »
Et ceulx respondent : « A vostre volenté. »
D'entre les aultres s'est ung Noires tourné,
Le cheval a moult tost esperonné ;
2495 Juqu'aux Franczoys ne s'est mye aresté,
Orgueillous fut, foul et demesuré ;
Sur tous les aultres fut forment enparlé.
Quant il parla, il fut bien escuté ;
Apela [Nesmes], mès ne l'a pas nommé,
2500 Quar ne sczavoit comme estoit apelé.

XXV

Dist le paien : « Or[e] me entendez :
« Par moy vous mande Doret nostre avouez,
« Qui est nepvou Aiquin le amirez,
« Que le trehu maintenent nous rendez,
2505 « Ou si non ja d'i[cy] ne tournerez, *(f° 45 v°)*
« Escoutez ore, si vous sera renommez :
« D'or fin d'Arabe quatre mille trousez,
« Seilles de peilez, ciclatons et cendez,
« Deux mile brognes et mil escuz bouclez,
2510 « Chevalx d'Arabe .IV.ᶜ souranne[z],
« Mil haquenées blanches et bien sellé[es],
« Leons et monstrez [...] moult bien donte[z],

  « .XXX. pucelles o les corps honorez. »
  — « Voires, dist Nesmes, ja vous sera libvre[z]
2515 « A pouay de terme, sy atendre le voulez !
  « Onc ne l'ot tel Aiquin ly amire[z],
  « Qui par la mer fuyant s'en est alez ;
  « Je vous diroy, ne sczoy si le sczavez ?
  « En Quidalet est Charlez ostele[z] ;
2520 « Il et sa gent se sont dedans entre[z],
  « Jhesu y est servi[s] et honoure[z]
  « Et Mahommet honnys et vergondez,
  « Gard'ous de nous, estez vous deff[ïe]z ! »
  A ces parolles sont noz gens escrïez ;
2525 .IV.ᴹ furent o heaulmes bien gemez.
  Les brancs d'acier ont des feures tirez,
  Le trehuage lour [ont] si presentez
  Qu'ilz lour tranchent les flancs et les costez,
  Piez et entrailles, les jambes et les neys.
2530 De que qu'il furent n'est que deux eschappez.
  Ceulx deux se sont en la cité entre[z], *(f° 46)*
  A lour seignour [il] se sont tost clame[z] :
  « Haa ! Doret, sire duc[s] honore[z] !
  « Par Mahommet par quy suymez saulvé,
2535 « Jamès nul jour ne sere[z] honore[z] !
  « Mors sont tes hommes occis et decoupé ;
  « La gent de France les ont à mort libvre[z],
  « De Quidalet ont les paiens gecte[z],
  « Et par honte tretouz desbarate[z] !
2540 « Jamès aide de l'amirant n'aurez,

« Faittez, beau sire, du mielx que vous pourrez,
« Deffendez vous si fere le pouvez ! »

XXVI

Quant Doret ouyt le pean ce compter,
De Crestïens l'orgueil et la fierté,
2545 Et [de] Aiquin qui est desbaraté,
Et qui s'en est par haulte mer tourné ;
A [ung] pouay que Doret n'est forcenné :
« Alas ! dist il, cousin desbaraté,
« Et qui s'en est par haulte mer tourné,
2550 « Ne vivré mès en paix en cest regné,
« Quant cil me fault par qui g'estoye ayé ;
« Lesser me fault Gardoyne la cité,
« Dorlet leroy que ge avaye fermé ;
« Ja en Bretaigne n'en auray po[e]sté,
2555 « Quant de mon oncle suy enxin [de]greppé ;
« Mais ains que saye de tout [ce] deserté,
« Feray dommaige à la crestïenté ! » *(f° 46 v°)*
A sa gent dist que tantost [soient] armé,
Et ilz [le font] quant il l'a commandé.

2560 O bien .XX.ᴹ est le prince monté,
Hastivement yssent de la cité.
Grant fut le chapple sus la crestïenté ;
Une grant leue ont noz Franczoys rué ;

Ja se en fussent notre gent deroté,
2565 Quant Nesmes garde par les boays deserté,
Voit Charlemaine, le fort roy couronné,
O grant compaigne de chevaliers armé.
Quant il les vait, grant joaye en a mené ;
Dieu en gracïe le roy de majesté !
2570 Et les paens furent desconforté,
Quant le secours ont veü arivé.
Isnellement se en sont tost tourné,
Droit vers Gardoyne la mirable cité ;
Quant ilz furent en la cité antré,
2575 La porte ont close, et le pont ont levé.
Et Nesmes est contre le roy alé ;
Si le salue et luy a encliné,
Et le roy [luy] par grant humilité.
Ce dist Charlez : « Bien saiez vous trové,
2580 « De voz novelles me dittez verité,
« Comment abvez expleité et oupvré ? »
— « Sere, dist il, ja ne vous soit celé ;
« Forment nous ont en bataille grevé ; *(f°47)*
« Grande est la payne que abvon enduré ;
2585 « Ja nous eussent tretouz desbaraté,
« Quant vous aptenprent et vos riche barné ;
« Dedanz lour ville s'en sont fuyant tourné.
« Roys, requeron par force ça cité ! »

Or va ly roys asallir la cité,
2590 Il et sa gent par moult de po[es]té ;

Moult y ot [l'en] et frappé et gecté.
Sarrazins sont [au] plus hault mur monté ;
Fort se deffendent de la crestïenté.
D'entre les aultres s'est ung [Noirés] tourné,
2595 Par la porterne vint au roy en celé,
Ou poign dextre tint ung [dart] anpanné,
Fiert l'emperiere [en] son escu bouclé,
L'escu luy perce, le haubert a frouesé ;
Entre les costes luy est le dart coulé,
2600 De son cheval si chaist jus tout pasmé.
Le Tu[r] s'atourne contreval le fousé,
Et s'en tourne erriere en la cité.
Une grant leue [en] fust l'en bien alé,
Ainz que l[y] roys se fust d'illec levé.
2605 Franczoys le vaient, illec sont effréé,
[Lors] en luy fut moult grant deul demené.
Quant les paens vaient iceul mener,
Du roy cuyderent que fust à fin alé.
Lors saillent hors les paens defféé,
2610 L'[ont] tout sesy par moult fiere po[e]sté,
En la cité le en ont enmené ; *(f° 47 v°)*
Quant le secoure nostre crestïenté,
Les arcevesquez, evesques et abbé,
Prestres et moynez, et chanoynez relé,
2615 Et bien .XX.^M de chevaliers armé,
Et aultre peuple don il y a planté.
Chascun baron si s'est moult demonté,
Moult ont pour ly grant deul fait et mené,

Et luy roys s'est de pamayson levé.
2620 Quant voit le deul que Franczoys ont mené,
De grant pitié a le roy soupiré ;
De m[ainte]nant les a reconforté
Et lour a dit : « Ne saiez effrayé,
« Ge gariray, [com]bien me sens greve[r],
2625 « Quar blescé suy griesvement ou costé,
« Moult malement m'a ung pean bouté,
« Dieu le maudie le roy de majesté ! »
Est le roy Charles à genouelz alé ;
Envers le ciel tendit ses mains vers Dé,
2630 Et a maudite Gardoyne la cité,
Et tout le peuple qui y est ostelé :
« Beau sere Dieu, dist Charles le sené,
« Qui en la Virge prin[te]s humanité,
« D'ele nasquis[tes], ce sçoit l'en de verté,
2635 « En Bethleem illecques fustes né
« Virginement au saint jour de Noë.
« Sere, illecques fustes de troys roys adouré, (f°48)
« Mir[re] et encens et fin or esmeré,
« Sere, t'offrirent par grant humilité.
2640 « Le roy Herodes fut pour vous moult iré,
« Quant il ouït que vous estïez né,
« Qui les prophetes abvoi[en]t devisé,
« Qui roys n'estant qui aret po[est]é
« Sur toutes [riens] et seroit Homme Dé.
2645 « Voult vous occirre le cruel defféé,
« Querre vous fist par tretout son regné,

« Mès d'eulx, sire, ne fustes pas trouvé,
« Quar en Egipte en estïez porté
« De vostre mere qui moult vous dut ame[r],
2650 « Quar le saint ange l'avoit admonesté.
« Le roy Herodes, qui fut mal et cruel,
« Print les enfans tretouz de geune aé
« Dedans sa terre, là où ilz furent trové,
« En Bethléem furent touz asemblé ;
2655 « Pour vous, beau sere, ilz furent decollé !
« Par terre alastes .XXXII. ans passé.
« Puis fustes, sere, en sainte crouez posé,
« Pour nous deffendre [de l'ef]fort du Malfé,
« Au Vendredy que l'en nomme Adouré ;
2660 « Puis fustes, sere, ou sepulcre posé
« Et au tiers jour fustes resuscité. (f° 48 v°)
« Comme c'est vroy que ge dy de verté ;
« Vous pri ge, sere, [le] roy de majesté,
« Que confondez toute celle cité,
2665 « Que n'en puisse ystre Sarrazins deffayé
« Ne jamès homme n'y demeurge en son aé ! »

L[y] roys a moult Damme Dieu reclamé,
Par moult grant ire a maudit la cité.
Tantost fist [il] ung si [trés] grant oré,
2670 De vent, de pluye et de [grant] tempesté ;
L[y] air espart, moult forment a touné,
A mesnuyt, quant le coq ot chanté,
De maintenant tribucha la cité,

Les fortelessez, le mur et le fousé ;
2675 La mer salée essaut par le regné,
Et est issue de son mestre chané
Juqu'au Terren, bien seix leuez de lé,
Et deux de long, ce dit [l'en] de verté.
Par la requeste et par la vertu Dé
2680 Que Charles fist au roy de majesté.
Cest beau miracle fut illec demonstré.
Tous les Franczois en sont [moult] effrayé ;
Les chevalx courent, moult tost en sont tourné ;
Et des Franczois y eut moult afolé ;
2685 Plus de .X.ᴹ noyez et affondré,
Qui touz sont mors et à lour fin alé.
Quatre jours dure le vant et le oré
Fier et obscur, tel ne fut regardé,
Mès l'emperiere en fut moult effrayé.
2690 L'esve lour bat es flans et es costez ;
Duc[s] Nesmes a le roy aresonné : *(f° 50)*
« Se [ne] m'aist Dieu ! mal [y] abvez oupvré,
« Par voz prieres sont vos gens tourmentez ;
« Moult en y a de mors et d'affolez ! »
2695 — « Helas ! dist Charles, ne l'en ay peu garde[r]. »
Nostre Archevesque s'est d'illec remuez ;
Isnellement es champs s'en est alé,
Soubz une planche, en pendant d'un foucé,
Envers le ciel a devotement regardé,
2700 Doulcement a Damme Dieu reclamé :
« Glorïeux, ce redist, pour l'amour Dé,

« Sere, delivre ceste crestïenté !
« Et moy mesmez se il vous vient à gré,
« Que [ge] ne saye noyé ne tourmenté ! »
2705 Moult grant miracle y a fait Damme Dé :
La pluye lesse, le vent et le oré ;
Herbe fut fraiche et verdissent le[s] pré ;
La mer s'en va erriere en son chané ;
Le soulail raye et gecte grant clarté.
2710 Nostre emperiere a Jhesu reclamé
De ce qu'il [l']a illec de mort gardé,
Et du miracle que il luy a monstré.

Atant se est duc Nesmes regardé
Par devers Bise, contre soulail levé,
2715 Et a chouasi chevaliers à planté.
.X.ᴍ sont qui touz sont adobé,
De richez armez garni et adourné.
Seres chevaulchent les galoz et le gué.
Là vai[e]nt maint panencel bien fermé, (f° 50 v°)
2720 O clous d'argent, à fesiaulx [et] fermé,
Maint gonfanon et maint escu bouclé,
Et maint bon glesve et maint branc aceré.
Moult s'en merveille duc Nesmes le sené,
Cuide que soient Sarrazins defféé.

XXVII

2725 ET luy ducs [Nesmes] s'i prant à regarder ;
Les grans banierez voit au vent venteler,
[Les] chevalx [que] font en destre mener.
Et [quant] les voit, print soy à regarder,
Le bon duc ploure, ne se pot conforter.
2730 Il en apelle Aion et Guymener,
Thehart de Rennes et [des] aultres assez :
« Francs chevaliers, ce dist Nesmes le ber,
« Alez moi tost à ça gent demander,
« Don ilz sont nez et où veullent aler ? »
2735 Ceulx y vont, ne vouldrent demourer.
Quant furent près, prindrent à demander :
« Seignours don estez ? ne nous veillez celer ;
« Est'ous paens pour nous [a]guieter ? »
Et ceulx respondent [à eulx] sanz arester :
2740 « Nesmes, n'ayez paour, ne [saiez] effrayé,
« Quar c'est Garnier de Quaquaigne le ber,
« Que Secretaire qui a Romme à garder
« Anvoye à Charlez le fort roy principé,
« Contre paiens l'[a] anvoyé aider. » *(f° 51)*
2745 Quant [Charlemaines] enxin ouyt parler,
Et que Garnier ne mist en oblïer,
[Ç]il le salue comme povez escuter :
« Il Damme Dieu qui tout a à saulver,
« Qui en la crouez lessa son corps pener

2750 « Pour le sien peuple [crestien] certes saulver,
« Comme c'est voir et ge le croy sanz faucer,
« [. . . . .]
« Le bon roy Charlez, le fort roy principé,
« De par le pape qui Romme a à garder,
« Le pere en Dieu [qui] nous peut bien garder ! »
2755 — « Que avez [nom]? » Ce dist Charlez le ber.
— « Sere, dist il, Garnier me faz nommer.
« L'emperere qui Romme a à garder
« M'anvoye à vous, et tout pour vous aider ;
« Quar bien abvoit ouy de vous parler,
2760 « Que estïez en Quidalet sus mer
« Sus Sarrazins que Dieu peut fere finer,
« Qui moult vous font travailler et pener. »
— « Vaire, dist Charlez, Dieu vous p[ui]st mercïer ! »
L'emperiere luy commence à conpter
2765 Des fieres paynes qu'ilz luy ont fait tirer.
Quant Garnier l'ouyt, se print à soupirer,
Et [si] a prins au roy à demender :
« Sere, dist il, quel part voulez aler ?
« Voudrez vous, Sere, en France retourner ? » *(f° 51 v°)*
2770 — « Nennil voir, Sere, aillours conpvient aler ;
« Faitez nous tost vostre hernoys trouser ;
« Après Aiqin [il] nous conpvient aler.
« A ung mesaige ay ouy reconpter,
« Que à Carhès est alé hosteler,
2775 « [Et] le chastel a fait fort adrecer ;
« Ge luy feré certez le cheff couper,

« Ou pandre à fourchez ou naier en la mer,
« S'il ne se veult à notre loy tourner. »
— « Sere, dist Nesmes, Dieu vous peut bien aider;
2780 « Mès ge ne s[o]y comment puisez aler,
« Ne chevaucher ne sus cheval monter.
« Grande est la playe que vous a fayt assez
« De dart tranchant, quant vous conpvint pasmer!
« Si vous voulez après paens aler,
2785 « Dedans ung char vous conpvendra porter,
« Pour plus souëff vous conduyre et mener. »

Lors [il] a fait ung char tost aprester,
A quatre roes l'a fait bien atourner,
Dedans le char fist cinq couetez poser ;
2790 Sur le char fist ung paveillon fermer
Que vent ne pluy[e] ne peüst le roy grever.
Chevaulx et mules y a fait ateler,
Chamailz et buglez pour le char mielx mener,
Et ou char entre nostre emperiere le ber.
2795 Moult est grevé pour ses armes porter. *(f° 52)*
Et le guye [Nesmes] qui moult fait à louer,
Et dom Garnier de Quoquangne le ber.
Lors se prennent ensamble à cheminer ;
De cy à Rence ne vouldrent arester.

XXVIII

2800 Franczoys chevaulchent le[s] vasal aduré,
Rance trespassent les barons à ung gué.
C'est une esve qui est en ceul regné.
Quant furent oultre, en ung pré ont monté ;
Lors s'est l[y] roys dedans le char pasmé,
2805 Pour la grant playe que il eut ou costé.
Et Cre[stïens] grant deul en ont mené,
Touz noz Franczoys en sont desconforté,
N'y a ung seul n'ait tendrement plouré ;
Moult l'ont entr'elx grandement regreté :
2810 « Ha! Charles, roys, sire fort couronné!
« Jamès en France ve[n]ra tel roys couronné
« De ta valeur ne de si grant fierté! »
Endementent qu'ilz ont enxin parlé,
De pamaison s'est l[y] roys relevé ;
2815 Quant voit son peuple enxin desconforté,
Lors lour a dit : « Ne saiez esmayé,
« Ge gariray et vendré en santé. »
Quant l'ont ouy, grant joaye ont demené.

Lors se eslayse nostre crestïenté.
2820 Droit à Corseut s'estoit l'ost aroté ;
Cité fut riche, ville [d']antiquité, (f° 52 v°)
Mays gastée estoit, long temps avoit passé ;
Et mort le sire et à sa fin alé.

Vers Car[a]hès se sont acheminé,
2825 Tretouz ensemble le grand chemin ferré
Que fist la famme Ohès le veil barbé,
Qui fut moult riche et de grant po[e]sté.
Tant a luy ost expleité et alé,
Qu'en la champaigne ont le char aresté.
2830 Franczoys s'herbregent et tendirent lors trés.
Quant se furent Francz tretouz bien logé,
.X.^m se sont de l'ost desevré,
Parmy le pays ont couru et alé;
Chétives prennent et chétifs à planté
2835 Don [lour] palays estaint soupvent peuplé.
Moult ont paens et prins et enchartré.
La ville asiegent environ et de lé.
Aiquin les voit, moult en est effrayé,
Qui cuidoit estre es Franczoys eschappé,
2840 Quant il s'en fut de Quidalet tourné;
Par maltalent en a Mahom juré
Qu'[o] yeux estra en bataille champé.
Là veïssez maint haubert bien doré.
Isnellement sont es chevalx monté;
2845 De Char[a]hès est ys[s]u l'amiré
Et ses paens qui sont de grant fierté. *(f° 53)*
Vers noz Franczoys [il en] sont moult alé,
.X.^m furent les paens deffayé.
Aiquin le roy les a davant guyé,
2850 De maintenant se est hault escrïé :
« Ferez paens sus Françzoys defayé !

« Gardez ne face nul de vous fauceté,
« Que il ne soit à voz hers reprové ! »
A cest mot [moult] ont les chevalx hasté,
2855 O noz Franczoys se sont tantost meslé.
Là veïssez maint bon escu quassé,
Et maint haubert rompu et despecé,
Maint chevalier et mort et afolé.

Aiquin et Nesmes s'entre sont encontré,
2860 Bien se cognurent quant se sont avisé.
Le roy Aiquin sy a premier parlé
Et duc Nesmes moult fort aresonné :
« Beau sire Nesmes, ce luy dist l'amiré,
« Forment m'avez travaillé et pené,
2865 « Et de mes gens tué et affolé.
« Tolet m'avez Quidalet la cité
« Que g'é tenu .XXII. ans passé ;
« Vous et roy[s] Charlez m'en avez hors gecté,
« Par grant famine don g'estaye agrevé ;
2870 « Quar si g'eüsse à menger à planté,
« Et si ge fu[s]se d'argent bien retoré, *(f° 53 v°)*
« Ne l'eussez eue à tretout mon aé.
« Or est dedans l'arcevesque Ysoré,
« A qui roys Charles a le palays donné ;
2875 « Quar l'en le m'a bien dit et [bien] conpté.
« Par Mahommet à qui ay mon cheff voué !
« S'il ne m'en venge, don suy ge malmené ! »
Et ung respont qui estoit bien sené :

« Or me deffende l[y] roys de majesté,
2880 « Que envers moy n'ait force ne posté !
« Gard'ous de moy, vous estez deffyé ! »

Ysnellement ont les chevalx hasté
Des esperons [près] parmi le costé.
Aiquin le sieult par moult grant fierté.
2885 De plen[e] alée s'entre sont encontré ;
Soubz les escuz si ont grans coups donné,
Les lances brisent, les futs sont esclïé,
Mays des haubers n'[en] est maille faulcé ;
Mès nul de eulx n'est chéü ne versé.
2890 Aiquin [à Nesme lors] a ung dart gecté,
Mays ne l'a peu ferir le defféé,
Quar Damme Dieu a le bon duc gardé.
Isnellement trait le branc aceré,
Aiquin le sien qui gecta grant clarté ;
2895 Merveilleux coups se entre sont donné.
Juqu'à la terre se sont eulx deux versé,
Mès le duc Nesmes est le premier levé,
Après se lieve Aiquin l[y] amiré. *(f° 54)*

XXIX

NEsmes se dresse o la barbe flourie ;
2900 Et roys Aiquin que Ihesus mauldie.
L'un d'eux vers l'autre trait l'espée fourbie,

Aiquin fut fort et de grant estourdie,
Et le vait [Nesmes], paour ot de sa vie,
Forment reclame Jhesu le filz Marie.
2905 L'espée fut [et] tranchant et fourbie ;
Aiquin fiert fort ou heaulme qui verdie,
Tout le cercle luy despece et esmye.
A mon escient Aiquin perdoit la vie,
Quant le secourit celle gent péannie ;
2910 Et noz Franczois ne sorent [tarder] mye,
Vers paens ont fait une envoyrie ;
Paens s'en fuisent, ne peüst soufrir mye.

XXX

GRANT fut l'estor, paens y a planté,
Aiquin ruserent Franczoys, s'en est alé,
2915 Et l'anchauce qui ne l'a pas amé.
De Char[ah]ès s'en sont paens tourné ;
Aiquin s'en fuyt qui moult fut efrayé ;
Et la raigne qui moult avoit beaulté,
Veit après luy à frain abandonné.
2920 Et chouasist [Nesmes] la damme au corps voilé,
Le cheval print, o le s'en est alé,
Et l'a sesi au frain d'or [nae]llé ;
Onc à la prandre n'ot lancé ne gecté, *(f° 54 v°)*
Quar touz estoint paens desbaraté,
2925 Et la [re]tint parmy le frain doré.

« Damme, prinse estez, dist Nesmes le sené,
« Au roy viendrez, sarez crestïenné ! »
— « Sere, dist elle, bien soy de verité
« Que ge n'ay cy force ne po[e]sté
2930 « De me deffendre, ge feré vostre gré ;
« Mais que moy n'ait honte ne vilanneté.
« Gardez moy, [sires], par la vostre bonté,
« Que le mien corps ne soit deshonoré !
« Ce vous seroit à malvestié tourné ;
2935 « Roïgne suy et de grant parenté,
« Et si suy famme Aiquin le amiré,
« Où il a moult hardement et fierté. »
— « Damme, dist Nesmes, m[al] y avez doubté !
« Ge ne feré, pour l'or d'une cité,
2940 « Que vostre corps fust par moy avillé. »
Au roy de France s'en est Nesmez alé.
« Sere emperiere, dist [Nesmez] le sené,
« Vez cy la damme Aiquin l[e] amiré
« Que g'é prinse, mercy à Damme Dé. »
2945 Ce dist ly roys : « Dittez vous verité ? »
— « Oïl, beau sire, fay que je day à Dé. »
L[y] roys la voit, grant joaye en a mené ; *(f° 55)*
Et à la roigne a l[y] roys demendé :
Si el vouldra croire crestïenté,
2950 Et en Marie, qui porta le filz Dé ?
« Ouïl, dist elle, volentiers et de gré,
« Quar Mahommet ne vault ung ail pelé,
« Ne plus que il ung chien mort et tué.

« Qui en luy croit a tout le sen desvé,
2955 « Quar par luy n'est nul homme honoré,
« Mais en la fin est honni et gabé.
« En Quidalet le nous a il monstré,
« Quar oncques par luy ne fumes garenté.
« Honni soit il à qui l'a en cherté ! »
2960 Quant l[y] roys ce ouyt, ung ris en a getté ;
A ses prelatz a dit et commendé
[De] maintenant soit ung fons apresté ;
Et ceulx le font, ne sont pas demouré.
Là eut maint evesque, maint prelat et abbé ;
2965 A la roigne donnent crestïenté ;
Gent a le corps et moult a grant beaulté,
Plus belle damme ne vit onc homme né !
Moult fut amée, et tenue en cherté,
Et honorée de la crestïenté.

2970 Deley le roy, sorez de l'amiré
Qui tost s'en fuyt le fren abandonné.
De deul et d'ire s'est quatre foiz pasmé, *(f° 55 v°)*
Pour la roigne don il est desevré,
Que il vit prandre, de ce a le cueur iré ;
2975 Ne luy ayda, quar onc n'en ot posté ;
Perdue l'a, s'en est moult adolé.
Droit au Men[é] s'en est Aiquin alé.
C'est ung chastel moult riche et asuré,
Paens le firent de veille antiquité,
2980 A belles salles, de fort mur quenelé,

Où il avoit [jà] aultre foiz esté.
Forment l'anchauce le peuple Damme Dé,
Nesmes l[y] ducs s'y a les Franczoys guié,
L[y] roys a l'ost droit après luy mené,
2985 Juques Nyvet ne se sont aresté.
Illec [il] ont Aiquin avironné,
Tandent lours loges et paveillons et trés.
La nuyt reposent juques fut ajourné.
Demain à l'aube se est Aiquin levé,
2990 Et vit l'ost Charlez qui illec est asemblé,
Forment en fut couroce et iré.
Il et sa gent se sont tost adobé,
De richez armez vestuz et courc[el]ez,
Du chastel eyssent touz rengez et serrez,
2995 Lours cors cornerent, lours tambours ont souné,
Isnellement sont es Franczoys alé.

XXXI

Aiquin ly roys, que Jhesu mal aye !
Dou chastel eist, ne s'est aseuré mye.
Sounent lours cors, grant en fut la baudie ;
3000 Quant il fut hors, moult fort [il] se escrie :
« Ferez paens sus ça gent malaye
« Qui m'ont tolet ma famme et ma mye, *(f° 56)*
« Que j'amaye plus que riens qui soit en vie,
« Et Quidalet la fort cité garnie,

3005 « Don g'é eü .XXX. ans la seignourie !
« Jamès n'auré joaye en toute ma vie ! »
Payens s'elleissent, que Jhesu mal aye !
Premier encontrent la gent de Rommanie,
Entre eulx se fierent comme gent effraye.
3010 Garnier abattent le duc de Quoquenie
Niés l'Apostaire qui Romme a en baillie.
C'est grant dommage ! perdu y a la vie.
Quant le roy Aiquin ot fait celle envaïe,
Isnellement a la famme aqueillie,
[Ou] chastel entre luy et sa compaignie.
3015 Quant le vait Charles, n'a talent qu'il se rie ;
Garnier regrete : « [Garnier,] o la chiere lie
« Vostre arme soit de Jhesu requeillie ! »
Charlez en jure le filz sainte Marie,
Que maintenant e[r]t la ville asaillie.
3020 Moult fierement ont la ville asaillie ;
O feu gredays l'ont arse et brusl[i]e.
Aiquin s'en tourne qui ne peut fouyr mye.

XXXII

La ville arse, fouyant s'en va Aiquin, *(f°56 v°)*
Vers la marine s'en va tout le chemin.
3025 Ung hermitage trouva le Barbarin ;
L'ermite est apelé Corentin,
Messe chantant dou baron saint Martin.

Entour l'eglise ot noase et grant hutin ;
Dedans l'eglise s'en est entré Aiquin,
3o3o Entour l'eglise se logent les mâtin.
Le saint les ouyt, bien cognut lour latin,
Quar Sarrazins luy sont soupvent vaisin.
Quant il [ot] fait le saint mestier devin,
Le chasuble oste qui estoit de satin,
3o35 L'aube et l'amit qui estoi[e]nt de lin ;
Forment le chassent celle gent de [put] lin ;
Prandre le vouldrent les traïstre mâtin.
Moult grant miracle fist Dieu pour Corentin,
Une nue lieve sus la gent Apolin,
3o4o Corentin perdent les traïstres mâtin.

Or vous diray de Charles le filz Pepin.
Moult ot grant force contre le roy Aiquin ;
Le duc apelle, Richer et Baudoin :
« Seignours, dist il, vez là ung Barbarin,
3o45 « Ge croy qu'il est de la mesgné[e] Aiquin,
« Demande[z] luy [où sont] les Sarrazin ? »
— « Volentiers, Sere. » [Ce] dis[en]t les meschin.
Contre l'ermite s'en vont par grant hutin.
Ripe parla, conpte d'efreente[r] luy,
3o5o Et luy a dit en romain son latin : (f° 57)
« Es de Norailghe paens ne Sarrazins ?
« Sais tu nouvelle de paens ne d'Aiquin ?
« Si ne me diz, venu es à ta fin,
« Ge t'occiray o mon brant acerin ! »

3055 — « Crestïen suy, ce luy dist Corentin,
« Ge croy en Dieu qui [de] l'esve fist vin,
« Quant fut aux nopces de saint Archedeclin ;
« Et le croiré toujours juqu'à la fin.
« A matin à l'aube, o[le] cler dou matin,
3060 « Chantaye messe, là me vi[n]t roy Aiquin,
« O luy abvoit maint patron de pu[t] lin ;
« En mon abit se logent Sarrazin. »

XXXIII

Quant Corentin lour ot conté et dit
Des Sarrazins le cruel [fait] maldit,
3065 Qu'autour l'eglise ont fermé lour pastiz ;
Forment s'en sont les vasseaulx espouriz.
Celle gent poygnent les destriers arabiz ;
Le saint hermite lour fut chandel regit,
Juqu'à sa salle a les Franczoys conduit.
3070 Les paens crïent, si les ont [envaïz] ;
Fort se deffent le lignage haïz ;
A nos gens lancent maint gavelot fourbiz,
Lieve la noaise et le bret et le cri.

XXXIV

3075 GRant fut la noase de la gent Apolin.
Par la bataille avons al[é] à fin,
Tuez fut [Aquin] et fut frere Seguyn
(Qui à Quidalet mort[s] Franczois fist asin, (f° 57 v°)
Mais le bon roy Charlez le filz Pepin,
3080 Le gecta mort o son branc acerin,
Là où fut mort Tïori le meschin,
Cil qui fut pere au conte Rolendin.)
Le ber duc Nesmes, qui prange bonne fin,
Fiert son escu à iceul Sarrazin
3085 Qu'il luy presse le haubert doubletin
Et luy a mys ung escu [a]parmy[n] ;
Nesmez en fiert sus l'escu à or fin
. . . .
. . . .
. . . .

NOTES ET CORRECTIONS

Y *ensuit.* — Ce prologue se trouve sur le verso de la feuille de garde du manuscrit 2233. Il a dû être composé au XVIe siècle. Nous en avons pour preuve les renvois à la *Cronique de Bretaigne* d'Alain Bouchard, dont la première édition est de 1514, et à la *Mer des histoires*, c'est-à-dire aux chroniques de Saint-Denis, publiées sous ce titre seulement en 1517. L'écriture accuse en outre la dernière partie de ce siècle; elle paraît être la même que celle des notes marginales des premiers feuillets et des gloses analytiques que nous avons données à la suite du sommaire. Ajoutons que l'auteur de ce « *Cy ensuit* » semble avoir pris intérêt à la conservation de la chanson. C'est lui en effet qui a pris soin de répéter en marge les vers effacés du commencement.

Après ce titre, vient sur le même verso une note autographe de Claude Fauchet, ainsi conçue :

« Je n'ai trouvé aucune marque du tens que ce roman
« a esté composé, mais il y a plusieurs traitz pareils à
« ceux des romans de Regnault de Montauban, Doon et
« Garnier de Nantoel composés du temps de Philippe
« Auguste, roy de France. Je n'ai point veü de romans où
« la césure des vers fut plus licentieuse ; et si, il ne parle

« point tant d'Orient que les autres romans ; ce qui me
« feroit volontiers penser qu'il fut plus antien que les
« romans que j'ai nommés.

« C. Fauchet. »

« Il y a un vers qui dit :
« Et vet ferir ung chevalier Turquis. (f⁰ 18. B.) »

Le ms. de la bibliothèque Sainte-Geneviève est précédé d'un préambule assez différent de celui du ms 2233 pour que nous croyions utile de l'insérer. Il est de la même écriture que le texte lui-même de cette copie. Ce titre se trouve reproduit avec quelques rajeunissements en tête de la transcription d'Aquin, insérée dans le recueil de Frotet de la Landelle, au commencement du XVII⁰ siècle. La copie moderne de l'Arsenal l'a abrégé.

« *Ensuit le récit de la conqueste du pais de Bretaigne*
« *Armorique que feist le preux Charlemaigne, contre un*
« *payen nommé Acquin qui l'avoit usurpée fors Rennes,*
« *Vennes et Dol ; et s'estoit faict couronner roy à Nantes*
« *et l'occupa l'espace de trante ans et fut rancontré*[1] *par*
« *ledit Charlemaigne environ le douzième an de son règne.*
« *Duquel roy Acquin est faicte mention au second livre*
« *des* Croniques ancienes de Bretaigne, *au chapitre de la*
« *sepulture des corps des chevaliers qui furent occis à*
« *Roncevaux, vers la fin du second livre ; et est escript en*
« *tel langaige et rithme qu'il a esté trouvé à l'original*
« *sans rien changer.*
« *Et* [premier[2]] *comme icelui Acquin attendit ledit*
« *Charlemaigne en la cité de Guidalet.*

---

[1] La Landelle: *recouvré.*
[2] L. L.

« *Et pour tant que partie du premier feillet deffault dudit*
« *original, il ne peult estre mis aultre chose que ce qui est*
« *en la présente copie. Touteffoys on peut comprendre que*
« *il n'y en peut deffaillir aultre chose, sinon la supplication*
« *des envoyés de Bretaigne vers ledit Charlemaigne, avec*
« *leurs remontrances. Sur quoy, ledit conseil pris, on veoit*
« *partie de la responce faicte par ledit Charlemaigne.* »

Vers 2 et 3 [1]. — On lit en marge :

*Nous y voyron paens sarraẓinour,
Par quoy aureẓ temps de plesirs et honours.*

Mauvaise lecture de ces vers très-effacés qui a passé dans les trois copies du ms. 2233 et dans les citations d'Aquin.

V. 5. — Empereour, ms. *emperour*.

V. 6. — Pongneour, ms. *paugneour*.

Note de Fauchet : « Pongneour, c'est-à-dire jouteur, vient de poindre et poignis, pour conflicteur. »

V. 7. — Guieour, ms. *guiour*.

V. 9. — Le prince et le contour. — La copie de S[te].-G. interprète avec raison : Les princes et les comtours.

V. 10. — Nuls homs ne vit gregnours, ms. *nul homs ne vit gregnour*.

---

[1] Avertissement. — Les mots du texte sont en caractères romains. Les leçons du ms. 2233 en italiques. Nous n'avons point à donner de variantes du ms. de Sainte-Geneviève, qui n'est qu'une copie. Nous la citerons, ainsi que celle de Frotet de la Landelle, quand l'interprétation le demandera.

La désignation V. N. indique de vieilles notes marginales dont l'auteur paraît être un habitant de Saint-Malo. N. F. précède les explications que Fauchet donne d'un certain nombre de mots.

Nous réunirons également ici, autant qu'il nous sera possible, l'errata du texte.

V. 11. — Pongneours, ms. *pongneour.*

V. 19. — Vers alexandrin. Ils sont très-nombreux dans ce manuscrit.

V. 20. — Le roy, pour : ly roys ; emploi du régime au lieu du sujet. Plus loin, au même cas : celuy evesque, le bon roy, Charlemaine, etc., etc. — On comprendra qu'en présence d'un texte aussi défectueux, nous ayons jugé inutile de rétablir le signe des cas. Nous ne ferons cette addition que lorsque le sens la rendra nécessaire ; nous la signalerons ici ou à l'aide des parenthèses carrées d'usage.

V. 22. — Empereour, ms. *emperour.*

V. 23. — Moult, ms. abréviation *mlt.* L'orthographe constante du mot entier est *moult.*

V. 32 à 37. — Six vers alexandrins de suite, dénotant un essai de transformation de la mesure du poème.

V. 38. — Lours [cors]. Mot omis par le copiste. Le vers est par ailleurs tel que dans le ms. Dans ce cas, la [ ] du texte rend inutile la répétition du vers dans les notes.

V. 45. — Alexandrin.

V. 46. — Aeves, orth. du ms., comme saesy plus bas, ne fait que deux syllabes.

V. 47. — Entre ly Normens, etc., pour : entre les. — Nous ne relèverons pas les innombrables fautes contre la grammaire de l'ancien français qui remplissent le ms. que nous reproduisons. La confusion est complète, notamment en ce qui regarde la déclinaison de l'article.

V. 48. — Juqu'en Bretaigne, ms. *juque.*

V. 58. — Ce vers n'est pas faux, la seconde syllabe muette d'*aient* pouvant compter.

V. 62. — Nom ; lire : *non* (nomen).

V. 64. — Coneyn. V. N. « C'est Conan, le sire de Leon. »

V. 66. — Merïen. Id. « Merian de Brest. »

V. 67. — Aray de Mené. — Ce héros doit probablement son existence a un jeu de mots ingénieux qui réunit les montagnes d'Arrez et du Mené en faisant un nom d'homme de l'une et une seigneurie de l'autre. On a souvent remarqué la fréquence du calembour dans les chansons. Celui-ci nous enseigne le degré de confiance que doit nous inspirer ce trouvère plein de ressources, mais peu scrupuleux dans l'emploi des noms historiques.

V. 68. — Thehart de Rennes, ms. *de Vennes*, erreur évidente du copiste. Voir les vers 740 et 2731.

V. 74. — O. Challemene, ms. *O Challeʒmene*.
Variante explicative de la copie de Sᵗᵉ.-G. « Charles fut mené puis. »

V. 75. — Seyson. V. N. « Saesson en Sᵗ Brieuc. »

V. 78. — La gent Aiquin. — Le désir de reproduire fidèlement le manuscrit nous a fait conserver cette orthographe, qui est constante. On trouve cependant Aquin 2210 et Aiqin 2772. La forme Acquin ne se rencontre pas dans le texte ; elle se trouve dans le *Cy ensuit* qui est relativement moderne ; elle est très-fréquente dans les copies. Le même nom figure dans *Aliscans*, comme nous l'avons vu ; il est toujours écrit Aquin. Les variantes sont Aiquin et Aqin. Cf. *Aliscans*, pub. par M. Guessard (Anc. Poëtes.) V. 4224, etc., et notes et variantes, p. 305.

Même vers. — L'orent par. Lire : l'orent pris par.

V. 81. — Mont Releys. V. N. « Morleys ».

V. 82. — Hoës, ms. *homme*, faute évidente. Le copiste, voyant le mot *hoe*, aura cru à une abréviation oubliée. Ce nom présente une singularité : jusqu'au vers 822, le copiste l'écrit Hoes ; depuis ce vers, qui se trouve dans le voisinage de l'épisode de la vieille Ahès, il prend l'orthographe Ohes.

Un commentateur malheureux a écrit en face de ce

vers 82 : « Guernon de Kerahes ». Fauchet rectifie : « *guernon,* poil de barbe. »

V. 86. — Servan Chateillon. V. N. : « Soul y dort. » Chateillon. Lire : Chastellion. — Servan s. d. mauvaise lecture du scribe pour Serain.

V. 88. — Serain le fist, ms. *serain la fist.*

Malgré la note qui précède, le petit château, *Castillio,* de sire Eyon, bâti par la sirène (serain) n'était peut-être pas, dans l'esprit du poète, la tour Solidor. Il appelle d'ordinaire cette forteresse Oregle ou la tour Aquin. D'un autre côté les anciens aveux du « bourg » même de Saint-Servan mentionnent, à l'opposite d'Aleth et de Solidor, un quartier dit de la Sirène. Ce seul nom, s'il existait déjà, a pu suffire à l'esprit ingénieux que nous avons signalé pour créer ce château, son histoire et son seigneur.

V. 91. — Agot y estoit. Ce vers est juste, contre l'apparence, y estoit ne faisant que deux syllabes. Id. v. 116, etc.

V. 95. — Alexandrin.

V. 100. — Qui estoit prodom. — Vers juste, *qui* s'élide ou se fond dans la syllabe suivante. Nous ne croyons pas nécessaire de remplacer cet *i* par une apostrophe, comme on le fait souvent. Cf. H. Capet, Anc. Poëtes, p. 260; note sur le v. 13.

Les vers où se présente ce cas, ainsi que celui du vers 91, sont fréquents dans Aquin ; il serait inutile de les relever de nouveau.

V. 103. — N. F. : « clamaison, plainte. »

V. 104. — Veït l'en, ms. *voit l'en.*

V. 109. — Obéisson, lecture douteuse.

V. 110. — D'Aiquin, ms. *de Aiquin.*

V. 122. — Vieille note : « Gardaine où est la mare Saint Colmans. » Cette précieuse annotation, qui fixe le théâtre de la légende de Gardoine, est du XVIe siècle ; elle est due à un habitant du pays, qui a enrichi les marges du poème de bonnes notes topographiques. C'est à tort que l'histoire littéraire attribue ces notes à Fauchet. Les gloses philologiques appartenant à ce critique sont d'une écriture toute différente et facilement reconnaissable.

V. 125. — Là dedans a, lire : *ha.* (Cf. v. 914, etc.).

V. 127. — *Maint asault ont donné à cest dongeon.*

Il s'agit du donjon de Dol. Charlemagne est dans cette ville depuis le vers 53. C'est là que l'archevêque lui tient ce discours. D'ailleurs Ysoré se plaint plus loin de la destruction de sa terre, qui n'est autre que le temporel de l'archevêché.

V. 131. — Lours, ms. *Louz*.

V. 133. — Quidalet, ailleurs : Quidallet. Nous laissons subsister ces deux orthographes, aussi fréquentes l'une que l'autre.

V. N. : « Guidalet. » Bonne forme étymologique, représentant *gwik-Aleth*. Le copiste d'Aquin ne la donne pas.

Le nom de Quidalet s'employait encore dans la pratique au XVIIe siècle. Un arrêt du parlement de Bretagne du 6 may 1694 maintient les chanoines de Saint-Malo dans divers droits et en particulier : « *dans la propriété des rochers appelés les Portes, Sezambre et autres adjacens, grand et petit Bays, vers et jusques au havre du port St Père, icelui compris et jusques à l'endroit nommé la Flourie étant entre l'ancienne ville de Quidalet et le port de Jouvante, du côté de Poulet ; vers la riviere jusqu'aux rochers Bizeu, la Mercière et Pierre de Rance iceux compris, et depuis les dits lieux jusqu'au lieu de la Hoguette, les Talars et marais adjacens à se rendre au moulin de Routouan.* »

V. 134. — Et y adoure, ms. *et y a adoure.*
V. 135. — Christ, lire : Crist.
V. 137. — Souez, faute du ms. pour suen, soen, etc. (siens), à moins de comprendre souez, *suaves.*
Ly dongeon, lire : *li dongeon.*
V. 140. — *Que vous ne veistes fors le fils Justamon.* Sens obscur de ce vers et de ce qui suit. Le fils de Justamon n'étant autre que le Saxon Witikind ou Guiteclin, il est peu vraisemblable qu'il se trouve mêlé aux barons bretons. S'il n'y a pas ici quelque allusion à un épisode d'autres chansons de geste que nous ne connaissons pas, il faut supposer que ce vers, dont la lecture n'offre pas de difficulté, a été altéré par le copiste. Le sens indiqué serait : Voici les princes que vous n'avez pu défendre à cause de votre guerre contre le fils de Justamon, « par quoi perdirent leurs terres ly barons. »
V. 144. — Ne fut Ripe o moy, vers alexandrin.
Nous déclinons Ripe, Ripé ; nous n'accentuons pas le cas sujet. La dernière syllabe du mot paraît cependant être toujours sonore ; elle ne s'élide jamais et figure au vers 738 au nominatif dans une rime en é. Cette observation a son importance en ce qu'elle rapproche ce nom de Ripé du Ripaus ou Rispeus d'Aye d'Avignon et de Gaydon, et peut-être quelque peu d'Erispoe. On sait que la finale de ce dernier nom se francisait tantôt en *eu*, tantôt en *oi*. D'autre part, les textes d'origine française emploient de préférence la forme *Rispogius*, qui semble être la traduction de Ripoi ou Ripé. (Cf. *Rec. des Historiens*, VII, Table.)
Id. — Salemon, ms. *Salmon.* Au v. 70, le nom entier sous la forme Salemon. La syllabe muette du milieu a été oubliée ici. Ainsi qu'on l'a remarqué, Salomon, dont l'o s'entendait, n'eût pas éprouvé le même accident. Cette

forme savante a, comme on le sait, prévalu dans les histoires de Bretagne, tandis que les chansons de geste ne connaissent le roi légendaire du IX⁰ siècle que sous le nom de Salemon.

V. 149. — Toute, lire : *tretoute.*

V. 151. — Orleans et Leion, correction du ms. de Ste-G. — ms. 2233 : *Oleans et Lennion.* V. 390, Orleans. — Lennion, erreur évidente, qui atteste l'origine bretonne du copiste. Il y avait peut-être Lençon pour Alençon, qui se trouve plus fréquemment que Lyon dans les énumérations de ce genre.

V. 153. — Laira, ms. *lara.*

V. 155. — Oreilghe. V. N. « la prison d'Alet. »

Laisse IV. — Enseigniez conseilliez baptisiez teniez esilliez vengiez bailliez rangiez, ms. *enseignez conseillez baptisez tenez esillez vengez baillez.*

Prisiez, ms. *prisez* et v. 186 *prisiez.* — Tous ces mots, ayant, suivant l'expression de M. G. Pâris, droit à la diphthongue ié, nous avons cru pouvoir réparer l'omission du copiste, en la signalant toutefois. Les autres mots en rime portent la finale iez. Cf. Alexis, p. 78, et s^tes—Romania 1875, art. de M. G. Pâris, p. 122 et p. 506. Nous n'étendrons pas cette correction aussi loin que la logique l'exigerait. Nous laisserons subsister dans les rimes en é les mots comme pitié, malvestié, qui sont des fautes non moins évidentes, pour pité, malvesté.

V. 162. — Omission d'une virgule après le mot *moy.*

V. 164. — S'estut, ms. *c'estut,* le copiste emploie presque constamment c pour s pour le pronom démonstratif.

V. 167. — Se il vous plest bien serez, ms. *sil vous plest.* Le rétablissement de l'*e* élidé rend le vers juste. Une grande partie des vers faux que renferme le ms. provient de ces élisions abusives. Cette faute accuse chez le scribe l'ignorance de la mesure, mais elle ne nuit point au texte, car elle est d'une correction certaine. Ce vers et les deux suivants ont été choisis comme spécimens de la mauvaise exécution du manuscrit. Si mauvais qu'il soit, on l'a cependant un peu trop maltraité ; on lui a même prêté quelques fautes. Ainsi ces deux vers ne portent ni : bien serez, ni : les a envoyez. (Cf. Ep. Fr., 11, 295, notes.)

V. 168. — Mesage, ms. *mesagier*, cf. V. 324, v. 327, etc.

V. 169. — Que il soit, ms. *qu'il soit*.

V. 170. — Alexandrin.

V. 173. — Ms. *et de parler est courtays d'enseigner*.

V. 176. — Assalliez, lire : *asalliez*.

V. 177. — Vers faux. Lire ; qui tient [moult] grant, etc.

V. 184. — Seront, lire : *serons*.

V. 187. — Fut à Ripé, ms. *fut bien à Ripé*. Vers faux.

V. 188. — Aparcilliez, ms. *aparliez*.

V. 189. — Heaulmez, pour la quantité de ce mot, cf. Brun de la Montaigne, pub. par M. P. Meyer, glossaire, v°, et Hugues Capet, Anc. Poëtes, notes p. 256.

V. 190. — Çaignent, ms. *saignent*, orth. du ms. déjà signalée v. 164.

V. 204. — Palys, ms. *paleys*.

V. 206. — *Cheres*, leçon du ms., corriger cleres. — Même vers. — A pilliers [et] à virs. Sens : à piliers et à escaliers tournants, ms. *à pilliers à virs*. (Vers faux.)

V. 210. — C'est devers Bise — nous écrivons Bise par une grande lettre parce qu'il ne s'agit pas ici du nord, mais du rocher de Bise ou Bizeux, qui est justement au midi d'Aleth. Ce rocher est ainsi appelé à cause de sa couleur ou à cause de sa position au nord quand on descend la Rance. Le nord de la presqu'île de la Cité, qui était Quidalet, fait face à la pleine mer et n'offre qu'un promontoire abrupt. Le côté où était la porte, celui par où la péninsule rejoint le continent, est au midi et regarde Biseux.

Id. — Ce conte ly escris, ms. *ce conte ly oreys.*

Cette correction est de M. P. Paris (H^re littre xxii-405); nous l'adoptons, n'en pouvant trouver une meilleure. Au lieu de ce centon, l'hémistiche altéré nous paraît avoir dû plutôt exprimer la position de la porte par rapport au rivage (orée ou oréys), « devers Bise, ce contre l'oréys ». Tel serait à peu près le sens que malheureusement la lecture n'autorise pas. — D'un autre côté, l'auteur d'Aquin ne disant point ailleurs avoir lu dans un *escris* ce qui se rapporte à la description d'Aleth, il est peut-être imprudent de le lui faire dire. N'est-il pas possible, en effet, que cet auteur nous ait décrit *de visu* une partie des fortifications d'Aleth subsistant encore de son temps ? Ce serait probable si l'on admettait le récit des historiens locaux, qui prétendent que la ruine de cette ville n'a été achevée qu'en 1255. A cette époque seulement, elle aurait été démantelée définitivement dans le but de réprimer un seigneur du pays appelé Guillaume du Mottay, qui avait usurpé les droits de l'église Saint-Pierre, — sans doute en se fortifiant dans l'enceinte de la cité. Nous n'avons pas à entrer dans la discussion de ce récit, auquel manquent les preuves écrites. On le trouve pour la première fois, à notre connaissance, dans *l'Antiquité de la ville d'Aleth ou Quidalet*, par Thomas de Quercy (Saint-Malo, 1628, in-12). Ce chanoine nous indique comme source un livre manuscrit des Augustins d'Angers, qu'il ne paraît point avoir vu lui-même et que nul autre n'a vu depuis. (Cf. A. Le Grand, Ed^n. M. de Kerdanet. *Vie de saint Jean de la Grille*, notes.)

V. 221. — Sys, lire : *seys.*

V. 224. — Pense, ms. *pence.*

V. 225. — Dessus, lire : *desus*.
V. 230. — Acquin, lire : *Aiquin*.
V. 234. — Charte, lire : *chartre*.
V. 238. — Guiestoit es estays.
   Ms. *ung riche homs qui y estoit est estays.*
V. 239. — Fervestis, ms. *fervestus*.
V. 245. — Poivre, lire : *poyvre*.
V. 250. — Arabe, ms. *arable*.
V. 251. — Vers faux. En ceul poncel. — Littéralement : Sur cette estrade il y a un fauteuil, etc. Mais comme on n'a point encore parlé d'estrade, cette interprétation supposerait l'omission d'un vers. Poncel est ici, croyons-nous, une mauvaise lecture d'un mot provenant de *porticus* ou de ses diminutifs. Ce sens convient d'ailleurs à la description d'un édifice à colonnes.

Faulxtuel N. F. « je crois que fauxdestuel en vient. » — Fauxdestuel est au contraire la forme la plus ancienne, le copiste a estropié le mot. Ce vers et le v. 257 où il se rencontre sont également faux. (Cf. D^re Littré.)

V. 254. — Alexandrin.
V. 256. — N. F. « Niez, nuit — dis comme jour. »
V. 257. — Vers faux.
V. 259. — Empereris, ms. *emperis*. Le copiste, au préjudice de la mesure, écrit régulièrement emperis, en oubliant sans doute l'abréviation d'*er*.
V. 266. — Alexandrin.
V. 271. — Sus, ms. *surs*.
V. 272. — Qu'en Quidallet, ms. *que en Quidallet*.
V. 273. — Le ms. porte :
   Juques au palays amont ont forment gauchis.
V. 274. — Fettis, ms. *fellis*. Au lieu de FAITIS (beau, bien fait), on peut, d'après l'orth. du ms., comprendre, sans correction FOILLIS, feuillé.

V. 276. — Assis, lire : as[s]is, plus loin v. 281 assis.

V. 291. — Ceux, lire : *ceulx*.

V. 292. — Alexandrin, ou plutôt vers altéré — seon. trace du dialecte normand dans le remaniement de la chanson.

V. 301. — Luy acier — habitude du copiste de donner à *ly*, article, employé au singulier ou au pluriel, la forme *luy*. Nous avons cru devoir la conserver comme un des traits caractéristiques du ms. M. Grœber a relevé cette forme dans la Destruction de Rome et l'a rangée parmi les anglicismes de ce texte. (Rom. 1873, p. 2, et corrections. V. 412, 568, 581, etc.)

V. 313. — Bliaut, ms. *blant*.

V. 318. — Tous, lire : *touz*.

V. 319. — Large, ms. *loeyre*, correction par analogie du vers 263.

V. 320. — Luy roy, ms. *luy roys*.

V. 326. — S'ils estoint occis (vers faux), lire : se ils estoint.

V. 330. — Mesaiges, lire : *mesages*.

V. 331. — Les a à raison, ms. *cela a raison*.

V. 334. — Poestis, ms. *potis*.

V. 338. — La Mé — il faudrait corriger La Mée, nom ordinaire de cette contrée, située entre la Loire et la Vilaine *in Mediâ*. On sait que cette appellation subsiste encore dans la composition du nom de la commune d'Ercé-en-Lamée. Le *comitatus Mediæ* a eu son importance historique, surtout au XIIe siècle. Cette région est souvent citée dans le roman de Rou ; quoique, soit dit en passant, le dernier éditeur de cet ouvrage ne paraisse pas l'y avoir reconnue. (Cf. *Rou von* D[r]. *H. Andresen, I Theil, p. 24, v. 381, 428,* etc. — D. Morice, *Pr.*, I, col. 130).

V. 342. — Qu'à mes sermens.

Ms. *Quant à moy sermens ne fust le congé prins.*

V. 345. — Me oirez, ms. *or me oirez.*

V. 347. — Es, ms. *eys.*

V. 350. — Alexandrin provenant de la substitution de Charlemaine à Charles. Plusieurs autres vers offrent cette particularité, les syllabes muettes en rendent la mesure douteuse.

V. 351. — Poestis, ms. *potis.* Ce mot, ainsi que plusieurs autres qui sont familiers à toutes les chansons, sont constamment estropiés dans Aquin.

V. 352. — Suyrs N. F. « seur, certain. »

V. 355. — Compaigne, ms. *compaignie.*

Même vers. Fervestis, ms. *forsvestis.*

V. 358. — Assaillis, lire : *asaillis.*

V. 360. — N. F. « breff, comme lettre. »

V. 363. — Lire : puys si fist[il] ung ris, ms., *si fist ung.*

V. 371. — N'ert, ms. *n'est.*

V. 380. — [Quar n]'abvoit, le ms. porte :

Gardé avoit non de France icel pays.

V. 385. — Que g'ayme, ms. *que ge ayme.* Nous élidons afin de rendre la mesure du vers plus apparente. Mais les vers de ce genre, si nombreux dans ce poème, ne sont pas faux.

V. 386. — Ja en sa vie n'en sera mès, ms. *ja n'en sera jamais*, répétition abusive de ja, qui rend le vers faux.

V. 389. — Verra, lire : ver[r]a.

V. 390. — Orliens, ms. *Orleens.*

V. 392. — Empereris, ms. *emperis.*

V. 399. — N. F. « Norreins, comme Norrois. »

V. 400. — Baudoin, ms. *et Baudoin* (Alex.).

V. 410. — Engrade V. N. « lieu pour voir loin. »

V. 412. — Fervestis, ms. *fort vestis.*

V. 418. — Remaindras N. F. « tu demourras. »

V. 422. — Ores lairoy de, ms. *or est ly roy de*.

V. N. « maleïs, mauldict. »

V. 436. — Sens, lire : *sen*.

V. 438. — Anemis, ms. *annemis*.

V. 441. — Pris, lire : *prins*.

V. 443. — Beneys, ms. *benays*.

V. 446. — Damne, lire : *Damme*. Charles, ms. *Charlemaine*. — Alexandrin.

V. 450. — Eussent, lire : *eus[s]ent*.

V. 455. — Poignant, ms. *poignent*.

V. 457. — Le vers est faux, escuer faisant trois syllabes, et Baudoins également. La finale *onis* est une erreur du copiste, ins suffisant à l'assonance et même à la rime jusqu'à la fin du XIII[e] S. Cf. v. 448, etc.

V. 463. — Conseiller, ms. *conseillé*. V. v. 1020.

V. 467. — L'aubert, ms. *le haubert*. — La présence d'une h aspirée et la nécessité d'élider l'article ont rendu cette correction usuelle. On trouve d'ailleurs, dans la chanson : *l'aubert*, v. 701, etc.

V. 473. — O gonfanon treslis. — Mauvaise orth. pour *au*. Cf. Burguy, I, p. 51.

V. 474. — L'escu presse hors, etc.
  Ms. *l'escu lui presse hor le haubert a desconfis*.

V. 492. — Vifs, lire : *vis*.

V. 499. — [Dommager], ms. *desur miger*. La lecture de ces mots nous échappe. Les différentes combinaisons qu'on peut faire subir aux lettres et à l'abréviation qui font la difficulté ne nous ont fourni aucune expression que le sens et la mesure puissent accepter. Le sens demanderait un verbe ayant la signification de *sorvaincre*, conquérir.

V. 501. — Accomplis, lire : *acomplis*.

V. 503-4. — Le rhythme gagneroit à la correction : que en ma chartre, que en Oreigle.

V. 505. — Arabis. V. N. « Il l'a devant appelé Norois. »

V. 512. — Regne, lire : *raigne.*

V. 514. — Venis, ms. *veneys.*

V. 517. — Vers incomplet. Nous figurons par [...] la place des mots omis. Quand il n'y a pas dans le ms. de lacune apparente et que les mots à restituer entre [ ] sont trop douteux.

V. 518. — Et pour tes armes quar tues tes anemis.

Ms. *et portez armes quar tu es transmis.*

— Un de ces vers dont la bonne leçon est toujours à trouver.

V. 521. — Accomplis, lire : *acomplis.*

V. 524. — Gresle. N. F. « C'est un cornet d'airain. »

V. 527. — Çaignent, ms. *saignent.*

V. 528. — Ms. *lors espées prannent,* corriger : lors espiés prannent. Confusion entre ce vers et le vers précédent.

Prannent, le copiste a passé ce mot dans ce vers après l'avoir logé indûment à l'autre ligne.

V. 530. — Fervestis, ms. *fait vestis.*

V. 531. — Gens de Nort pays. N. F. « Je crois que par ceux qu'il appelle Norois, il entend des Norvégiens et Normands de Danemark. »

V. 538. — Sounant, ms. *soupvent.*

V. 539. — Estourmie. N. F. « dont vient estour. » Il va sans dire que ce n'est qu'à titre de curiosité que nous reproduisons ces étymologies du XVIe siècle.

V. 542. — Resplent, ms. *resplendit,* qui rend ce vers faux. Usage du mot *resplent* dans la chanson, v. 1206 et autres.

V. 349. — Angarde. V. N. « Avant garde. » N. F. « Devant il en fait une eschauguete. » V. v. 410.

V. 550. — Charles, lire : *Charlemaine.* (Alex.)

V. 554. — Le ms. porte :
Juques à ung tertre mont mayne la compaignie.
V. 556. — Pute. N. F. « vilaine. »
V. 561. — Feriz. Cette finale des infinitifs représente une prononciation du temps du copiste. Nombreux exemples dans cette chanson.
V. 562. — Requeillie. N. F. « recoeuiillie. »
V. 565. — Celui, lire : *celuy.*
V. 566. — Ce vers doit être rétabli dans le texte :
A nostre gent a dit certenement ainxy.
V. 567. — Seignours, ms. *seignour.* — Qui ne menty, lire : *qui onc ne.* Cf. v. 574.
V. 569. — Sur, ms. *surs.* — Suppléer à l'omission d'un guillemet après le mot : Sarrazins.
V. 578. — Bailly, ms. *baly.*
V. 586. — D'Aiquin, ms. *de Aiquin.*
V. 590. — Ne saiez efray, ms. *ne saiez point efray.*
V. 593. — Du, ms. *deu.*
V. 594. — Deseisy, ms. *deseissé.*
V. 595. — Dist Charles, lire : *dist Charlemaine.*
V. 597. — Et fervesty, ms. *et de fer vesty.* Vers faux.
V. 603. — Renge le *à* moy *ge* auray de luy mercy.
V. 606. — [ainz] sera, ms. *avant sera.* Vers faux.
V. 607. — Seré mort ou affebly. Vers sans césure.
V. 608. — Ert, ms. *est.*
V. 611. — Au Roy, ms. *au roys.*
V. 616. — Mande, ms. *mende.* Moi, lire : moy.
V. 619. — Verté, ms. *verité.*
V. 622. — Le fort roys. Corr. l[y] fort roys.
V. 623. — Au roy, ms. *au roys.*
V. 624. — Ms. *ja Mahommet par moy ne sera degreppy,* corrigé par inadvertance en rapprochant le vers 608. Ce n'est pas un vers faux, mais un alexandrin.

V. 625. — De moy sera servy, ms. *de moy ne sera servy*.

V. 636. — Vers faux, que la suppression de *et* rendrait juste.

V. 637. — Alexandrin.

V. 639. — Ne ja pour vous. — Après ce vers le copiste a interverti l'ordre des suivants. Le ms. porte :

> *Ne ja pour vous n'en sera destourné,*
> *Ne ne s'en tournera avant sera avespré.*
> *Troys jours playniers, etc.*

V. 640. — Trois, lire : *troys*.

V. 642. — Alexandrin et même plus ; lire : avant [soit] avespré. V. ci-dessus, v. 639.

V. 647. — Conré, ms. *congé*. Cf. v. 652.

V. 650. — Benéir, ms. *le veir*.

V. 655. — Cheval et braire, lire : cheval [et] braire.

V. 670. — Assaillir, lire : *asaillir*.

V. 696. — [Aquin] menace, ms. *Charles menace*.
Le sens paraît nécessiter cette correction, on remarquera que Charles n'en reste pas moins sujet de la phrase suivante. Le copiste a probablement omis un vers dont le sens était : Charles l'entend et irrité « brandist s'espée, etc. »

V. 699. — Veit sey, ms. *veit scey*.

V. 702. — Les vers qui suivent sont ainsi disposés dans le ms. par une interversion évidente.

> *Mort le tribuche davant luy en la plaingne*
> *Ung bon cheval conquist Charlemaine*
> *Sire estoit de Cordes une terre laintaigne*
> *Yceul cheval si avoit non Corengne.*

V. N. « Cordes — Corduba. »

V. 708. — Nouvelle interversion. Voici l'ordre des vers dans le ms. :

*Vous soupviengne ou fut grant la bergaingne
Et aussi fut de Olivier luy chadoine
Contre Rolend qui fut mort en Espaigne
Humes* etc.

Le ms. de Sainte-Geneviève reproduit ici, comme plus haut, le ms. 2233.

Au lieu de *contre*, on pourrait corriger: conte (comitis).

V. 712. — A crié, lire : *a escrié.* (Alex.)

V. 723. — Ce vers n'est pas faux, l'e final de espée, pouvant compter dans la mesure.

V. 724. — Atteint, lire : *ataint.*

V. 726. — Baille, lire : *balle.*

V. 732. — Plainier, ms. *plaine*

V. 733. — Tout tentissoit, ms. *tout en tentissoit.*

V. 739. — N. F. « quens, c'est comte. »

Id. — La mirable, ms. *la myable.*

V. 741. — Conayn, ms. *Coyain,* Cf. v. 64. — N. F. « Séné, c'est sage. »

V. 750. — Merïen, ms. *Meneen.* Cf. v. 66 et v. 2171.

V. 751. — Agot, V. N. « L'isle Agot près St Briac. »

V. 755. — Hamon, ms. *Hamoiz,* il y avait peut-être dans l'original *Hames,* cas sujet de Hamon.

V. 757. — Carh[a]hes, ms. *Charhes.* Cette dernière orthographe est plus familière au copiste. Il l'introduit sans se préoccuper de la mesure du vers qu'elle prive régulièrement d'un pied. La prononciation de ce nom en breton ne paraît pas lui être familière.

V. 758. — Nynet. V. N. « Nyn, seigneur de Chasteau-serein en Ploeuc-nou. » Malgré la précision de cette note, il est difficile de savoir à quelle localité il est fait allusion.

Châteaulin paraît, d'après le cart. de Landevennec, s'être appelé au XIIe siècle Chastel Nyn.

De ce vers au v. 766 le scribe ajoute des *z* à tous les mots indistinctement.

V. 761. — Par, ms. *part*.

V. 763. — N. F. « alosé, vient de los, louange. »

V. 768. — Donnoit, ms. *donnent*.

V. 772. — Fleuve desrivé, N. F. « C'est-à-dire qui n'a point de rive, comme torrent. » Nous comprenons : détourné de son cours pour entourer la ville.

V. 773. — Bidan. On peut lire : Bidan. L'auteur des notes topographiques a lu Vidan, il ajoute par quelque confusion avec la Vilaine, *Vicenonia* : « Vidan, c'est Vitimonia de Grégoire de Tours. » Cf. v. 122 et 2419.

Ms., *Bidan a non celle en ceul et egué.*

Ce vers nous est parvenu très-mutilé. Nous le corrigeons en le rapprochant du vers 1410.

Le Bidon existe encore, quoiqu'il soit loin d'être un fleuve ou une « esve de grant fierté », comme on l'appelle plus loin au vers 2419. C'est une petite rivière, plutôt artificielle que naturelle, qui sert à l'écoulement des marais de Dol. On lui donne aujourd'hui le nom de Bief-Jean dans la partie qui s'étend entre Lillemer et le pont de Blanc-Essai, où elle se jette dans la baie de Cancale. Plus haut elle a conservé son nom de Bidon qui est très ancien. Dans une enquête de 1181 sur les droits de l'archevêque de Dol, un témoin dépose : « *quod tota terra... a Dolo usque ad* Bidon *est de dominico archiepiscopi.* » (D. Morice, Pr. I, col. 684.) Nous citerons encore ce passage d'un accord de 1240 : « Les hayes gardables sont celles de Pontgeroard jusqu'au veil gué de Bydon. » — L'importance de ce cours d'eau a dû varier avec l'état même des marais. La mare Saint-Coulman, où Gardoine aurait été engloutie, s'est éloignée du Bidon, en se rétrécissant. Les terres *noires* cultivées qui l'en séparent actuellement étaient au XIIe s. des marécages. Ces détails ont pour but de faire saisir l'exactitude de la mise en scène d'Aquin. (Cf. pour la géog. des mar. de Dol au M. A. *Essais de géographie féodale*, de M. A. de la Borderie. — Régaire de Dol. — Soc. Arch. d'Ille-et-Vilaine, 1862, p. 152 et s^{tes}, et p. 204.)

V. 785. — L'auteur semble par un jeu de mots établir quelque rapport entre le nom de Doreit et le donjon d'Oreigle — peut-être le scribe a-t-il confondu Oreigle avec le nom voisin de *Dorlet*, château dépendant de Gardoine et appartenant à Doreit.

V. 788. — Alexandrin. Quar il, ms. *quil*.

V. 801. — Alexandrin. L'emploi du futur *ferai* donne à la phrase une tournure plus polie. Cf. Burguy, II, 234.

V. 804. — Compaigne, ms. *compaignie*.

V. 808. — Payen, ms. *paayen*.

V. 809. — A ung poignent, ms. *a ungs*.

V. 811. — Hoës, ms. *Hois*.

V. 812. — Ms. *desus la bouche lui fiert esree*.

V. 817. — N'escu, ms. *ne escu*.

V. 822. — Que il, ms. *qu'il*.

V. 824. — Feure N. F. « pour fourreau. » Aceré, ms. *aseré*. — Vers faux.

V. 825. — Sevré, ms. *servé*.

V. 832. — Et ce Ohès s'est, ms. *et se Ohès c'est*.

V. 835. — S'ung soul, ms. *si ung soult*.

V. 838. — Soucié, lire : soucïé, ce mot faisant trois pieds et *y a* un seul.

V. 843. — L'en, lire : *lors en a*, (alexandrin.)

V. 851. — Alexandrin.

V. 853. — Que il, ms. *qu'il*.

V. 861. — [...] L'addition de A semble indiquée.

V. 866. — Alexandrin.

Ms. *Quar le pays y estoit de bouays tout planté.*

V. 867. — Quarahes, lire : Quar[a]hes.

Id. — Verté, ms. *verité.*

V. 875. — Merlle, orth. bizarre qui porte les traces de la forme normande MELLE, (*Merula*).

V. 876. — Alexandrin.

V. 894. — Ciclaton, ms. *Orclaton.*

V. 895. — Fait, ms. *faist.*

V. 902. — V. alexandrin.

V. 906. — Pylé, faute du copiste, pour pelé.

V. 919. — Soupvent, lire *soupvant.*

V. 920. — Vers faux.

V. 922. — Moult se en sont, ms. *moult s'en sont.*

V. 923. — Ce semble de verté, ms. *ce me semble de verité.*

V. 926. — Qui en — compte pour une syllabe.

V. 927. — L[y] fort roys, ms. *le fort roys.*

V. 932. — En la grant [chartre], ms. *En la quart.* Cf. 2303, etc. Le mot [chartre] manque. Le vers n'est pas faux, l'article *le* s'appuyant sur la syllabe précédente.

V. 933. — Adourer, ms. *adourez.*

V. 934. — Jupin, ms. *Lupin.*

V. 935. — Regnaier, ms. *regnaiez.*

V. 936. — L[y] roys, ms. *le roys.*

V. 949. — L'aubert, ms. *le haubert.*

V. 959. — Commença, ms. *commensa.*

V. 962. — S'est, ms. *c'est.* Même correction, v. 972 et 1017.

V. 970. — Y a, ms. *il y a.*

V. 971. — Que il, ms. *qu'il.*

V. 973. — Empe[re]ris. Nous ne répéterons pas dans le texte lui-même la parenthèse carrée. Cf. note du v. 259.

V. 979. — Que ilz, ms. *qu'ilz*.

V. 984. — Un mot oublié en fin de vers, probablement *dessartir* (mettre en pièces). Telle est du moins la fin habituelle de ce centon dans Aliscans, v. 52, etc.

Cet infinitif assonnait en *is* comme au vers précédent partir (fendre). L'auteur de la mise en rime s'est borné à modifier la finale en supposant le part. passé *partis*. Ce procédé ne pouvant suffire au vers qui suit, à cause de *derompre*, il s'est arrêté devant la difficulté et nous a laissé un vers incomplet.

V. 989. — En cieul estor, ms. *et en cieul estor*.

V. 996. — Dont ge estoie, ms. *dont g'estoie*.

V. 1007. — En chiet [du] bon destrier, ms. *chiet en bon destrier*.

V. 1014. — Elys, ms. *eleys*.

V. 1015-16. — Le copiste a peut-être passé un vers.

V. 1026. — S'escrie, ms. *se escrie*.

V. 1029. — Le champ [guerpis], ms. le *champ occis*, il y avait peut-être : issis.

V. 1032. — Qu'en, ms. *que en*.

V. 1050. — Ester, ms. *estez*.

V. 1062. — Décerné, ms. *deserné*.

V. 1073. — Hélas, dist il, ms. *helas ce dist-il*.

V. 1081. — N'amera, ms. *ne amera*.

V. 1082. — Grant. Nous comprenons ce mot en supposant une contraction du mot, greant, (creant, croyance, foi.) Cf. Diez, II, 267, v° creanter.

V. 1090. — Peiles. Le ms. donne constamment *perles*. Il confond par ailleurs facilement l'*i* et l'*r*.

Ciclatons. — Autre note de Fauchet : « C'est un vêtement, comme lui dit, possible de CICLAS, habillement rond dont parle Juvénal. »

V. 1091. — Don y a à planté, ms. *d'or y aill a plante*.

V. 1094. — Le roy, ms. *le roys.*

V. 1103. — Alexandrin.

V. 1118. — Humilté, ms. *humilité.*

V. 1125. — L'ovre Dé, c. à. d. l'œuvre de Dieu. — La correction : l'ordre Dé, semble indiquée.

V. 1128. — Targé, nous comprenons : mis à couvert. Il faudrait s. d. corriger, trayé ou tréé, syn. de tréu (logé dans un tref).

V. 1137. — Ouvré, ms. *ourvé.*

V. 1139. — Çandal, ms. *sandal.*

V. 1149. — Dedans une ysle, V. N. « Où est maintenant S. Malo de l'ysle. »

V. 1150. — Abit, V. N. « des chanoines de St. Augustin. » L'auteur de cette note veut dire que saint Malo vécut dans le monastère qui fut plus tard aux chanoines de St. Augustin. V. vers 2614.

V. 1151. — Il est difficile de savoir si cette ligne est un décasyllabe faux ou un alexandrin de 11 p. seulement. Dans ce dernier cas corr : [et] en grant humilté.

V. 1154. — Ung an avant, ms. *ung an avint.*

V. 1159. — L[e] prodom[me], ms. *ly prodom.* Exemple de l'oubli des lois de la langue. Nous corrigeons uniquement pour la clarté du sens.

V. 1163. — Propriété, 3 syllabes, subst., fait sur l'adjectif proprius et non sur proprietas.

V. 1166. — Aumosne, ms. *ausmone.*

V. 1173. — A Charlemene, ms. *à Charlezmene.*

V. 1177. — Fut cil lieu avoué, ms. *fut cil lieu bien avoué.*

V. 1182. — Bise. Confirmation de ce que nous avons dit au v. 210. Ysoré se loge par devers Bise, c'est-à-dire du côté de la Rance ; à la différence de Charlemagne, qui campe dans les terres à Château-Malo.

Il faut, pour comprendre ce passage, le rapprocher des vers 1373 à 1410 qui établissent incontestablement que l'auteur a entendu placer le campement de l'archevêque et des Bretons sur la Rance et à proximité de la mer. Il en résulte que l'expression *devers soleil levé*, c'est-à-dire à l'est, ne peut s'entendre que de l'orientation des tentes d'Ysoré et non de leur situation par rapport au camp particulier de Charlemagne.

Nous trouvons sur la Rance, à 3 kil. de Château-Malo, un *Moutier Nostre-Dame* dont la position concorde visiblement avec ce récit. Il était situé sur un rocher, aujourd'hui île, placé un peu en avant de Saint-Suliac, sur la limite des sables qui commencent la grande anse marécageuse de la Coaille. C'était, nous dit l'abbé Manet, « un prieuré simple, qui fut successivement occupé par des Hermites de Saint-Augustin, par des Récollets et par des Carmes du Guildo; ce roc était autrefois uni au continent et contient par sa base environ 4 journaux. » Le *rucel qui court vers la Cité* est probablement ce cours d'eau qui, des anciens marais de la Goutte, vient à travers les grèves se joindre à la Rance dans le voisinage de l'île Notre-Dame; il est difficile d'admettre qu'au XIIe siècle le nom de *rucel* ait pu être donné à la Rance elle-même.

V. 1189. — S'est, ms. *c'est*. Même corr. v. 1208.

V. 1194. — Guyne[mant], ms. *Guynepyart*. Cf. v. 1227, 1235, etc.

V. 1195. — Vers incomplet.

V. 1197. — Dois, lire : doiz.

V. 1201. — L'aubert, ms. *le haubert*.

V. 1202. — Çainte, ms. *sainte*.

V. 1210. — *A la fontaine s'en va vers la cité.*

Le trouvère ne peut parler de la fontaine de Saint-Servan, à moins d'une inadvertance singulière, puisque cette fontaine n'est pas encore découverte (v. 2074-88). L'auteur semble plutôt avoir pensé à quelqu'une des sources situées au bord de la mer, en vue du château de Dinard. Par exemple à celle dite du Prieuré. On s'explique mieux ainsi que les représailles de la mort de Guinemant s'exercent sur le château de Dinard.

V. 1216. — Juqu'aux Franczoys, lire : juqu'au Franczoys. Sens : jusqu'à Guynemant. — Id. ne s'estoit, ms. *ne se estoit*.

V. 1222. — Isnel[le]ment. Ce mot est un de ceux que le copiste altère le plus souvent aux dépens de la justesse du vers ; quand il l'écrit tout au long, il emploie régulièrement l'orth. ci-dessus. Nous nous bornerons à mentionner ici cette addition, sans multiplier indéfiniment les parenthèses du texte.

V. 1226. — Ung [men]estrier, ms. *ung estrier*. Meilleure leçon : ung escuer.

V. 1227. — S'estoit, ms. *c'estoit*. — Même corr. v. 1231.

V. 1229. — Vers faux ; corr. : [et] mort et afolé.

V. 1230. — En a a pouay, lire : en a [à] pouay.

V. 1235. — Guynemant, ms. *Guymant*.

V. 1237. — Fusent, plus loin, 1303, eusent, etc., pour fussent, eussent, cf. Burguy, I, p. 248, note 1.

V. 1260. — Monté [crouez], ms. *montencé*.

V. 1266. — Abvez vous moy, ms. *abvez vous à moy*.

V. 1268. — Mult, lire : moult.

V. 1269. — Eisez ça hors. ms. *eisez sa hors*.

V. 1270. — Alexandrin. — abv[on] ms. *abvoint*.

V. 1282. — Ms. *dient vous estes touz déceu*. — Vers incomplet.

V. 1289. — [Cil] se deffendent, ms. *si se deffendent*.

V. 1291. — Toucher, ms. *touchez*.

V. 1298. — Flour[ion], ms. *Flour*. Vers faux. Cf. v. 118.

A. 1303. — Eusent Bretons [de] part. Supprimer [de] Lire : éusent Bretons part.

V. 1305. — Lancent, ms. *lencent*.

V. 1307. — Grand, lire : grant.

V. 1308. — Qu'en Quidallet, ms. *que en*.

V. 1316. — N'est forcenné, ms. *n'en est*.

V. 1324. — Seignour, il y avait peut-être : greignour.

V. 1339. — *La mer retrait et vait à son chevé.*

On pourrait corriger chené, autre forme du mot chané (chenal). Cette dernière est la seule que fournisse le ms. Cf. 1391, 2676, etc. Chevé donne le sens : la mer se retire et arrive au terme de son reflux, c'est l'instant du bas de l'eau.

V. 1340. — Alexandrin.

De ce vers et des suivants on peut conclure qu'au XIIe s. il était déjà impossible, même à la marée basse, de traverser la Rance entre la Cité et Dinard, et ensuite que le mascaret avait dans cet endroit une extrême violence.

V. 1343. — Plus, ms. *puls*.

V. 1344. — Alexandrin.

V. 1346. — Ars de cords. Il n'est peut-être pas inutile de signaler cette orthographe, le sens de ce mot ayant été dernièrement discuté. M. Quicherat le traduit : arc de corne. Il se rencontre dans Joinville (591): « li apporterent ars de cor » où M. de Wailly l'interprète, après un examen attentif : arc de bois de cornouiller. Le ms. 2333 est malheureusement trop peu sûr pour permettre seul d'introduire une nouvelle étymologie. Cf. Joinville, Ecl. IV, des armes offensives, p. 471. V. Littré, v° Arc.

V. 1347. — Au bas murs, lire : au bas mur.

V. 1349. — Se estoint devallé, ms. *c'estoint devillé*.

V. 1350. — Deux pieds manquent. Sour, lire : sous, ms. *sours*.

V. 1365. — Juqu'au tiers, ms. *juques au*.

V. 1367. — Ly roys, ms. *le roys*.

V. 1374. — S'est, ms. *c'est*.

V. 1378. — Peiles, ms. *perles*.

V. 1382. — Cerff, ms. *serff*.

V. 1384. — Et boguerastre, N. F. : « Ce sont breuvages. »

V. 1391. — *La mer retrait et vait en son chané*. Sens : La mer se retire et se dirige vers son lit ; c'est-à-dire commence à baisser. Mais le mouvement du jusant est si rapide qu'il laisse à sec la flotte des païens.

V. 1395. — Rivé, ms. *rové*.

V. 1403. — Les [barges] prennent, ms. *les brancs* ; poesté, ms. *posté*.

V. 1408. — Biseul. V. N. « Biseul près Solidor. »

V. 1413. — Ariché. N. F. « pour : enrichi. »

V. 1417. — Que il en a, ms. *quil*.

V. 1421. — Alexandrin.

Folio 26. — On lit au haut de ce folio : *Narratio Cesembrii*. (Écr. XVIe siècle). Le récit de la bataille de Césembre était regardé, à cette époque, comme le morceau capital de la chanson ; on appelait celle-ci le poème de Césembre. Les érudits s'évertuaient à trouver un rapport entre le nom de l'île et les faits relatés dans Aquin.

« Aiunt antiqui patres quod cum Carolus magnus insu« larem antiquam Civitatem obsideret, infidelesque ejus « habitatores debellaret, occisa fuerunt ab ipsis ad duo « christianorum millia et ab eo nomen loco impositum « Cœssembria quod sonat MEMBRA SICCA. » (*De origine Seraphicae Religionis Fr. Gonzaga; Romæ, 1587; in-f°; chap. de Minoritico conventu Cœsembriensi, p. 891*). Cette île reçut son nom « a cœsis membris », ajoute Th. de Quercy dans l'ouvrage déjà signalé.

V. 1434. — Cigle, lire : sigle.
V. 1435. — S'il, ms. *cil*.
V. 1439. — Le ms. donne ce vers, qui n'offre pas de difficulté matérielle, mais qui est très-obscur :

Et Charlez secours luy vient en cest regné.

Nous croyons à un sens spécial ; le scribe, induit en erreur par la ressemblance des noms, a pris Châles pour Charles. Châles est pour nous le même que ce Châliart qui navigue sur la Rance, au vers 1309, dans une rime en art. Son nom a pu être emprunté à la grande grève de Châles, dont le nom est très-ancien et subsiste encore, par le procédé qui a donné naissance à Agot, seigneur de l'île de ce nom. La digue de réduction du bassin à flot de Saint-Malo a fait disparaître cette grève, qui s'étendait du côté de Saint-Servan.

(Cf. Carte cadastrale de M. Lesné, 1845.)

V. 1441. — Contreval le gué. Cf. v. 1729 et 1733.
V. 1446. — Et nous mainron, ms. *nous y mainron*.
V. 1450. — G[uié], ms. *grevé*.
V. 1459. — V. N. « noter qu'on passait à Césambre à pied et à cheval. »

Ce détail a plusieurs fois attiré l'attention. On y a vu un témoignage historique du changement de cette côte. Dans le récit de notre auteur, le bras de mer qui sépare Césembre du continent n'est, au moment de la marée basse, qu'un simple courant guéable ; il n'en est plus ainsi aujourd'hui. Etait-ce un fait contemporain de l'auteur, une tradition recueillie par lui, ou une pure fiction ? La chanson elle-même ne nous permet pas de le savoir. L'examen des lieux prouve qu'en tous cas le trouvère a su mettré dans son récit une certaine vraisemblance. Peu s'en faut qu'il ne soit possible, même de nos jours, d'arriver, dans les marées d'équinoxe, de la côte de Dinard au chenal de la Grande-Porte, qui seul sépare alors des grèves de Césembre.

On peut consulter sur ce point, qui touche au problème des « prairies de Césembre » : *De l'état ancien et actuel de la baie du Mont Saint-Michel, etc.*, par l'abbé Manet, 1829, in-8º, Saint-Malo ; et surtout : *Registre des comptes de la seigneurie commune de la V. de S.-Malo, 1486,* fº 18. (*Arch. d'Ille-et-Vil.*) et les cartes hydrographiques de Beautemps-Baupré.

V. 1463. — Trefs, ms. *tref.*

V. 1464. — Alexandrin.

V. 1469. — [Garde] amont, ms.: *grande amont* — vers la nostre cité. L'auteur parle évidemment.

V. 1472. — Luisent, ms. *luissent.*

V. 1473. — [Diex] ce dist, etc.

Ms. *Ceulx ce dist Nesmes roy de majesté.*

V. 1474. — Ça, ms. *sa.* Confusion ordinaire de l's et du *c*. Cf. cependant Romania, 1877, p. 134, art. de M. Ch. Joret.

V. 1478. — [enxin], ms. *Aiquin.*

V. 1486. — Av[e]ient, ms. *aviennent.*

V. 1488. — Et graventé, ms. *es graventé.*

V. 1490. — L[y] roys, ms. *le roys.*

V. 1493. — Adjourné, ms. *adourné.*

V. 1504. — Pour m'y guietter, ms. *pour me y guiettez.*

V. 1507. — Yce m'a l'en conpté. On pourrait corriger : yce mal [ont] conpté.

V. 1511. — Par lour roy, ms. *par lour roys.*

V. 1512. — Soit = scit ; au v. suivant, soit = sit.

V. 1518. — Vers faux. Corr.: Ha[a]! Dieu vroy, etc.
V. 1520. — Malfé, N. F. « pour diables. »
V. 1531. — Sur, ms. *surs*. — Chapplé, lire : ch..ple.
V. 1533. — Jusermes, N. F. « guisarmes. »
V. 1534. — Vers défiguré ; le ms. donne sans incertitude :

Francs s'estournissent allez vous sans aler.

La copie de Ste G. interprète : « ne scavent où aller. » Les autres passent la fin du vers. Cf. v. 1647 (ms. f° 29 v°, v. 19), abréviation de vous, pour vont.

V. 1539. — Deféé, ms. *defué*.
V. 1540. — Sevré, N. F. « Sevré peut-être vient de séparer. »

Laisse XIX — en fin de vers : ms., *efforcent, aident, comment, recroyent, pasment, maintenent, chaient, reclipent, devalent, couppent, guerroient, fandent, dorment, garent, eschappent, mentent.*

V. 1549. — Sesambre soubz l'erbre, V. N. « Sesambre sur l'herbe. » La disposition des lieux rend le mot soubz très-intelligible. La bataille se livrait dans la grève qui s'étend sous le monticule « verdeant » qui forme encore aujourd'hui l'île de Césembre.

Erbre, mot douteux, pour erbe, d'après ce qui précède, et non pour arbre.

V. 1559. — Beau sere, ms. *beau frere*.
V. 1563. — Vers faux, lire : mestier [en] abvon grant.
V. 1569. — Espée, cf. 723.
V. 1583. — Vers faux. Le mot qui manque indiquait si le Sarrazin s'avançait en invoquant Tervagant, ou s'il portait le propre nom de son Dieu.
V. 1591. — Ung, ms. *ugn*.
V. 1598. — Juqu'à la char, ms. *juques a*.

V. 1613. — Reluisant, ms. *reluissant*.
V. 1614. — Le truant, ms. *le tuant*.
V. 1617. — Ms. *Et avec Fagon la cheit maintenant*.
V. 1621. — L[y] gentils qu[ens], ms. *le gentils quant*.
V. 1629. — Ça gent, ms. *sa gent*.
V. 1630. — Ms. *Qui nous ont asaillis cy en dormant*.
V. 1633. — Nels allez, ms. *ne les alez*.
V. 1641. — Qui de roy, ms. *roys*.
V. 1647. — Vont, ms. *vous*.
V. 1662. — Jhesu le roy amant. — Epithète de facture, qui, dans son sens étymologique, signifiait rédempteur. Cf. M. P. Meyer, glossaire de *Brun de la Montaigne*.
V. 1673. — N'y a qu'eulx, ms. *que eulx*.
V. 1678. — Héaulme. Cf. v. 189.
V. 1680. — Destrier, de deux syllabes.
V. 1683. — Lire : ysnel[le]ment.
V. 1685. — Franczois desbaraté, ms. *Franczois tout desbaraté*.
V. 1688. — L'amiré, ms. *le amiré*.
V. 1698. — Alexandrin.
V. 1701. — Un mot oublié en fin de vers par le copiste. — Lors, ms. *lours*.
V. 1708-9. — Ces vers se retrouvent presque textuellement aux v. 813-14 d'*Aliscans*. — Nous avons signalé ailleurs les rapports entre Aliscans et Aquin, qui dépassent la proportion ordinaire des centons et épithètes communes.
V. 1711. — Que près soy devié, ms. *que près ne soy devié*. La négation est inutile et rend le vers faux.
V. 1715. — Verté, ms. *verité*.
V. 1716. — Et [quant] l'entant, ms. *et ung l'entant*.
V. 1719. — Lors luy a dist. Lire : lors luy a dit.

V. 1728 et 1730. — A[e]ntré, ms. *antré*. Vers faux. — Çaintures, ms., *saintures*.

V. 1731. — Ms. *Quide paens ont le vasel adiré
    Chancelle, à pouay n'est jus versé.*
Non-sens et lacune évidente. Le scribe, peu attentif comme toujours, a été induit en erreur par la ressemblance de deux vers consécutifs. Nous n'aurions pas hasardé cette restitution, si ce passage n'eût été précisément celui que reproduit le fac-simile. Le vers restitué ne compte pas dans le numérotage. — Le vasal aduré, expression fréquente dans Aquin, v. 1777, etc. — Au vers 1731, vasel, lire : vesel. Rapprocher le vers 1446.

V. 1732. — Vers incomplet.
Lire : [Nesmes] chancelle, à pouay n'est jus versé.

V. 1734. — Vers faux, que la forme sujet de Fagon rétablirait.

V. 1739. — Alexandrin.

V. 1743. — Ung mot souné, ms. *ung moult souné*.

V. 1745. — S'est, ms. *c'est*.

V. 1750. — Pitié ; faute du copiste, pour pité.

V. 1754. — Alexandrin.

V. 1764. — Tué, ms. *tuez*.

V. 1765. — Le sené, ms. *le segné*.

V. 1777. — Illec lessay, ms. *illec le lessay*.

V. 1779. — E[r]t, ms. *est*.

V. 1787. — Juques au duc Nesmes. Le sens voudrait Nesme ; mais les noms propres ont perdu dans ce ms. l'usage de la flexion.

V. 1788. — Ne s'estoit, ms. *ne se estoit*.

V. 1789. — S'ung soul petit, ms. *si ung soul*.

V. 1801. — Que il, ms. *qu'il*.

V. 1804. — Sans césure.

V. 1808. — Nesmes l'ouait (vers faux), lire : Nesmes le ouait.

V. 1809. — S'est, ms. *c'est.*

V. 1817-18. — Rapprocher des v. 1325-26 d'Aliscans.

V. 1824. — Posté, ms. *porté.*

V. 1828. — Que il, ms. *qu'il.*

V. 1829. — Ms. *plussieurs gens dist que illec fut desvié.*
Que faut-il entendre par ces « plusieurs gens » ? Cette expression désigne-t-elle, comme l'*Histoire littéraire* l'a cru, l'auteur de l'ancienne version du poème ? Il aurait fait périr Naimes en cet endroit, tandis que le réviseur nous l'aurait ressuscité. Est-ce probable, en présence du rôle de Naimes dans la suite du récit ? On ne peut, sans détruire le corps même de la chanson, y faire abstraction du personnage de Naimes. Nous croyons à une simple tournure de style destinée à amener une de ces citations par lesquelles les trouvères aimaient à prouver leurs belles connaissances. Celle-ci est empruntée à Aspremont, chanson des plus anciennes, que l'auteur même a très bien pu connaître.

V. 1830. — Ce dist l'auctorité. Même renvoi dans *Aliscans*, v. 1081, etc. — V. N. « Auctorité la plus grande, *vox populi.* » — Ici cette autorité est plutôt celle de la chanson d'Aspremont.

V. 1831. — Ains vesquit longuement.
   Lire : Ains vesquit puys longuement par aé.

V. 1834. — L'oultrecuidé, ms. *le oultrecuidé.* — Eaulment, vraie forme du nom : Eaulmont.

V. 1835. — Que il, ms. *qu'il.*

V. 1836. — Valenté, ms. *valencé.*

V. 1843. — Verté, ms. *verité.*

V. 1844. — Et y conquist Valentin, sous entendu : Roland.

V. 1845. — Durendal, ms. *Durondal.* — Niellé, ms. *nieellé;* un pied de trop.

V. 1859. — Veut, ms. *veust*.

V. 1864-5. — Lacune évidente. Les vers se suivent dans le ms. sans aucune interruption. Il ne manque probablement qu'un seul vers.

V. 1870-1. — Auraient. — Trois syllabes à compter.

V. 1872. — Ysnellement ont les chevalx hurté. Après ce vers, le copiste a écrit par inadvertance une première fois :
De maintenent sont cilʒ de l'ost levé;
il répète ce vers plus bas, à sa véritable place, après le v. 1875.

V. 1882. — Ms. *A prime vous soient que ly lutré*. Ce vers interpolé est passé dans le ms. de Ste-G. La copie de La Landelle traduit : « Approchons nous, soient approchés nos trefs. »

Quely, du p. p. de *colligere*, ramasser, lever. Cf. cueillir, employé dans ce sens (Littré, Hist. xiiie.) Dans Gaufrey, v. 1338 : ont trés tentes et paveillons cueillis.

V. 1884. — S'est, ms. *c'est*. — Même corr. v. 1888.

V. 1886. — Ysnellement, lire : ysnel[le]ment. — S'estoit, ms. *c'estoit*.

V. 1892. — Fi[s]t, ms. *fit*. Cf. v. 1894.

V. 1893. — Oriflambe, ms. *orifamble*.

V. 1896. — Ung, ms. *ugn*.

V. 1900. — *La croix de Saint-Servan.*

L'église de Saint-Servan est dédiée aujourd'hui à saint Servais, évêque de Tongres au IVe siècle, au préjudice de son véritable patron, saint Servan, apôtre des îles Orcades. La légende de ce dernier saint ne rappelle pas, au moins dans les Bollandistes (1er juillet), celle que Charlemagne développe plus loin. Mais les *Acta sanctorum* font mention, d'après Usserius, d'une vie apocryphe dont les riches détails offrent des traits analogues à ceux de la nôtre. Il s'agit d'un autre saint Servan *natione Israeliti-*

cus, qui abandonne le trône d'Arabie pour exercer l'apostolat en Egypte et à Rome.

La dévotion à une croix enrichie de reliques paraît avoir existé dans l'ancienne église de la paroisse de Saint-Servan, détruite au XVIe siècle. Le monument qui lui a succédé est encore appelé quelquefois *Eglise de Sainte-Croix*. C'est également le nom de l'anse du port la plus rapprochée.

V. 1905. — Dou, ms. *dous*.

V. 1907. — Dieu, ms. *diex*.

V. 1910. — Vers faux.

Corr. : En moutier [meptre], et meptre à présenter.

La quantité du mot moutier peut avoir été douteuse pour l'auteur du remaniement ; le v. 1918, où il figure, est faux également. Cf. 2062.

V. 1911. — Commant, ms. *comment*.

V. 1912. — Le, pr. pers. fém. régime.

V. 1913. — Longuement. La syllabe muette ne comptant pas, le vers est juste.

V. 1918. — Arcevesques ; il y en avait plusieurs dans l'armée de Charlemagne, sans y compter l'archevêque de Reims Turpin exclu par la présence de son Sosie l'archevêque de Dol.

V. 1920. — Fut ; le sens préférerait jut, *jacuit*.

V. 1922. — Les reproches que l'on peut faire au copiste d'Aquin sont surtout fondés en ce qui regarde les deux longues prières qui vont suivre, les vers faux s'y multiplient.

V. 1926. — Nasqui[tes], ms. *nasquit*. Le changement de personne est facultatif. V. par ex. dans Aquin, 2014-15.

V. 1927. — T'alerent, ms. *te alerent*.

V. 1928. — Ce que t'offrirent, ms. *ce que te offrirent*.

V. 1929. — [Encens], addition du ms. de la Landelle.

V. 1932. — Juqu'en Egypte, ms. *juques en Egypte*.

V. 1934. — On ne sait si *luy* se rapporte à Joseph averti par un ange de se rendre en Egypte, ou si Charlemagne fait allusion à l'Annonciation. Rapprocher le v. 2650.

V. 1935. — A la Thephayne te feys baptizer.

La fête de l'Epiphanie réunit en effet les trois fêtes des Rois, de l'eau changée en vin aux noces de Cana et du baptême de J.-C.

V. 1936. — Fleuve, ms. *fleve*.

V. 1937. — XXXIII, lire : XXXII.

V. 1938. — Desqu'au, ms. *desque au*.

V. 1941. — Saint [pain], lire : saint pain. — Les y feys, ms. *les y fays*. — Vers faux.

Entre ce vers et le suivant se trouve un vers exponctué par le copiste lui-même :

Et des paysons les fays resasier.

V. 1943. — T'offreys, ms. *te offreys*.

V. 1955. — Et tantost, lire : [et] tantost.

V. 1961. — Baillé et livré, ms. *bailler et livrer*.

V. 1963. — Te alerent, ms. *t'alerent*.

V. 1967. — Conforta, ms. *confortera*.

V. 1968. — Jour, ms. *jours*.

V. 1969. — Ta vie, ms. *la vie*.

V. 1972. — Ce vers peut se rapporter aux apôtres; il peut aussi être un vers interverti, dont la place serait après le v. 1966. Ce passage a été transcrit avec une grande négligence.

V. 1972-73. — Deux vers incomplets.

V. 1975. — Ms. *qui ad ce vouldront purifier*.

V. 1977. — Vers incomplet; voir plus haut v. 1913 et v. 2019.

V. 1978. — Ça, ms. *sa*.

V. 1981. — Se fut, ms. *ce fut*.

V. 1984. — S'est, ms. *c'est*.

V. 1997. — Juqu'au, ms. *juques au.*
V. 2005. — A qui, ms. *qui a.*
V. 2006. — Alexandrin.
V. 2009. — Dé, ms. *Der.*
V. 2022. — Prince, ms. *prinse.*
V. 2025. — Aseuré, ms. *aserré.*
V. 2034. — Faux, l'addition de [ou] est dans le sens.
V. 2036. — Gué, sens de cours d'eau. V. *Glossaire*, v°, au v. 1219, on parle de la rive d'un gué.
V. 2042. L'omission de [bien] est vraisemblable. Le déplacement de la virgule suffirait, il est vrai, pour rétablir la mesure.
V. 2044. — Lessez l'aler, ms. *lessez le aler.* — Bride, seconde syllabe muette.
V. 2074. — Bonté, ms. *bonné.*
V. 2075. — *La fontayne de Saint-Servan.*

De tous les détails qui établissent chez l'auteur la connaissance personnelle des lieux, celui-ci est un des plus remarquables. Cette fontaine est, d'après la tradition, celle que l'on trouve à gauche en descendant de l'église de Saint-Servan au port militaire, dans la rue dite encore *rue de la Fontaine.* D'Argentré ne l'a pas oubliée dans sa description de Saint-Malo : « Près de l'église Saint-Servan y « a une belle grande fontaine fournissant d'eaue doulce les « habitants. » L'abondance de cette source est telle qu'on ne peut la confondre avec aucune autre. Elle est aujourd'hui entourée d'une margelle hexagone et protégée par des bornes très-frustes mises en cercle. L'exhaussement de la rue a, dit-on, fait disparaître une vasque qui y était encore au siècle dernier. Sa position est évidemment celle que demande le récit : au bord de la mer et près de l'église. Mais l'exactitude de la chanson était encore plus frappante avant la création du port, car le bord de la mer s'est éloigné. Il est tout naturel d'admettre que cette source ait alimenté le port et la partie basse de la vieille ville d'Aleth.

Il ne faut pas confondre cette fontaine avec le célèbre puits gallo-romain d'Aleth, que cette chanson même fait appeler encore aujourd'hui Puits des Sarrazins. Ce dernier était au centre de la Cité et non au dehors. On le trouve maintenant au bas des glacis du fort. Sa communication avec le précédent est, quoi qu'on en ait dit, absolument chimérique.

Ces traditions ne sont pas demeurées dans le pur domaine de l'archéologie. Elles ont été l'origine de ces conduites d'eau sous la mer que la ville de Saint-Malo a créées dès les premiers temps de son histoire. Le même d'Argentré les signalait avec admiration : « Ils ont, nous dit-il, des eaues par fontaines conduictes « par canaux de terre qui vont jusques en la ville depuis « un demy quart de lieue hors d'icelle. » *Histoire de Bretagne*, f° 60.

V. 2080. — Beauté, ms. *bauté*.

V. 2082. — S'il eüst, ms. *se il eust*.

V. 2088. — Alexandrin sans césure.

V. 2091. — Lour, ms. *lours*.

V. 2099. — Incomplet ; deux pieds manquent ; addition douteuse : ay [de nous] moult, etc. — Pitié, faute du scribe, pour pité. V. note de la laisse IV.

V. 2101. — Rendre[z] vous la cité. — Les habitudes du ms. permettent d'interpréter comme nous l'avons fait, Cf. 2131, etc.; ou : rendré vous la cité, *Reddere habeo vobis illam civitatem*, Cf. 1442, 1482, etc.; ou encore : rendre vuil... sans qu'aucune de ces leçons soit certaine.

V. 2102 et 2105. — S'est, ms. *c'est*.

V. 2112. — Te don, ms. *te dont* (1re p. ind. pr.).

V. 2113. — Incomplet.

V. 2115. — Qui nous a. — Trad. : ici nous a.

V. 2117. — Peut-être la barque échappée à la capture faite par Ysoré, v. 1406.

V. 2119. — Aentré, leçon du ms. Le sens indique de corriger : aencré.

V. 2120. — Dongeon, V. N. « à Solidort. »

V. 2127. — Chaussé, s. d. pour chasé.

V. 2131. — Trop abvon cy esté.
  Ms. *Alé vous en quar trop abvon cy esté.*

V. 2135. — S'est, ms. *c'est.*

V. 2137. — Dans la neff, ms. *dedans la nef.*

Il est curieux que cette fuite d'Aquin ait fourni à la ville de Saint-Servan ses armoiries : une tour (Solidor) dont s'éloigne une petite nef.

V. 2140. — Choses, ms. *chosses.* — Vers incomplet.

V. 2141. — Et maint peile, ms. *mainte perle ;* l'épithète *roué* ne convient qu'au paile. Le copiste écrit constamment perle.

V. 2149. — O[ù] les conduie malfé, ms. *o les conduire malfe.* — Sens : où le diable les mène.

V. 2150. — Terzon.

Ce nom est sans doute une mauvaise lecture de celui de Cesson, déjà cité au vers 75. On admet généralement qu'il y ait eu dans le voisinage de la tour de Cesson un établissement romain. Il n'est pas possible de savoir quelle était l'importance ou la notoriété de ce lieu au XIIe siècle, les titres de la châtellenie de Cesson ayant disparu. (Cf. MM. Geslin de Bourgogne et de Barthélemy. Evêchés de Bretagne, D. de Saint-Brieuc, I, introd., LXXIII).

V. 2161. — Là yron [nous] se il, ms. *la yron s'il.*

V. 2164. — Brons.

Nous laissons à dessein ce vers faux. La correction

Br[o]ons, qui semble s'offrir, serait une erreur. Il ne peut en effet être question ni de Broons, qui appartint plus tard à la famille de du Guesclin, ni de Broons-sur-Vilaine, tous deux fort éloignés de Nantes. Tout indique que le château dont le nom a été altéré était situé à Nantes même ou dans les environs. La copie de Ste-Geneviève porte même cette note : « Brons, ancien château de Nantes. »

Nous avons cherché inutilement, soit dans l'ancienne enceinte de Nantes, soit sur la Loire, au dessus ou au dessous de cette ville, un lieu fortifié qui pût convenir à l'explication de ce passage. Parmi les châteaux que l'on peut proposer avec vraisemblance, nous citerons celui de Begon, près Couëron, que nous signale M. de la Nicollière-Teijero, archiviste de la ville de Nantes. Ce château, *Castrum Begonis*, a figuré dans les invasions normandes et pourrait se rattacher à l'élément historique de la chanson. Cf. D. Morice, *Pr.*, I, 138, 281, 282, 408.

Nous mentionnerons une théorie de M. Bizeul qui viendrait à point résoudre la difficulté en permettant de chercher le château en question, non dans le voisinage du Nantes actuel (*portus Nannetum*), mais à Blain (*civitas Nannetum*), dont le château s'appelait au XIIe siècle Blaen.

Dans cette hypothèse, on pourrait dire que le château de Blain, qui se trouve dans le pays de *la Mée*, est en effet du domaine des traditions familières à l'auteur d'Aquin. Blain a été assez important à l'époque romaine pour avoir pu conserver au moyen âge un certain renom comme Corseul, Cesson, Carhaix, qui figurent dans l'itinéraire de cette chanson. Le peu d'importance du château proprement dit, même après sa reconstruction par Alain Fergent, en 1108, justifierait encore le « petit et bel » du vers 2165.

V. 2166. — Ms. *paiens respond s'il vous vient à gré.*

V. 2169. — *Le vent de nort lour est de mer tourné.*
Vers qui indique avec une précision remarquable que le navire doubla la pointe Saint-Mathieu.

V. 2172. — Memerion. Le même que le Merien de Brest vu plus haut.

V. 2173. — [Toute], ms. *lost.* Correction du ms. de Ste-Geneviève.

V. 2179. — Quant le soulail ; l'article s'appuie sur la syllabe précédente et ne compte pas.

V. 2182. — Amiré, ms. *admiré.*

V. 2185. — Est[or], ms. *estre.*

V. 2186. — [Doreit] men ni[é]s, ms. *droit men nis.*

V. 2192. — Reparent [les] fousé, ms. *reparent ly fousé.*

V. 2196. — Brieff, m. *briefs.*

V. 2198. — S'en est le. Cf. v. 2179.

V. 2204. — Sens : l'amiré en eut ce qu'on peut estimer trente mille, c'est-à-dire environ XXX^m.

V. 2209. — Menacent, ms. *menasant.*

V. 2211. — Sarez, ms. *serez.*

V. 2212. — Vers sans césure.

V. 2213. — D'Aiquin, ms. *de Aiquin.*

V. 2214. — Que il s'en soit, ms. *qu'il s'en soit.*

V. 2215. — S'est, ms. *c'est.*

V. 2216. — Se en est, ms. *s'en est.*

V. 2222. — Se dolent, sans doute corr. : s'adolent. — Ça, ms. *sa.*

V. 2228. — Verté, ms. *verité.*

V. 2231. — Lire : ysnel[le]ment. — S'est, ms. *se est.*

V. 2233-41. — Les neuf premiers vers de cette laisse se retrouvent plus loin (v. 2301 à 2309). C'est probablement ici une pure erreur du copiste, et le sens gagnerait à leur suppression. Les quatre vers que nous signalons par un astérisque, rendent particulièrement le récit incompréhensible. L'intercalation fautive des cinq premiers vers est plus discutable, car rien n'est plus obscur dans la chanson que la position que l'auteur a entendu donner à la porte d'Aleth par rapport à la tour Aquin (Solidor). Rapprocher les v. 210 et s^{ts}, 1890, 2283.

Notons que la copie de Ste-Geneviève reproduit la même erreur, ce qui suffirait à prouver qu'elle procède du ms. de la Bibl. Nationale.

V. 2234. — Et [le]. Cf. v. 2302, et la note du v. 2179.

V. 2241. — Jusqu'à, ms. *jusques a.*

V. 2244. — Ouait, ms. *ouaint.*

V. 2245. — Vi[e]ler, ms. *viler.* Le vers est faux et paraît nécessiter cette correction. C'est une expression ironique comme il s'en rencontre si souvent. On pourrait traduire : faire une musique de hurlements. Cf. Scheler, v° glatir, etc.

V. 2251. — Mourir, ms. *mouair.*

V. 2252. — Sy, ms. *cy.*

V. 2257. — Qu'y entrer, ms. *que y entrer.*

V. 2260. — Vous doi ge, lire : vous doige (subjonctif).

V. 2264. — Pour l'emperiere le ber. Spécimen de l'état de la langue. — Emperiere, ms. *amperiere.*

V. 2267. — [De]fermer. Le sens exige cette correction, qui, d'ailleurs, ne modifie pas le vers.

V. 2269. — Ne povai[n]t la [fain], ms. *ne povait le sanc.*

V. 2270. — Primement. La seconde syllabe est muette.

V. 2272. — *C'est beau miracle, doist l'en bien escuter.*
Un de ces vers par lesquels les jongleurs ranimaient l'attention de leurs auditeurs. Si ce n'est pas un vers de facture, nous y avons la preuve qu'Aquin a été chanté ou débité en public.

Ce vers intéressant porte en outre une trace de la vieille orthographe du texte : escuter. — Omission d'un point à la fin du vers.

V. 2275. — Saint[e eaue], ms. *saint sanc*.

V. 2276. — Regenerer, ms. *regner*.

V. 2283. — L[y] aval, m. *l'aval*, vers faux.

V. 2285. — *Le roy Dayres*.

Nous avons déjà rencontré plusieurs fois ce roi fondateur d'Aleth (v. 203, 1890). Il paraît encore plus imaginaire que les autres personnages de ce récit. Son nom est du domaine des chansons d'aventures. On le rencontre dans Flore et Blancefleur, Blancandrin, etc... Il peut être une réminiscence du roi Daires, l'antique Darius, type de la richesse royale, si connu au moyen âge grâce au roman d'Alixandre. Quoi qu'il en soit, nous voyons par cette histoire de Dayres, que l'auteur ignore absolument la fiction érudite du « grandævus Alethès », dont parle l'*Antiquité de la ville d'Aleth* : « Il a grand appa-
« rence que la tempeste jeta quelques uns de ces capit-
« aines Troyens commandés par le capitaine Alethès
« dans nostre hâvre et apporta les architectes de la ville
« d'Aleth. »

V. 2286. — Bien fai[re], ms. *bien fait*.

V. 2291. — Ung riche homs. — Il garde la tour et non la femme d'Aquin. Cf. v. 238 et suivants.

V. 2292. — S'en est fouy (vers faux), lire : se en est fouy.

V. 2294. — Ceans, ms. *seans*.

V. 2299. — N'y po[ur]ait, ms. *n'y poait*.

V. 2300. — Tant sara l'en, ms. *tant ne sera l'en*. La négation produit un non-sens.

V. 2304. — Prinsons, ms. *prinsonniers*. Le scribe n'a pas compris le mot prinsons. Cf. 2236, etc.

V. 2305. — Vers inachevé. L'auteur du remaniement, ayant légèrement modifié son centon, n'a pu le terminer. Rapprocher v. 2237.

V. 2307. — Et les en delivrer, ms. *et pour les en delivrer*.

V. 2309. — Juqu'[à] la, ms. *juques la*.

V. 2311. — Prinsons [hors], ms. *prinsonniers*.

V. 2313. — Et corps enterrer (vers faux); supprimer : et.

V. 2319. — Dieu et l[e] roy, ms. *et ly roys*, régime.

V. 2320. — Qui Dieu, ms. *que Dieu*.

V. 2322. — Saint Père de la Cité.

La description de ce qui restait de cette église avant sa transformation a été donnée par M. l'abbé Brune. (*Association bretonne*, t. III.)

V. 2325. — Qu'Aiquin, ms. *que Aiquin*. — Devier, lire : desvier.

V. 2327. — Grande fut l'oferande. Alexandrin ; pour : grant fut l'ofrande.

V. 2328. — L[y] auter, ms. *l'auter* ; v. faux.

V. 2332. — L[y] bon roys, ms. *le bon roys*, au cas sujet.

V. 2333. — L'arcevesque, ms. *ly arcevesque*.

V. 2339. — Ceste, ms. *cestez*.

V. 2342. — Qui[erre] cette ville, ms. *qui ceste ville*. Nous avons cru à l'omission d'une abréviation.

V. 2346. — Convenant. — La syllabe du milieu est muette.

V. 2351. — L[aint]aing, ms. *laing* ; vers faux.

V. 2364. — Juqu', ms. *juques*. — Que il fut ajourné, ms. *qu'il fut adjourné*.

V. 2367. — L'oubli de [ore] est vraisemblable. — Palays, ms. *paloys*.

V. 2379. — Au roy, ms. *au roys.*
V. 2382. — Vers incomplet ; deux pieds manquent.
Id. — Devoreigié, en rime pour : devoreigé.
V. 2386. — *Dorlet, près de Gardoyne.*
V. N. « Le chasteau Doret où est maintenant la justice patibulaire de la seigneurie de Châteauneuf. »
L'auteur de cette note utile a fait preuve de plus de sagacité que ceux qui ont placé cette forteresse à Château-Doré ou aux Vaux-Doré, localités trop éloignées de Gardoyne, et qui se confondent avec Château-Malo, occupé par Charlemagne dès le commencement de la chanson. Ce nom a été fourni par le village de Dolet (127 habitants, commune de la Ville-ès-Nonais), sous Châteauneuf, voisin de la mare Saint-Coulman, quand elle était plus étendue. Nous n'avons pu savoir s'il y a jamais existé quelque fortification qui en ait motivé le choix. La justice patibulaire dont parle la note, s'exerçait près de là, à la rencontre de la route de Rennes et du chemin aboutissant au port Saint-Jean, au lieu dit *de la Carrée.*
V. 2387. — G'i veil, etc.
Ms. *ge i veil àler pour voir le regné.*
V. 2390. — Ne fuieray cy aray.
Lire : ne fuieray sy aray o luy meslé.
V. 2394. — [Cre]stienté, ms. *ostienté.*
V. 2395. — Vous me remerrez. Cet hémistiche est juste, *me* faisant syllabe muette.
V. 2398. — Ysnellement, lire : ysnel[le]ment. — S'est, ms. *c'est.*
V. 2400. — Est le [moys], ms. *est lamiranz reposé.* Cf. 2391.
V. 2402. — Evesque et abbé, ms. *evesque et maint abbé.*
V. 2403. — Que ilz, ms. *qu'ilz,* c'est-à-dire les païens.

V. 2405. — Fierté, la quantité de ce mot varie sans que le sens indique une étymologie différente. Cf. 2377, etc.

V. 2411. — Bordé, ms. *brodé*.

V. 2412. — Ms. *Qui de fer têtes y a et lancés*.

Le vers suivant nous a fourni la correction. — Le ms. de Ste-G. porte : y a têtes et lances.

Ajoutons que dans l'original le dernier mot de ces deux vers n'était sans doute pas lancer, mais : lacer.

V. 2413. — Fist, sous-entendu : Doreit.

V. 2416. — Qu'illec, ms. *que illec*.

V. 2420. — Alexandrin. Non, *nomen*.

V. 2422. — Moult par est [belle] Quidalet, ms. *moult per est Quidalet*.

V. 2423. — Alexandrin.

V. 2424. — Se Dieu, ms. *ce Dieu*.

V. 2427. — C'est, ms. *s'est*.

V. 2428. — Il et, ms. *illec*. Répétition d'un mot du vers précédent.

V. 2429. — Vers incomplet.

V. 2435. — Leans sont les F[rancz]ois, etc. (Alexandrin.)
    Ms. *leans sont les fors ge soy de verité*.

Ce n'est pas un vers. Le décasyllabe pourrait se rétablir : là sont les Francs, etc.

V. 2442. — Ont moult forment, lire : ont [moult] forment.

V. 2443. — [Sont], ms. *c'est*.

V. 2447. — Suymes [onques] né, ms. *suymes né*. Vers incomplet.

V. 2453. — Que il ne vient, ms. *qu'il ne vient*.

V. 2456. — Piment, lire : pyment.

V. 2465. — Malvestié, lire : ma[l]vestié, faute du copiste, pour malvesté.

V. 2466. — Que il ne soit, ms. *qu'il ne soit*.

V. 2469. — Vers incomplet. S'est, ms. *c'est*.
V. 2471. — Que il, ms. *qu'il*.
V. 2483. —[Ha]a. Cf. 2533, emploi de cette interjection.
V. 2488. — [Treü], ms. *hey*.
V. 2493. — Noires. Nous n'avons pas accentué ce mot, quoique la prononciation soit sans doute celle de Noreys, qui se trouve plus loin.
V. 2495. — Juqu'aux, ms. *juques au.* — S'est, ms. *c'est.*
V. 2497. — Sur, ms. *surs*.
V. 2499. — Apela [Nesmes], mes ne. — Oubli évident.
V. 2500. — Comme, ms. *comment ;* vers faux.
V. 2501. — Or[e] me entendez, ms. *or m'entendez.*
V. 2503. — Aiquin le amirez, ms. *l'amirez.*
V. 2505. — Ou si non ja d'i[cy].
Ms. *ou si que non jadis ne tournerez.*
V. 2506. — Si vous sera (vers faux) ; supprimer : si.
V. 2507. — Arabe, ms. *anarbe.*
V. 2508. — Seilles de peilez, ms. *ceilles de perlez ;* plus loin : cellé, pour sellé.
V. 2509. — Brognes, ms. *broenes.* — Mil, ms. *mille.*
V. 2511. — Haquenées blanches et bien sellé[es], ms. *haquenées blanc et bien cellé.* Faute de versification.
V. 2512. — Vers incomplet. On pourrait suppléer : tretous.
V. 2516. — L'ot tel Aiquin, ms. *l'ot Aiquin tel.*
V. 2517. — Alez, lire : ale[z].
V. 2522. — Honnys, lire : honny[s].
V. 2523. — Deff[ïe]z, ms. *deffaitz ;* vers faux.
V. 2535. — Sere[z], ms. *seret.*
V. 2558-59. — Incomplets. Commandé, ms. *commendé.*
V. 2564. — Ja se en, ms. *ja s'en.*
V. 2567. — Compaigne, ms. *compaignie.* Cf. v. 695.
V. 2572. — Se en sont, ms. *s'en sont.*

V. 2575. — Et le pont, lire : [et] le pont.

V. 2576. — Contre le roy, ms. *contre le roys*.

V. 2580. — Ms. *de voz novelles vous me dittez verité*. Vers faux.

V. 2588. — Ça, ms. *sa*.

V. 2590. — Il et, ms. *illec et*.

V. 2592. — Sont [au] plus hault. Ms. *sont plus hault*.

V. 2594. — S'est un [Noirés], ms. *c'est ung ovre*.

V. 2601. — Le tu[r], ms. *le tue*.

V. 2604. — L[y] roys, ms. *le roys*.

V. 2608. — Du roy, ms. *du roys*.

V. 2610. — L'[ont], ms. *lors*.

V. 2611. — Le en ont, m. *l'en ont*.

V. 2614. — Chanoynez relé. — Il n'est peut-être pas inutile au point de vue de la date de la chanson de mentionner l'époque de l'introduction des chanoines réguliers à Saint-Malo. Elle eut lieu sous saint Jean de Châtillon, dit de la Grille, entre 1152 et 1157. Des chanoines de Saint-Victor remplacèrent alors les Bénédictins de Marmoutiers dépossédés par ce prélat.

V. 2617. — S'est, ms. *c'est*.

Même vers. — Demonté, lire : dementé.

V. 2622. — De m[ainte]nant les a reconforté. Ms. *de mynant les avoit conforté*.

V. 2624. — [Com]bien. Oubli d'une abréviation.

V. 2628. — Est le roy Charles, ms. *le roy est Charles*.

V. 2631. — Peuple, lire: pople.

V. 2634. — Verté, ms. *verité*.

V. 2638. — Mir[re] et encens, ms. *de vivre et encens*.

V. 2639. — T'offrirent, ms. *te offrirent*.

V. 2643. — Estant, ms. *estient*. — Po[est]é, ms. *posé*.

V. 2646. — Tretout, lire : [Tre]tout, ms. *tout*.

V. 2649. — Ms. *qui moult vous eut amé*.

V. 2652. — Geune, lire : *genvre*. Cf. v. 1359.
V. 2658. — Vers incomplet.
Ms. *pour nous deffendre fort du malfé.*
V. 2662. — Verté, ms. *verité.*
V. 2666. — Alexandrin.
V. 2667. — L[y] roys, ms. *le roys.*
V. 2669-70. — Vers incomplets.
V. 2671. — L[y] air, ms. *l'air.* Vers faux.
V. 2677. — Juqu'au, ms. *juques au.*

Le Terren. — On n'a pas relevé cette expression, dont le sens local est d'un vif intérêt. On appelle encore aujourd'hui le Terrain la partie du « Clos Poulet » située en terre ferme par opposition au Marais. Le marais conquis sur la mer à différentes reprises a toujours été sujet à des inondations, qui, naturellement, se sont toujours arrêtées au terrain. Aussi l'auteur d'Aquin trouve-t-il en dire assez en nous indiquant cette limite. Il ressort par conséquent de son récit qu'il n'y eut d'inondé que la contrée basse qui va de la baie de Cancale à la Rance, avec une largeur variable. Son étendue concorde visiblement avec les deux lieues de long sur six de large, en prenant le fond de la baie pour la plus grande dimension. Ce pays est englouti dans la chanson pour émerger à la prière de Charlemagne ; seule la ville de Gardoine, située au centre de l'isthme, ne réapparaît pas. L'auteur ne suppose donc pas un cataclysme aussi considérable qu'on l'a dit ; celui, par exemple, qui aurait envahi, en 709 ou 811, la contrée problématique située entre le cap Fréhel et les îles Chausey. Il se conforme au contraire à la tradition qui attribue à un même événement le Marais de Dol et la formation de la mare Saint-Coulman. Il connaît, en un mot, la légende quasi-historique de la crevée Saint-Guinou, dont nous avons parlé.

V. 2678. — Ce dit [l'en] de verté, ms. *ce dit de verité.*
V. 2687. — Vant, ms. *bant.*
V. 2691. — *Folio 50.* — Une erreur de pagination dans le manuscrit pourrait faire croire à une lacune entre le f⁰ 48 et le f⁰ 50. Mais le sens n'est pas interrompu.
V. 2692. — Se [ne] m'aist Dieu. Ou encore : se m'aïst Dieu.
V. 2694. — D'affolez, ms. *de affolez.*
V. 2695. — Garde[r], m. *gardez.*
V. 2696. — S'est, ms. *c'est.*
V. 2699. — Alexandrin du fait du copiste, qui a sans doute mis *regardé* pour le simple *gardé.* Cf. 2565, etc.
V. 2701. — Pour l'amour Dé, ms. *pour l'amour de Dé.* Vers à corriger peut-être : Glorïeus sere, dist-il, etc.
V. 2703. — Se il, ms. *cil.*
V. 2710. — Ce vers doit être rétabli ainsi dans le texte :
Nostre emperiere a Jhesu mercïé.
V. 2713. — Se est, ms. *c'est.*

Il est intéressant de rapprocher le récit de la fin de Gardoine de celui de la destruction de Luiserne qui termine Gui de Bourgogne.

V. 2714. — *Par devers Bise, contre soulail levé.*

La distinction que nous avons faite au v. 210 n'a pas d'intérêt ici. Les rochers de Biseux et la contrée de Bise qui borde la Rance dans les environs d'Aleth sont au nord-ouest de Gardoine et de Dorlet, nous voulons dire de la mare Saint-Coulman. On peut donc également traduire bise par nord, sans contre-sens. Il va sans dire que l'auteur a peu consulté la vraisemblance en faisant venir de ce côté l'armée de secours envoyée par le pape. C'est en effet le côté opposé au continent. Pour ne pas être trop rigoureux, on peut admettre que cette armée est venue par mer ou qu'elle a traversé la Rance au gué le plus voisin de Quidalet.

V. 2717. — Garni, ms. *garniz*.

V. 2718. — Chevaulchent les galoz et le gué. — Nous comprenons le guié, le pas succédant au galop. Cf. guider un cheval, l'amener. Gl. de Scheler.

V. 2720. — [Et] fermé. Addition de [et] nécessaire à la mesure. — Fermé, sens de fermail, agrafe.

V. 2723. — Merveille, lire : mervoille.

V. 2727-29. — Vers incomplets.

V. 2733. — Moi, lire : moy. — Ça, ms. *se*.

V. 2735. — Faux. Ceulx y vont, lire : [et] ceulx y vont.

V. 2739-40. — Vers incomplets. — N'ayez, ms. *n'oyez*.

V. 2742. — Secrétaire. V. N. « C'est le pape ». La suite prouve l'exactitude de cette annotation. Le copiste a probablement mal lu le mot : Secretain, *sacrorum custos*, qu'il faut entendre dans le sens le plus général. V. Ducange, v°.

V. 2743. — Principé, ms. *principez*.

V. 2744. — L'[a] anvoyé, ms. *l'anvoye*

V. 2745. — Vers incomplet. — En ajoutant [Charlemaines], nous supposons que l'empereur s'est approché pendant le dialogue qui précède. Rapprocher le vers 2755.

V. 2746. — Charlemagne se souvient de Garnier. — L'auteur a-t-il eu en vue quelque chanson où figurait ce Garnier de Gascogne ou de Cocagne, que nous n'avons pu retrouver dans aucune geste? On ne voit aucun rapport entre ce personnage et le plus célèbre des Garnier, Garnier de Nanteuil, époux d'Aye d'Avignon.

V. 2750. — Vers incomplet.

V. 2751. — Ge le, prononcer : gel. — Après ce vers, le sens est interrompu sans doute par l'omission d'un vers contenant une formule de salut, par exemple : Si sault et gart...

V. 2752. — Roy principé, ms. *roys principez*.

V. 2754. — Le pere en Dieu, ms. *lenperere en Dieu.*
V. 2763. — P[ui]st, ms. *peust.*
V. 2767. — Au roy, ms. *au roys.*
V. 2771. — Vostre ; on peut lire également nostre.
V. 2773. — Mesaige, ms. *mesaigez.*
V. 2780. — Mès ge ne s[o]y comment puisez aler.
 Ms. *Mes ge ne suy mes comment vous puisez aler.*
V. 2790. — Sur, ms. *surs.*
V. 2798. — Lors, ms. *lours.*
V. 2800. — Le[s] vasal aduré, ms. *le vasal adurer.*
V. 2801. — Gué, ms. *guez.*

Gués de la Rance. — Pour comprendre le récit des laisses XVI et XVII plus haut, il faut admettre qu'il existait un premier gué dans les environs de l'île Notre-Dame. C'est probablement celui que la tradition place dans le voisinage du bac de Jouvente, en arrière de l'île Chevret. Quant au gué dont il est parlé dans ce vers, il était situé, dans l'esprit de l'auteur, beaucoup plus haut sur la rivière. Les données qui suivent indiquent qu'il a pu penser au passage de Rance, qui unissait les deux tronçons de la voie romaine de Dol à Corseul. Rapprocher la note du v. 1340.

V. 2804. — S'est l[y] roys, ms. *c'est le roys.*
V. 2805. — Que il eut, ms. *quil eut.*
V. 2806. — Et Cre[stïens], ms. *et certez.* Cf. v. 2750.
V. 2811. — Alexandrin. Sans césure.
 Ms. *Jamès en France vera tel roys couronné.*
V. 2814. — S'est l[y] roys, ms. *c'est le roys.*
V. 2819. — Eslayse, ms. *est aise.*
V. 2820. — S'estoit, ms. *se estoit.*

Corseul. — Un acte reproduit par D. Morice, pr. I, p. 701, constate l'existence d'un péage ou tonlieu important à Corseul en 1184, date peu éloignée de celle de la chanson.

V. 2821. — Ville [d']antiquité. — Nous avons préféré cette correction, qui nous est donnée par le ms. de S^te. G. Elle a l'avantage de modifier le moins possible l'aspect de ce vers intéressant. L'expression *d'antiquité* se trouve dans Roland, v. 2615. Cf. Littré, v°

V. 2822. — Alexandrin, en comptant gastée pour trois syllabes.

L'Histoire Littéraire corrige ainsi ces deux vers :
Cité fut riche de vieille antiquité,
Mais gaste estoit longtemps avoit passé.

V. 2823. — Sire, ms. *sires.*

V. 2825. — ....Le grant chemin ferré
Que fist la famme Ohès le veil barbé.

Ce chemin ferré se trouve, d'après la chanson elle-même, entre Corseul et Carhaix. L'auteur d'Aquin paraît ignorer les autres *hent-aës*, notamment celui que l'armée de Carlemagne va suivre de Carhaix à la mer et qui coupe la base de la presqu'île de Crozon. Cf. v. 872.

La dame qui crée les chemins n'est dans la chanson que la « famme Ohès », l'auteur paraît avoir inventé le seigneur Ohès pour placer l'histoire de la *Groarc'h Ahès*. Le nom même d'Ahès ne se trouve pas dans la chanson. De tous les travaux si nombreux relatifs à Ahès, nous ne signalerons que le suivant : Voies romaines partant de Carhaix, par M. Biseul (Association bretonne, 1862.)

V. 2829. — Qu'en, ms. *que an.*

V. 2830. — S'herbregent, ms. *s'herbregerent.*

V. 2831. — Ms. *quant se furent tretouz.*

Le mot Francs qui manque à ce vers est en trop au suivant.

V. 2832. — X.^m se sont, ms. X.^m *Francs se sont.*

V. 2833. — Parmy le. Cf. note du vers 932.

V. 2842. — Qu'[o] yeux, m. *que geux.*

V. 2844. — Isnellement, ms. *isnelment*, même correction aux v. 2882 et 2893.

V. 2847. — Vers incomplet.

V. 2850. — Se est hault, ms. *c'est hault*.

V. 2853. — Que il, ms. *qu'il*.

V. 2856. — Veïssez, ms. *vaïssez*.

V. 2869. — Agrevé, ms. *agravé*.

V. 2878. — Et ung respont, c'est-à-dire Nesmes répond.

V. 2879. — L[y] roys, ms. *le roys*.

V. 2880. — Que envers moy n'ait, ms. *que envers moy Nesmes n'ait*, répétition nuisible du mot Nesmes qui ne peut se rapporter qu'à *moy*.

V. 2881. — Gard'ous, ms. *gardez vous*. Vers faux, rapprocher v. 2523.

V. 2883. — Vers incomplet. — Le costé, ms. *les costé*.

V. 2890. — Vers incomplet.

V. 2893. — Accré, ms. *asseré*.

V. 2894. — Aiquin, ms. *et Aiquin*. Vers faux.

V. 2895. — Se entre sont, ms. *s'entresont*.

V. 2896. — Juqu'à, ms. *juques à*.

V. 2898. — L[y] amiré, ms. *l'admiré*. Vers faux.

V. 2903. — Ms. *Et le vait paour ot de sa vie*.

V. 2905. — Espée, Cf. note du v. 723.

V. 2906. — C'est-à-dire Nesmes frappe Aquin.

V. 2909. — Quant le. Cf. note du v. 932.

V. 2915. — Qui ne l'a pas amé, périphrase qui remplace pour la rime le mot ennemi. Sens de ces vers : Les Français chassent Aquin ; il s'en va et son ennemi le poursuit.

V. 2916. — De Char[ah]ès, ms. *de Charles*.

V. 2920. — Voilé, ms. *violé*.

V. 2922. — [Nae]llé, ms. *maillé*. Vers faux.

V. 2923. — Lancé, m. *lencé*.

V. 2926. — Damme, ms. *dammes.*

V. 2936. — Aiquin le amiré, ms. *l'admiré.* Vers faux.

V. 2938. — M[al] y avez doubté, ms. *moy y avez doubté,* sur l'emploi de mal ou mar dans le sens prohibitif, consulter Diez, III, p. 259.

V. 2942. — Dist [Nesmez]le sené, ms. *dist Charles le sené.*

V. 2943. — L[e] amiré, ms. *luy admiré.*

V. 2947-48. — L[y] roys, ms. *le roys.*

V. 2953. — Ne plus que il, ms. *ne plus qu'il.* Vers faux.

V. 2958. — Oncques, lire : onc.

V. 2960. — Alexandrin. Quant l[y] roys, ms. *quant le roys.*

V. 2964. — Alexandrin. Evesque, ms. *evesques.*

V. 2970. — Sorez de l'amiré, ms. *soiez de l'amiré.*

V. 2972. — D'ire, ms. *de ire.*

V. 2974. — Que il vit, ms. *qu'il vit.* — A le cueur, prononcer comme s'il y avait : al cueur.

V. 2976. — Perdue, compter la syllabe muette.

V. 2977. — Droit au Men[é], ms. *droit au Mens.* Notre correction rétablit la mesure du vers. A ce premier argument en faveur de cette restitution, ajoutons que l'histoire de l'ermite Corentin qui va suivre sent trop le voisinage de Quimper, pour que l'auteur ait fait quitter la Bretagne au roi Aquin, et enfin que la proximité de la mer ressort du vers 2023.

V. 2979. — Le firent, ms. *le furent.*

V. 2981. — Où il avoit, ms. *ou il y avoit.*

V. 2982. — Anchauce, ms. *anchause.*

V. 2983. — L[y] ducs, ms. *le ducs.* — *Sy a,* un pied.

V. 2984. — L[y] roys, ms. *le roys.*

V. 2985. — Nyvet. — Une note marginale « Nyvet

château » a égaré les recherches ; il faut voir ici, comme nous l'avons dit, la forêt de Nevet. Rien ne démontre mieux l'importance de cette forêt que l'extrait qui suit. Il est tiré d'un *Aveu rendu en 1644, par Jean, baron de Nevet, à l'évêque de Cornouaille* :

« ....En laquelle parroesse (de Plogonnec) il y avoict
« fort peu de cette grande forest de Nevet, qui, par la dicte
« division du dict evesché en parroesses et tresves, partye
« se trouva en Plomodiern, au dict Plogonnec autres
« parties, et presque le toult de la parroesse de Plonevez-
« Porzay, partie des parroesses de Quemeneven circon-
« voisines et Loc-Ronan, à présent prieuré ; laquelle
« forest ayant esté essartée, cultivée et affeagée en por-
« tions par les seigneurs de Nevet à seigneurs gentiz
« hommes, et autres de condiction commune qui s'y sont
« establis, y ont basty manoirs et villages, mesme églises,
« et qui relèvent encor à présent du dict seigneur de Nevet
« et suivent sa juridiction ; et autre partye de la dicte
« forest, encor en essence et qui cerne de touttes parts
« fors le midy le chasteau du dict Lezargant, situé en
« la dicte parroesse de Plonevez, demeure en ce temps des
« dicts seigneurs. » (*Arch. du Finistère.* — Fonds de l'évêché de Quimper.—Copie appartenant à M. de la Borderie.)

V. 2987. — Trés, ms., *tref.*
V. 2989. — Se est, ms. *s'est.*
V. 2990. — L'ost Charlez, pour : l'ost Charle.
V. 2991. — Couroce, lire : *courocé.*
V. 2993. — Vestuz et courc[el]ez, ms. *l'escuz et courcez.*
V. 2998. — Ne s'est aseuré mye, ms. *ne s'est mye ascuré.*
V. 3001. — Ça, ms. *sa.*
V. 3003. — Que j'amaye, ms., *que je amaye.*
V. 3004. — La fort, ms. *la forte.*
V. 3006. — Auré, ms. *airé.*

V. 3007. — S'elleissent, ms. *se elleissent*.

V. 3013. — Envaïe, ms. *envoïe*.

V. 3014. — Isnel[le]ment a la famme aqueillie. — Aquin recouvre-t-il sa femme, ou ne faudrait-il pas corriger : a l'oriflamme aqueillie ?

V. 3015. — [Ou] chastel, ms. *et chastel*. — Une erreur dans le numérotage a échappé à l'impression entre ce vers et le v. 3074.

V. 3017. — Vers incomplet. — Sens : Garnier que J. C. vous accueille avec un visage favorable.

V. 3020. — E[r]t, ms. *est*.

V. 3021. — Asaillie, ms. *asailliée*.

V. 3022. — Brusl[i]e, ms. *bruslée*.

V. 3024. — Arse, ms. *arce*.

V. 3026. — *Ung hermitage trouva le Barbarin*. — L'aveu cité plus haut, reproduisant les actes des saints qui ont illustré la forêt de Nevet, parle de cet ermitage :

« L'antiquité de la famille de Nevet se justiffye en la
« vye de Sainct Corentin, premier Evesque de Cor-
« nouaille, et autres cy après exprimez ; puisqu'il s'y
« voit, que le Roy Grallon, devenu héritier de Conan son
« père, environ l'an de nostre salut 388, allant à la chasse
« et ayant traversé la forest du seigneur de Nevet, il
« arriva avec son train fortuittement à l'ermitage du dit
« saint Corentin, proche de la dite forest. Ce qui est encor
« confirmé par celle de *Saint Guenolay*, premier abbé de
« Landevenec, où il est rapporté, que luy et Fragan son
« père, estantz venus voir le dit saint Corentin, attendu sa
« sainteté de vye, le trouvèrent en son dit hermitage, au
« pied d'une Montagne nommée Menez-Cohm, proche
« d'une grande forest, dicte de Nevet. »

V. 3028. — Messe chantant. — Plusieurs analyses d'Aquin traduisent : c'était le jour de la Saint-Martin

(11 novembre). C'est plutôt, croyons-nous, une allusion à la qualité de disciple de saint Martin de Tours, constamment donnée à saint Corentin dans ses légendes. Quoique la suite du récit prouve qu'en réalité saint Corentin disait la messe, messe chantant rappellerait ici le sens du mot composé provençal *messa-cantant*, ayant la signification de prêtre ou de religieux. (Cf. P. Meyer, Romania 1875, p. 463.)

V. 3037. — De [put] lin, ms. *d'equilin*.

V. 3044. — Le duc apelle, c'est-à-dire Charles appelle le duc.

V. 3047. — Ms. *demande luy ont les Sarrazins*.

V. 3048. — [Ce] dis[en]t, ms. *dist*. Vers incomplet.

V. 3050. — Conpte d'efreente[r] luy, ms. *conpte d'efreent et luy*.

V. 3051. — Romain, ms. *romains*.

V. 3053. — Ne d'Aiquin, ms. *ne de Aiquin*.

V. 3055. — Ge t'occiray, ms. *ge te occiray*.

V. 3057. — Qui [de] l'esve, ms. *qui l'esve fit*, vers faux.

V. 3058. — Archedeclin. Cf. Fierabras, v. 1642-3.

V. 3059. — Juqu'à la fin, ms. *juques à*.

V. 3060. — A matin, ms. *ha matin*.

V. 3061. — Là me vi[n]t, ms. *là me vit*.

Laisse XXIII. L'auteur du remaniement d'Aquin que nous publions a laissé en assonances cette dernière laisse, ou plutôt n'a pas achevé d'en transformer les finales en rimes, par une négligence fréquente à la fin des chansons remaniées. Cf. G. Paris, Alexis, p. 264 (Rédaction du XIIIe s.).

V. 3063. — En mon abit, ms. *et en mon abit*. Vers faux.

V. 3064. — Lour ot conté, ms. *lour ot ce conté*. Vers faux.

V. 3065. — Vers incomplet.

V. 3069. — Chandel regit. Nous comprenons : chef avoué, guide reconnu — en donnant à *regit* le sens d'un p. p. de regehir, avouer. C'en est assez pour conserver tel quel ce passage sans doute interpolé. — Les différentes copies du ms. écrivent : chandelle. — (Cf. Duc-Hensch, Lacurne, aux mots : chadeler, chadel.)

V. 3070. — Juqu'à sa salle, ms. *juques à*.

V. 3071. — [Envaïz], ms. *anvoiez*.

V. 3076. — Ms. *par la bataille avons ali à fin*. Ce vers n'a pas été remarqué, il annonce la fin prochaine de la chanson.

V. 3077. — Ms. *Tuez fut.... et fut frere Seguyn.*

Le nom qui manque est, comme nous l'avons exposé, celui d'*Aquin;* nous en avons, semble-t-il, la preuve matérielle aux v. 1039-40, où Seguin est indiqué comme le frère du héros du poème. — La copie de Ste G. supplée : tuez fut homme.

V. 3080. — Branc acerin, ms. *blanc acerin*.

V. 3081. — Tïori, lire : *Tyori*.

A propos de Tïori, duc de Vannes, père de Roland, nous insérons ici quelques vers inédits du Charlemagne de Girard d'Amiens, relatifs aux Enfances *bretonnes* de Roland. Charlemagne fait le voyage de Bretagne pour annoncer à sa sœur la mort de son mari Milon, duc d'Angers :

> *Aussi prist Challemaines vers sa suer à aler,*
> *En ung chastel où mult amoit à séjourner,*
> *Assez près de Bretaigne, Vannes l'oy nommer,*
> *.I. chastel que li dux avoit là fet fermer...*

Charlemagne arrive dans les environs de Vannes, ses veneurs vont chasser dans les forêts voisines. Le jeune Roland prend les officiers du roi pour des maraudeurs et se révèle par le châtiment énergique qu'il leur inflige. L'empereur reconnaît son sang. Après cet incident, Charlemagne entre à Vannes :

> *Li rois avec sa suer fut. VIII. jors sejornez.*
> *Puis prist congié li rois, si s'en est retournez*
> *A Orliens drettement, et Rollant est remez*
> *Avecques la duchesse, quar ainsi fu ses grez,*
> *Tant que le duc Milon fust un poi obliez.*
> *Et fut le corps le duc de terre deterrez*
> *Et à Vannes meismes et mis et enterrez*
> *Et pour s'ame. I. moustier et fait et estorez...*
>   (B. N^{le} Fr., 778, f° 110.)

V. 3086. Vers incomplet :
   Ms. *Et luy a mys ung escu parmy.*
V. 3087. — Nesmez en fiert sus l'escu à or fin.

Après ce vers, le ms. s'arrête au premier tiers du verso du f° 57. Si la fin d'Aquin manque, ce n'est pas par suite d'un accident matériel, comme celui qui nous a privé du commencement. Rien n'indique que le copiste ait regardé son travail comme terminé ; mais nous avons tout ce qu'il en a exécuté.

GLOSSAIRE

A, *prép., avec;* à sigle levé, 1434, — *en manière de;* peint à leon, 43 — *par,* 2259 — *pour* as (ad illos, ad illas), 1351, 2250, 2777, — à pouay, 1716; à hault, 1434; à long, 1364.

Abevrer, 2053, *abreuver.*

Abit, 1150, 3062, *couvent.*

Abriffé, 2064, *empressé, excité.* **Cf.** Raynouard, *II, 259, sous* abrivar.

Abrivé, 1844, *etc., rapide.*

Aceré, 824, *etc., d'acier, coupant.*

Acerin, 929, *même sens.*

Achetiver, 1075, achestiver, 1806, *rendre quelqu'un misérable.*

Acoller, 522, *etc., embrasser.*

Acoupverclé, 2047, *muni d'un couvercle.*

Adeis, 405, *aussitôt.*

Adirer, 1322, 1731, *perdre, égarer.*

Adjourner, 1183, 1493, *faire jour.*

Adober, 1422, *etc., armer quelqu'un chevalier,* — *réfl.,* 525, *s'armer.*

Adoler (s'), 2976, *se désoler.*

Adourer, 134, *adorer.* — Vendredi adouré, *Vendredi-Saint,* 2659.

Adourné, 2717, *paré*.
Adrecer, 2775, *relever*.
Aduré, 750, *etc.*, *robuste, endurci*.
Adurer (s'), 1524, *s'appesantir par le sommeil*.
Adversité, 1479, *malheur;* 1111, 2418, *défense, danger*.
Aé, 863, 912, etc., *âge, vie*.
Aeve, 46, *cours d'eau*.
Aentrer, 2119, *entrer*.
Afinis, 1054, *achevé*.
Affectiez, 172, *préparé, capable*.
Affiné, 1667, *terminé*.
Affoler, 1366, afoler, 1229, *fouler, écraser, tuer*.
Affondré, 2685, *englouti, coulé à fond*.
[A]guieter, 2738, *épier, dresser des embûches*.
Agracer, 1044, *déchirer avec les ongles*.
Agrevé, 2057, *etc., accablé*.
Ains, 1284, *etc.*, ainz, 845, *avant*.
Ains, 1831, *mais*.
Ainxin, 907, ainxy, 566, *ainsi*.
Aïr, 675, *etc., fureur*.
Aist, 644, *etc.*, 3 *p. subj. prés. d'aider*.
Ajourner, 2178. *Voir* adjourner.
Alas, 2548, *interjection*.
Aler, 1345, etc., *aller ;* voys, 1652 ; va, 1033; veit, 212, 2919; vait, 2432; alon, 1238; alez, 4; aloit, 1623; alastes, 2656; allerent, 1551 ; yray, 178; yra, 2181 ; yron, 2161 ; iraye, 1656, *subj.*, *3 p.* auge, 170; *1 p. pl.* augeon, 1636; *p. p.* alé ; 1061 ; allé, 2366.
Alentir, 653, *retarder;* alentifs. 978, *lents*.
Alosé, 763, *digne de louange*.
Alouer, 1980, 2028, *mettre au lieu et place*.
Amer, 1940, *etc., impf. 1 p.* amaye, 3003 ; *3 p.* ameit,

ameit, 230; *pf.*, amerent, 2005 ; *fut.*, amera, 1081 ; *p. p.*, amé, 915, amée, 2968.

Amayner, 961, *etc., amener.*

Amidé, 1206, *pierre précieuse ? Cf.* amy Dé.

Amirant, 346, *etc.;* amiré, 1773, *etc., émir, chef.*

Amit, 3036, *amict.*

Amme, 2312, *âme.*

Ammonester, 1934, *avertir.*

Amont, 1254, *en haut.*

Amy Dé, 1896, 2062, *saint.*

An, 654, *on.* — Voir : en.

Anceys, 205, *mais, au contraire;* anczois, 901, *même sens.*

Anchaucer, 2915, 2982, *poursuivre, presser vivement —* Donc vont par bois cerf enchaucier. Et. de Fougères, *Livre des Manières, p. 3, v. 21 ; éd.* F. Talbert.

Anczez, 1423, *avant que.*

Anforçant, 1833, *renforcé, puissant.*

Angarde, 549, *avant-garde.*

Anpanné, 2596, *garni de plumes.*

Ansoit, 2471, *avant que.*

Antis, 248, *ancien.*

Anz, 1390, *dedans.*

Aonbrer, 1899, *cacher.*

[A]parmyn, 3086, *tout de suite.*

Apasser, 1148, *arriver, aborder.*

Apertement, 1916, *manifestement.*

Aplainé, 1800, *abattu.*

Après, 1415, *à la suite de;* en après, 2446, *ensuite.*

Apresmer, 2266, *approcher.*

Aprimer, 1882, *même sens.*

Aprins, 278, *instruit.*

Aposter, 1059, *réfl., se tenir.*

Apostoire, 109, *etc.*, apostaire, 3011, *pape.*
Aptenprent, 2586, *3 p. pl. pf. d'atteindre.*
Aquippé, 1446, *équipé.*
Arabis, 414, *adj., épith. de cheval, barbe, rapide;* — *subst.*, 275, *etc., cheval arabe, cheval.*
Aragon (destrier d'), 40.
Arde, 2129, *3 p. s. subj. d'ardoir, brûler.*
Aré, 1807, *etc., 1 p. futur d'avoir.*
Aresonner, 2032, *etc., interpeller, sommer de s'expliquer.*
Arestacion, 150, aretaison, 48, *retard.*
Ariché, 1413, *enrichi.*
Arme, 1675, *etc., âme.*
Aroter (s'), 37, *etc.*, arouter, 1787, *se mettre en route.*
Ars, 1346, *rég. pl., arc;* — ars de cors et de plané. *Voir note du v. 1346* — *arc pour lancer le feu grégeois*, 1305. *Cf.* Joinville, *p. 471, éd. N. de Vailly.*
Ars, 1315; arce, 3023, *p. p., brûlé, brûlée.*
Art, 1306, *3 p. s. ind. d'ardoir, brûler.*
Asaillir, 670, asallir, 2589, assaillir, 1355.
Asauldre, 115, *autre forme du même verbe.*
Aseger, 372, asieger, 1097.
Aserir, 681, *faire soir, commencer à faire nuit.*
Aseur, 627, *certain, sûr.*
Aseurer, 2025, *etc.*; asurer, 2978, *etc.*; ass[e]urer, 1334; *faire sûr, garantir; réfl.*, 2998, *se tranquilliser.*
Asin, 3078, *assez.*
Aspre, 1946, *piquant.*
Asur, 596, *1 p. ind. prés. d'assurer.*
Atant, 401, *avec cela, sans plus.*
Atarder (s'), 550, *se ralentir.*
Aubert, 1597, *etc.*, haubert, 813, *etc.*
Auctorité, 1830, *tradition. Cf. Aliscans, v. 1081.*

Auge, 170. *Voir* aler.
Augeon, 1636. *Voir* aler.
Aulté, 1070; auter, 1895, *autel.*
Autré, 809, *autrui.*
Autretant, 1664, *autant.*
Avair, 421; aver, 1411, *fortune, avoir.*
Aval, 35, *en bas*, l'aval, 2000, *l'en-bas.*
Avaler, 2268, *abaisser.*
Avayne, 1379, *avoine.*
Aver, 548; abvoir, 1417, *avoir. Ind. pr.*, ay, 333, é, 2944, *etc.;* ha, 1734; abvon, 431; abvez, 2581, *impf.*, avaye, 1497; avoit, 1165; abvoit, 24; av[e]ient, 1486; avoient, 79; avaient, 195; avoint, 269; *pf. 3 p. s.*, ot, 50, *etc., 3 p. pl.*, orent, 2177, *fut. 1 p.*, aray, 502; aré,1807; auré, 375, *etc., cond. 3 p.*, aret, 2643, *subj. impf.;* eusse, 2870; eust, 825; eussez, 2872, *etc.;* eussent, 147; eusent, 1303.
Avesprer, 642, *faire tard.*
Avironné, 754, *entourer.*
Aviser (s'), 2860, *s'apercevoir, se voir.*
Avoué, 756, 2175, *protecteur féodal, seigneur.*
Avouer, 1177, *dédier, reconnaître.*
Aye, 2397, *subst., aide.*
Ayé, 2551, *p. p. d'aider.*
Baign, 2081, *bain.*
Bailler, 726, *rester la bouche béante, mourir.*
Baillie, 3010, *fief.*
Bait, 2456, *3 p. s. ind. pr. de boire (baire).*
Ban, 2314, *rappel.*
Barbarin, 3045, *habitant de la Barbarie, gén., païen.*
Barbé, 757, *etc.,* vieux, barbon.
Barge, 241, 1375, *etc., bateau de transport,* 2117, *barque.*

Barné, 1074, *etc.*, *corps des barons, ensemble de la noblesse.*

Basme, 1964, *baume.*

Baston, 1111, *sorte d'épieu.*

Bataille, 651, *bataillon.*

Batel, *navire ;* B. aquippé, 1446, *armé en guerre*, B. nagé, 2002, *que l'on conduit à la rame.*

Baudie, 538, *etc., retentissement.*

Baudir, 658, *retentir*, 524, *faire retentir.*

Bausen, 1680, *épith. du cheval, tacheté de blanc, de couleur pie. Cf. Burguy au mot* Bauçant.

Begnéie, 558, *3 p. s. subj. de bénir.*

Beisser, 296 ; besser, 2056, *baisser.*

Beluté, 1380, *tamisé.*

Beneüré, 1147, *etc., bienheureux.*

Ber, 1373 ; baron, 61, *homme de guerre, vassal ;* 57, *degré dans la hiérarchie féodale.*

Bergaigne, 708 ; bergaingne, 711 ; berganne, 699 ; *sens propre, négoce ; par ext., affaire, combat, le plus souvent combat désavantageux.*

Bise, *nord. Cf. notes des v. 210 et 2714.*

Blescé, 2625, *blessé.*

Bliaut, 313, *vêtement de dessus.*

Boays, 2565 ; bouays, 866, *etc., bois.*

Boguerastre, 1384, *boisson composée. Cf. Duc-Hensch., aux mots* bogeraste, borgerastre.

Bouclé, 1203, *épith. d'écu, bombé.*

Bouster, 1945, *mettre.*

Bouton, 139, *valeur dérisoire.*

Braire, 2245, *crier, brailler.*

Branc, 824 ; brant, 398 ; *pl.*, brans, 568 ; *lame.*

Brandir, 980, *agiter un branc.*

Breff, 360, *etc.*, brieff, 186, *lettre.*

Bret, 3074, *cri ; pl.*, bretz, 1050.

Brocher, 632, *piquer.*

Broches, 2411, *piques, fers pointus plantés debout, garnissant la crête d'un fossé. Cf. Duc-Hensch. V° Brocae.*

Brognes, 2509, *cotte de mailles.*

Bruni, 526, *poli ; épith. de heaume.*

Brut, 1341, *3 p. ind. prés. de bruire, faire du bruit, retentir.*

Buchez, 2476, *rég. pl., bois disposés comme des chevaux de frise.*

Bugle, 2793, *buffle.*

Ça, 1474, *etc., celle-là. V. note du v. 1474.*

Carniaux, 1212, *créneaux.*

Cay[te]ment, 1527, *à la sourdine.*

Celé (en), 2595, *en cachette. Faut-il voir au v. 1527 la locution* coiement et en celé ?

Celer, 2279, *cacher.*

Celle, 541, *pron. dém. fém.*

Cendé, 894, *pl.*, cendez, 2508 ; cendeux, 244 ; *taffetas.*

Cercher, 1705, *chercher.*

Cercle, 2907, *bande de métal qui entourait le casque.*

Cest, 1261 ; ceste, 2336, *pron. dém.*

Chadoine, 710, *capitaine.*

Chaïr, 673, *tomber; ind. pr.*, chaist, 2600 ; chiéent, 947 ; *p. pr.*, chaiant, 1592 ; *p. p.*, chéu, 2889, *etc.*

Chamailz, 2793, *rég. pl., chameau.*

Chambre, 2119, *demeure.*

Champé, 2185, *etc., qui a lieu en rase campagne.*

Chanczon, 799, 1849, *nom donné par l'auteur à son œuvre.*

Chandel, 3069, *guide. Cf. F. Bonnardot, les Loherains Romania, III, 203, et note du v. 3069.*

Chandeller, 544, *conduire. Forme ordinaire du mot*

chadeler et chaeler — dans le roman d'Alixandre : *Alixandre chadele les Gris*. — *Rois Baufumés qui les chaele et guie*. Aliscans, v. *450*.

Chané, 2037, *canal, chenal ;* le chané de la mer, 1391; son mestre chané, 2676, 2708 ; *trace de l'ancienne cosmographie*.

Chantiax, 1380, *rég. pl., morceau, chanteau, par ext., pain*.

Chanu, 2106, *blanc, à tête blanche*.

Chapler, 1402, *frapper*.

Chapple, 1531 ; chappleys, 982, *bataille, carnage*.

Char, 1598, *chair*.

Charnelx, 1038, *suj. pl., uni par les liens du sang*.

Charnier, 1064, 1069, *tombe commune*.

Chartre, 503, *prison*.

Chasé, 2022, etc., *nanti d'un chasement ou fief seigneurial, investi*.

Chastel, 76, chasteaulx, 383 ; chastiaulx, 1328.

Chastelain, 1255, *commandant d'un château*.

Chasuble, 3035, *subst. masc.*

Chateil, 2021, *capital, biens meubles*.

Chateillon, 86, *petit château*.

Chauseyx, 205, *fait à la chaux*.

Chaussé, 2127, *nanti. V. note de ce vers*.

Cheff, 262, etc., *tête*.

Chemise, 301, *chemise de mailles*.

Chenaille, 729, *canaille*.

Cherté, 2090, etc., *rareté, prix*, 2969, *affection*.

Chetif, 293, *prisonnier ;* chetive, 2834, *fém*.

Chevalx, 527, *rég. pl.* — C. de pris, 529.

Chevé, 1339, *sens de* chef, *fin, bout. V. note de ce vers*.

Chevelx, 2316, *rég. pl., cheveux*.

Chevetaigne, 716, *capitaine*.

Chiere, 309, 3017, *visage, figure*. — *Povres heberge o belle chiere non o morne*. Et. de Fougères, *p. 47, v. 16*.

Chouasir, 1588, 2920 ; *distinguer, voir ; p. p.*, chouasi, 2715.

Chouché, 1477, *picard, pour* couché, *déposé*.

Ciclaton, 1090, 1377, *etc., étoffe ou vêtement de soie*. — *Tout fu de siglaton n'i ot ne lin ne laine*. Siége de Barbastre. H. L. XX. 707. *Cf. note de Fauchet, v.* 1090.

Cigle, 1434. *Voir* sigle.

Cil, 101, *etc.;* ceul, 790, *etc.;* cieul, 1583, *etc.;* cel, 1146, *etc.;* celuy, 24, *etc., pron. dém. sg., confusion des cas.*

Cilz, 1876, *etc.;* celx, 888; ceulx, 1131, *etc.;* cieulx, 1117, *etc., pr. dém. pl.*

Cimat, (?) 226, *ciment*.

Ciz, 25 ; cité, 50, *etc.; ciz est employé au cas oblique*.

Clamaison, 103, *plainte juridique*.

Clamer, 2482 ; claimer, 488, *appeler, réfl., se plaindre*.

Cler, 256, *brillant ;* le cler dou matin, 3058.

Cleré, 2456, *clairet, vin d'un rouge clair. Cf.* Littré.

Cliné, 1408, *etc., couché ; se dit du soleil*.

Cognut, 1589, *etc.;* cognurent, 2860, *3 p. pf. de con*naître.

Com, 364, *etc., comme*.

[Com]bien, 2624, *quoique*.

Commant, 1560, *ordre*.

Commender, 2312, *recommander*.

Commis, 245, *cumin, épice*.

Compaigne, 695, *etc., compagnie*.

Compassé, 871, *etc., achevé, parfait*.

Compter, 907 ; conpter, 1500, *etc.;* conter, 874, *énumérer, deviser*.

Conbler, 2328.

Conduyre, 2786, *mener; fut.*, conduray, 2394.
Conduit, 2084, *etc., tuyau, conduite.*
Conforter, 2458, *encourager.*
Congé, 795, *permission.*
Connestablie, 553, *corps d'armée.*
Conperer, 1464, *etc., acheter, payer.*
Conquester, 1424, *fréq., de conquérir.*
Conquist, 1844, *3 p. pf. du même.*
Conray, 652 ; conré, 647, *corps de troupes.*
Contour, 9, *syn. de comte. Cf. P. Meyer, gloss. de Brun de la Montaigne.*
Contreval, 2601, *en bas ;* contreval Rance, 1409, *en descendant la Rance.*
Convenances, 682, *conventions.*
Convenant, 2346, *même sens.*
[Convenir], *ind. pr.*, conpvient, 2249 ; *fut.*, conpvendra, 2785; *pf.*, conpvint, 2783.
Cordes, 1530, *sens actuel.* Cordes de saye, 1140.
Cords, (?) 1346. *V. note de ce vers.*
Corner, 2995, *jouer du cor.*
Corpe, 579, *faute.* — Battre sa corpe, *faire son mea culpa. Express. fréq.*
Costaint, 2150, *3 p. pl. ind. prés. de costaier, côtoyer.*
Couepvre, 38, *cuivre ; est distingué du laiton;* C. geteys, 214 ; C. tresgeté, 2084, *coulé dans un moule.*
Couetez, 2789, *rég. pl., matelas de plumes.*
Couler, 1219 ; *au fig., pénétrer comme fait l'eau.*
Coulombe, 249, *colonne.*
Coupler, 1725, *etc.,* couppler ; 1221, *saisir.*
Couraille, 725, *courée.*
Courc[el]é, 2993, *revêtu d'un corselet.*
Courocé, 2991; *etc., courroucé.*
Coursirs, 271, *adj., de course, coursier.*

GLOSSAIRE

Courtays, 173, *courtois*.
Couvert, 175, *malfaisant*.
Crestienner, 2251, *réfl., se faire chrétien*.
Creü, 1263, *p. p. de croître*.
Croire, *ind. pr.*, croy, 3046 ; *fut. 1 p.*, croiré, 3059 ; *impér.*, croy ; *subj. 2 p.*, croiez, 2121 ; *3 p.*, croige, 604 ; *2 p. p.*, craiez, 1273 ; croez, 617 ; *impf.*, creüst, 545.
Crouez, 90, *etc., croix*.
Cuer, 569., cueur, 1701.
Cuider, 2724, *penser ; ind. pr. 1 p.*, cuit, 2050 ; *id.* cuide, 1632 ; *pf.*, cuyderent, 2608.
Cy, 183, *etc., ici*.
Davant, 30, *etc., devant*.
De, 2289, *que après un comparatif*, plus belle d'elle.
Decerner, 1062, *distinguer, voir*.
Decoler, 2014, *couper par le cou*.
Decoupper, 1857, *etc., tailler en pièces*.
Decy, de cy, 150, 688, *jusqu'à, d'icy à*.
[De]fermer, 2267, *ouvrir*. — *Ont l'uisset trové De la grant châsse et deffermé*. Guill. de S. Pair, v. 2744-5, éd. Fr. Michel.
Deffayé, 2167 ; defayé, 2200 ; defféé, 1246 ; deféé, 1246, *privé de foi, sans foi*.
Defrené, 2044, *sans frein*.
Degrepir, 371 ; degreppir, 624, *abandonner*.
Dehé, 1515, *malheur*.
Dejouste, de jouste, 259, *à côté de*.
Deley, 2970, *1 p. ind. prés. de déleyer, différer*.
Delis, 2288, *délices*.
Demanter (se), 2617, *etc., se mettre en colère*, 2102 ; *s'effarer*.
Demayner, 1492, *etc., traiter*. — D. grant joaye, 1414, etc., *sens de faire, manifester*.

Demesuré, 2496, *outrecuidant.*
Demeurge, 2666, *3 p. subj. pr., de demeurer.*
Demonstrer, 2681, *prouver.*
Demoraine, 715, *retard.*
Demoura, 1106, *3 p. pf. de demeurer.*
Demunder, 1930, *faire sortir du monde, tuer.*
Departir, 652, *séparer;* au departir, 1281, *en fin de compte.*
Deporter, 2287, *prendre du repos.*
Dequ'à, 493, *jusqu'à.*
Derompre, 984, *briser.*
Deroté, 2564, *rompu.*
Desbaraté, 848, *etc., trompé dans son espoir, déconfit.*
Desconfire, 161, *défaire dans un combat.*
Desconforté, 1248, *etc., découragé, abattu.*
Desconté, 1432, *soustrait du compte, tué.*
Deserté, 1113, *épith. de haubert, mis en pièces.*
Deserté, 2556 ; desherité, 1838.
Deserté, 2565, *épith. de bois, devenu désert.*
Desevrer, 647, *séparer,* 2832 ; *réfl., s'éloigner.*
Desheté, 1760, *maléficié.*
Desoubz, 1045 ; desour, 300, *dessous.*
Despecer, 2857, *mettre en morceaux.*
Desplaier, 698, *déployer.*
Desque, 1938, *jusque.*
Desrenger, 663, *sortir du rang.*
Desrivé, 772, *détourné de son cours.*
Destourber, 1440, *écarter, empêcher.*
Destourner, 639, *tourner d'un autre côté, décamper.*
Desus, etc., 164, *dessus.*
Desver, 1537, *etc., devenir fou.* Cf. Diez, II, 274, *au mot* derver.
Desvier, 1829, *mourir,* 2325, *tuer.*

Detrancher, 450, *mettre en pièces.*
Deuillent, 135, *etc.*, *3 p. pl. ind. de doloir, affliger.*
Deul, 297, *chagrin.*
Devaller (se), 35, *descendre.*
Devin, 3034, *divin.*
Devis, 246, *calcul, compte,* 339, *point d'un discours, récit ;* a devis, 954, 222 ; *à point, à souhait.*
Deviser, 1911, *raconter, énumérer.*
Devoir, *ind. prés.,* day, 2946 ; doy, 1769 ; dois, 1197 ; debvon, 580, *etc.;* debvez, 513, *etc.;* doyvent, 324 ; *subj. 1 p.,* doige, 2260.
Devoreigié, 2382, *enragé, vorace.*
Dextre, 2596, *adj. masc., droit.*
Diex, 570 ; Dieu, 54 ; Damme Dé, 1908 ; Damme Dieu, 2700, *etc., confusion des cas.*
Dire, *ind. pr.,* dy, 1051 ; dittez, 2945 ; dient ; *fut. 1 p.,* diray, 270 ; diré, 1354 ; diroy, 609 ; *pf. 3 p.,* dist, 5.
Dis, 491, *etc., paroles.*
Dis, 256, 517, *jour.*
Disgner, 2143, *etc., dîner.*
Divinité, 883, *théologie, secrets divins.*
Doige. *Voir* devoir.
Doint, 55, *3 p. s. subj. pr. de donner.*
Dolant, 293 ; dolent, 1484, *triste, misérable.*
Dolent (se), 2222, *3 p. pl. ind. pr. de doloir s'affliger.*
Dolour, 1601, *douleur.*
Don, 246, *etc., orth. plus fréq.;* dont, 62, *etc.* 1º *employé dans le sens étymologique* de unde, d'ont, d'on, 62, 514, 858, 2734, 2737 ; 2º *remplaçant le pron. relatif,* 903, 909, 932, 996, 1660, 2111, *etc.*
Dongeon, 2120, *etc., tour, maîtresse tour;* 46, *seigneurie? Cf.* Index *au mot* Coaynon.
Donnaint, 1161, *3 p. pl. impf. de donner.*

Donter, 2512, *dompter*.

Dou, 487, *etc.*, du, 1208, *etc.*

Doubletin, 949, *etc.*, *syn. de doblier, doublé.*

Doubter, 1950, *etc., craindre; subst., crainte.*

Dous, 46, *etc.*; deux, 540.

Dragon, 68, *figure de blason.*

Dromont, 1375, dromons, 241, *navire ou barque de guerre;* D. ferré, 1399, *garni de fer à la proue.*

Durer, 1138, *s'étendre.*

Dy. *Voir* dire.

E, 2117, *etc., orth. de* ai. *Voir* avoir.

Echerir, 688, *éclaircir ; subst., l'aube.*

Effrays, 977 ; efrays, 590 ; effrayé, 2689 ; efrayé, 833 ; effréé, 1247 ; efréé, 1321.

Efreenter, 3050, *fréquentatif d'effrayer. M. Littré, sous ce mot, signale le verbe picard* effrenter.

Egu, 1287, *aigu.*

Eins, 1914, *avant.*

Eist (?), 842, 1190, 2012, 2990, *faute du copiste, pour* ert, *impf. d'être.*

Eist, eisez, eissent. *Voir* issir.

El, 320 ; ele, 2634 ; elle, 858.

Eleys, 1014, *attaque au galop.*

Elleissent, 3007, *3 p. ind. Voir* eslayser.

Elx, 920 ; eulx, 28, *pr. pers. pl.*

Emperis, 231, *etc.* ; empe[re]ris, 259, *etc.*

Empire, 1098, *forces impériales.*

En, 591, *pour on;* l'en 104, *etc., l'on.*

En 2606, *prép. sur.*

Enbullé, 1171, *inséré dans une bulle, écrit.*

Enceller, 1527, *pour enserrer ? envelopper, cerner. Voir plus haut* celé.

Enchanté, 1159, *magicien,* incantator.

Enchartré, 2836, *mis en chartre*.

Encontrer, 1438, *rencontre;* s'entre encontrer, 2859 ; *insertion de l'auxiliaire entre le participe et la particule séparable.*

Encouturé, 1820, *garni de coutures ? le sens indique* encourtiné, *entouré de rideaux.*

Endementent, 1084, 2813, *sens d'endementiers : pendant ce temps-là.*

Endroit, 1342, *en face de.*

Enermi, 19, *ennemi.*

Engenner, 1535, *tromper.*

Engingne, 696, *mauvais tour.*

Engouesse, 1600, *angoisse.*

Engrade, 410, *degré, lieu élevé, haut d'une montagne ou d'un rocher.* — *Dans le* Conte del Graal *on trouve : il vint sor une riviere A la valée d'une angarde.* (Bartsch, *Chrest.* 137, 16).

Enheritagé, 2158, *nanti d'un héritage.*

Enmainras, 2125, *2 p. fut. d'emmener.*

Enmé, en mé, 248 ; *au milieu, v. fr.* emmi.

Enparlé, 2497, *éloquent, apte à discourir.*

Enpanné, 1088, *garni de plumes.*

Enpencer, 1879, *projeter.*

Enperer, 588, *devenir pire.*

Enqui, 1519, etc., *là.*

Ensaigne, enseigne : 1º *drapeau, guidon,* 411, 413 ; 2º *cri de ralliement,* 669, 712 ; 3º *la personne qui porte le drapeau ou celle qui pousse le cri,* 478, 1024. — *Deux cris de ralliement sont mentionnés :* Montjoie *pour les chrétiens, et* Manbrie *pour les Sarrazins.*

Enseigniez, 165, *instruit.*

Enseisour, 378, *forme obl., ancêtre.*

Enserrir, 359, *cerner.*

Entalenté, 1120, *disposé.*
Enté, 746, *rejeton.*
Entis, 200, *etc.* Voir antis.
Envaïe, 3013, *irruption, attaque soudaine.*
Envoïer, 514, *fut. 1 p.*, envayré, 504; envoyré, 376.
Envoyrie, 2911, *sens d'envaïe ci-dessus.*
Enxin, 258, *ainsi.*
Enxin, 947, *ensemble; (prov., ensems.)*
Erbre, 1549, *herbe, ou faute du copiste pour arbre?* 2707. *Cf. note du v. 1549.*
Erriere, 978, *etc., employé sans autre préposition que celle de l'étymologie pour en arrière.*
[Ert], 371, *etc., 3 p. fut. d'être; correction indiquée par le sens, le copiste écrit* est *ou corrige* sera.
Es, 527, *etc., en les.*
Es, 1582, *etc., adv., voici;* es vous, 1582, *etc.,* ECCE ILLE VOBIS (Burguy, II, 287).
Esbahir, 374, *surprendre.*
Esbarber, 2315, *raser.*
Esbaudir, 668, *animer par des cris, encourager.*
Escabis, 1030, *sellette.*
Escerveller, 1841, *faire sauter la cervelle.*
Escharnir, 508, *mettre en lambeaux.*
Escheller, 2176, *faire escale, aborder.*
Eschevis, 308, *menu, délicat.*
Esclardir, 1055, *devenir clair.*
Esclier, 2887, *briser un objet en bois.*
Escuter, 1226, *etc.;* escouter, 1921.
Esgarder, 1810, *regarder.*
Esguart, 1307, *trouble, égarement.*
Esillier, 182, *chasser.*
Eslayser, 2819, *réfl.,* elleisser, 3007, *s'élancer au galop,*

lâcher la bride. *Cf.* Léon Gautier, *Gloss. de Roland au mot* eslays.

Esmaier, 1246, *réfl. s'inquiéter ;* esmayé, 1695 ; esmoyé, 1248, *inquiet.*

Esmeré, 1205, *épith. d'or, affiné.*

Esmoulu, 1271, *aiguisé à la meule.*

Esmyer, 2907, *émietter.*

Esné, 747, *aîné.*

Espart, 2671, *3 p. ind. pr. d'esparcir, faire des éclairs.*

Espasmé, 1851, *consterné.*

Espiez, 816, *rég. pl., épieu.*

Espourir (s'), 3067, *s'exciter ; sens du verbe* espérir.

Esquarré, 2078, *écarri.*

Essart, 1311, *prop., coupe de bois à blanc ; au fig., massacre.*

Essaurer, 2339, *restaurer.*

Estable, 2043, 2054, *lieu de station d'un cheval.*

Estander, 1944, *étendre.*

Estat, 1726, *position ;* lever son estat, *se relever.*

Estays, 238, estage, 2234.

Esté, 777, *étage.*

Ester, 1050, *demeurer là ; réfl., se tenir, impf., 3 p.,* estoit, 1418 ; *3 p. pf.,* estut, 164 ; lesser ester, 1050, *faire finir ;* en estant, 1622, etc., *debout.*

Estoiier, 1618, *retirer.*

Estor, 719, *etc.*, estour, 671, *bataille.*

Estoré, 790, *muni.*

Estourdie, 543, *présomption.*

Estourmie, 539, *rassemblement.*

Estourmir (s'), 1534, *se réveiller en sursaut, s'assembler à la hâte. Cf.* Normand et Raymond, *Gloss. d'Aiol.* Grœber, *Destruction de Rome, v.* 576.— *Les alai estormir dedans leurs paveillons.* (*Gui de Nanteuil,* v. 2485.)

Estra, 2842. *Voir* issir.

Estre, 206, *demeure*.

Estre; *ind. pr.*, suy, 995, *etc.*; soy, (?), 1331 ; suys, 913 ; suymez, 578 ; estez, 1321 ; sont, 9, *etc.*, sunt, 188 ; *impf.*, estaye, 2869 ; estoie, 996 ; estoye, 2551 ; estoient, 1971 ; estaint, 2835 ; estoint, 69, *etc.; pf.,* fu, 340, fuymez, 2103 ; fustez, 341 ; *futur,* seray, 1122 ; seré, 604; [ert], 371, *etc.*; seron, 1284 ; sarez, 2927 ; *subj.*, saye, 2704 ; sey[e], 1075 ; say[e]s, 416 ; soy[e]s, 2127 ; saion, 1635 ; seon, 1766 ; saiez, 590 ; soiez, 437 ; sayez, 977 ; saient, 1689 ; soient, 1239 ; *impf.*, fusse, 1423 ; fuse, 2871 ; fust, 545 ; fussez, 394, *etc.*; fussent, 2564 ; fusent, 1237.

Est'ous, 2738, *contraction d'estes vous*.

Estreff, 1011, *étrier*.

Estruer, (?) 1308, *orth. normande d'estroer, faire une trouée, fuir ; corriger peut-être* esciver, *même sens*.

Esuer, 1619, *essuyer*.

Esve, 1198, *eau. Rapprocher* aeve.

Eulle, 2276, *huile*.

Eupvre, 905, *œuvre*.

Expleter, 2152, expleiter, 1759, *prop., procéder, agir en justice, agir*.

Exu, 1208. *Voir* issir.

Eyst, eyssent. *Voir* issir.

Facez, 1916, *etc.*, *2 p. pl. subj. e faire*.

Faille, 721, *tromperie*.

Failli, 369, *trompeur ;* 2100, *défait, amaigri*.

Faillir, 1840, *manquer*.

Faindre (se), 713, *se dérober*.

Faulcer, 1973, *dire des choses fausses*.

Fauldron, 591, *1 p. pl. futur de faillir*.

Fault, 2091, *3 p. sg. ind. du même*.

Fay, 1197, *impératif de faire*.

Fay, 2946; foy, 975, — *Par ma fai.* Ét. de F., p. 40, v. 9.

Febly, 587, *p. p., rendu faible.*

Feinion, 42, *fanon, guidon.*

Fere, 32, etc., *faire*; ind. pr. *1 p.*, faz, 2756, *2 p. pl.*, festes, 508, faittes, 619; *pf. 2 p.*, feïs, 1001, feys, 1935; *3 p.*, fist, 648; *fut. 1 p.*, feré, 370, feray, 2557, *1 p. pl.*, feron, 2101; *impér.*, fay, 1197; *subj. pr. 3 p.*, face, 54, *2 p. pl.*, facez, 1916; *impf. 3 p.*, feïst, 2416, *pl.*, feïssent, 1166.

Ferir, 665, etc., *frapper*; ind. pr., fiert, 816, fierent, 1578; *fut. 3 p.*, ferra, 1516; *impér.*, ferez, 1569; *p. p.*, feru, 1402; — ferir d'espée, 1578, *frapper avec l'épée.*

Fermé, (?) 2720, *agrafe, boucle*; à fermé, *en blason, chargé de fermaux.* Cf. note du v. 2720.

Fermé, 1201, *p. p., épith. de heaulme, attaché, clos*; chastel fermé, 752, etc., *château fort.*

Fermer, 2120, 2719, *attacher.*

Fermer, 2790, 1892, *rendre clos un pavillon, un tref, etc.*; F. un dongeon, 2285, *le clore par des fortifications*: F. une porte, 1890, *la fortifier.*

Fermeté, 794, *forteresse.*

Fermin, 943, *ferme, qui ne plie pas.*

Ferré, 1375, 2825, *analogue au fer*, 1399, *garni de fer*; chemin ferré, 864, *chemin dur comme du fer, souvent syn. de voie romaine.*

Ferrer, *rendre dur.* F. un chemin, 872.

Fervestir, 689, *mettre son armure*; fervesty, 597, *revêtu d'une armure.*

Fesiaulx, 2720, *rég. pl., bande, fasce.*

Feure, 824, etc., *fourreau.*

Fians, 2087, *excréments.*

Fierté, 2937, *orgueil*, 2419, *impétuosité: trissyll.?* 2377.

Fin, 780, *épith. d'or, pur.*

Finer, 1653, **cesser**; *être finé,* 1536, *être mort.*

Flachir, 667, *tomber à plat. Cf. Duc-Hensch. sous* flatir.

Flor, 227; flour, 309; flors du casque, 1592.

Flot, 1791, *marée montante;* le flot de l'esve, 1791.

Floter, 1309, *voguer, naviguer.*

Flouri, 262, *blanchissant, épith. de tête ou de barbe.*

Fons, 2036; fontayne, 2075; fontaine, 1210.

Forbi, 403; fourbi, 298, *etc., épith. des armes.*

Forment, 1647; fourment, 852, *fortement.*

Fors, 77, *excepté.*

Forsirent, 128, *3 p. pl. pf. de forsir, prendre de force.*

Forte maison, 94, *espèce de forteresse.*

Fortelesse, 2674, *même sens.*

Foucé, 2698, *etc.;* foussé, 2601; foussé, 2385.

Fouedre, 1341, *foudre.*

Foueson, 130, *quantité.*

Fouir, 661; fouyr, 3024; fuyr, 484, *etc.; p. p.,* fouy, 2292; *p. pr.,* fouyant, 2473.

Foul, 498, *pl.,* foulx, 341.

Foulté, 905, *folie.*

Fourchez, 2777, *rég. pl., fourches patibulaires.*

Fouyr, 2073, *creuser.*

Fragilité, 2461, *malheur.*

Frarin, 937, *triste.*

Frede, 2082, *adj. fém., froid.*

Fredir, 917, *froidir.*

Fren, 2971; frain, 2919, *etc.*

Froncher, 2064, *froncer.*

Froueser, 2598; frouesser, 2476, *heurter violemment, écarter.*

Fuisent, 2912, *3. p. pl. ind. prés. de fuir.*

Fust, 204, *bois;* F. de lance, 2887.

Fy, 614, *foi.*
Gaber, 2956, *tromper.*
Ganons, 1139, *suj. pl., bordure.*
Garder, 302, *protéger.*
Garder, 2070, etc., *regarder.*
Gard'ous, 2523, *contraction de gardez-vous.*
Garenter, 817, *garantir.*
Gariray, 2624, *1 p. fut. de garir, guérir.*
Garni, 18, etc., *pourvu de moyens de défense.*
Gart, 288, *3 p. subj. de garder, défendre.*
Gasté, 2822, *p. p., dévasté.*
Gauchyr, 583, *réfl., se tourner à gauche.*
Ge, 223, etc., *pron. pers.*
Gecter, 435, *lancer.*
Gemé, 179, *enrichi de pierres précieuses.*
Genoillon (à), 102, *locution adverbiale, à genoux.*
Genouelz, 2628, *rég. pl., genou.*
Gentis, 1002, *noble.*
Genvre, 1359, 2652, *jeune;* — Tant com est joenvres. G. de S. Pair, *v. 1460.*
Gesir, 685, *jacere;* gist, 1661; *3 p. impf.*, gesaient, 1681, gesoient, 1646; *p. prés.*, gesant, 1610.
Geteys, 214, *fondu au moule.*
Geune, 863, *jeune.*
Glesve, 2722, *glaive.*
Glet, 2245, *hurlement. Cf. note de ce vers.*
Gloton, 1869, *suj. pl., vorace.*
Gonfanon, 41, *flamme de lance, gonfalon.*
Gracier, 2569, *remercier.*
Grant, 1082, *croyance. Cf. note du vers 1082.*
Grant, *au fém.*, 1479; grande, 33, etc.
Graventer, 819, *accabler, abattre.*
Gré, 2930, *volonté.*

Gredays, 3022 ; gregeys, 1305, *grégeois, épith. de feu.*
Gregnour, 10, *cas rég. de graindre, plus grand.*
Grepir, 368, *etc., abandonner.*
Gresle, 1242, *trompette.*
Greslé, 1315, *p. p., grillé.*
Gresve, 1338; greve, 44, *grève.*
Grever, 1425 ; griesver, 1249, *etc., tourmenter, affligé.*
Gué, 753, 2801, *etc., passage ; cours d'eau*, 2036, 2059, *la rive d'un gué*, 1220.
Gué, 2718, *allure modérée d'un cheval. Cf. note du vers.*
Guerir, 452, 485, *etc., garantir.*
Guernon, 82, « *cheveux des tempes tressés et rattachés derrière le cou, mode de Louis VII.* » (Gui de Bourgogne, éd. P. Meyer, p. VIII, note).
Guerredon, 143, *récompense ; ici, protection due au vassal en retour de ses services.*
Guieour, 7, *conducteur.*
Guier, 30 ; guyer, 544, *conduire.*
Ha, 914, *etc.* Voir avoir.
Ha, 1556, *etc.*; haa, 1746, *etc., interjection.*
Hannir, 655, *hennir.*
Happé (?), 1456, *saisi, qui s'est emparé de.* — *Incontinent estoient hapés.* Guill. de S. André. Col. 731.
Hardement, 1637, *etc., courage.*
Hart, 1302, *lien de bois flexible.*
Haster, 2854, *presser.*
Haultour, 221, *hauteur.*
Havre, 2135, *port.*
Heïr, 657, *etc., sens de* aïr, *fureur, violence.*
Hers, 2466, *etc., rég. pl., héritier.*
Henap, 1214, *etc., coupe.*
Herberge, 850, *etc., campement.*
Herbreger, 1881, *etc., camper.*

Hernoys, 2771, *équipage de guerre.*
Hom, 98, *etc., on.*
Hosteler, 2774, *loger.*
Hu, 1255, *cri.*
Hurter, 1872, *pousser.*
Hutin, 3029, *tapage.*
Huys, 2310, *porte.*
I, 254, *etc., là.*
Ice qu'a, 1722, *ce qu'il y a, le reste.*
Icil, 2295 ; iceul, 1174, 2386, *etc.; pr. dém.*
Ilec, 2191 ; illec, 53 ; illecques, 2072, *ici, là.*
Irascu, 1286, *furieux.*
Ire, 2668, *colère.*
Iré, 1331, *etc., furieux, désespéré.*
Isnellement, 1215, *etc., rapidement.*
[Issir], *sortir;* ystre, 2665 ; *ind. 3 p.*, eist, 397, 2998, *etc.*, yst, 555 ; *pl.*, yssent, 402, *etc.;* eyssent, 529, *etc.; pf.*, yssirent, 16 ; *fut.*, estra, 2842 ; *imp.*, eisez, 1269 ; *p. p.*, exu, 1208, issu, 2676, ysu, 2845, yssis, 196.
Jacerent, 1597, *etc., adj., à mailles.*
Joaye, 921, *etc., orth. ordinaire.* Voir Pouay.
Jouste, 1889, 2283, *etc., attenant, près de.*
Jouster, 216, *joindre;* 479, *etc., combattre.*
Juques, 48, *etc.;* jusques, 1522.
Jus, 667, *à bas.*
Jusermes, 1533, *prob., hache à deux tranchants. Cf. Duc-Hensch, au mot* gisarme.
Jusner, 1164, juner, 2100, *jeûner.*
Lacer, 526, **attacher.**
Laideer, 1623, *injurier, maltraiter.*
Laintaing, 356, *éloigné.*
Lancer, 1862, *jeter,* L. du feu grégeois avec un arc, 1305. *Cf.* N. de Vailly. *Joinville, p. 471.*

Larris, 198, lerris, 476, *landes*.

Latin, 935, 3032, *langue, langue étrangère*.

Laver, 2275, *purifier, syn. de baptiser;* L. avant le repas, 2369.

Lay, 2024, *laïque*.

Le, 1912, *pour* lei, *pron. pers. fém. rég.* — *Dex deigna en lei descendre;* Et. de F. *p. 48, v. 23.*

Lé, 1134, *large*.

Leisser, 1748, lesser, 1742; *pf.* 2 p., lesas, 1944, *fut. 1 p.*, leray, 2210, leroy, 1688, lera, 494, laira, 153; *2 p.*, lesseras, 2122.

Leissis, 1919, *loisir*.

Leon, 43, leyon, 69, *lion*.

Lepart, 1294, *léopard*.

Lesant, 1665, *part. prés. de lire*.

Leue, 2603, *lieue; pl.*, leuez, 540.

Licé, 2076, *poli*.

Lie, 3017, *favorable;* chiere lie, *bon visage, bon accueil.*

Lin, 3036, *etc., race,* pu[t] lin, 3062, *race abjecte*.

Loge, 1463, *tente, baraquement*.

Lour, 141, *etc., adj. poss.; pl.*, lours, 460, *etc.*, leurs, 1694. — Lours, 131, *subst.*

Luisir, 654, 1472, *luire*.

Lupin, 941, *à tête de loup*.

Luy, *employé pour* ly, *art. sujet,* 301, 613, *etc.; au cas obl.*, 320, 860, *etc.*

Ly, *article, emploi correct,* 105, *etc.; emploi fautif,* 1159, 47, *etc.*

Ly, *pronom, rég. indirect de verbe,* 1957, *etc.; de préposition,* 1622, *etc.; emploi simultané de* luy, 605, *etc.*

Mail, 2086, *marteau, masse.* M. d'acier, 2086.

Maindre, 1848, *moindre*.

Mainray, 1443, *1 p. sg. fut. de mener*.

Mainron, 1446, *1 p. pl. fut. du même.*
Maleis, 422, *maudit.*
Malfé, 2149, 2653, *le mauvais, le diable;* 1542, *etc., syn. de païen.*
Malmener, 2877, *conduire mal.*
Malmis, 302, *etc.*, maulmis, 467, *p. p., réduit en mauvais état.*
Maltalent, 2841, maltalant, 1317, *etc.,* **mauvaise disposition, méchanceté.**
Maltalentifs, 295, mautalentifs, 969, *mécontent.*
Malvestié, 1236, *méchanceté.*
Manbrie, 668, *cri de ralliement des païens.*
Mangon, 34, *poids d'or ou d'argent.*
Mansis, 1013, massis, 318, *adj. pl.,* **massif.**
Mardrelle, 2078, *margelle.*
Marine, 3025, *mer, bord de la mer.*
Martirer, 1674, *faire martyr.*
Mast, 2145, *mât.*
Mâtin, 950, *terme injurieux, mauvais chien.*
Matinet, 692, *petit matin, aube.*
Maye, 377, *adj. poss. fém.*
Mayne, 2323, moygne, 1360, *moine.*
Medi, 216, *midi.*
Mediciner, 844, *guérir.*
Mehaigner, 717, mehaygner, 886, *mutiler.*
Meïst, 610, *3 p. impf. subj. de mettre.*
Melieu, 476, *milieu.*
[Menestier], 1226, *serviteur. Cf. note de ce vers.*
Meptre, 1910, *etc., fut.,* meptra, 155.
Merlle, 875, *merle. Cf. note du vers 875.*
Mesage, 611, *nouvelle,*
Mesage, 1213, mesaige, 633, **envoyé.**
Mesager, 365, mesagier, 270.

Meschin, 3048, *serviteur.*

Mescreü, 1254, mescreant, 1550, *épith. des païens.*

Mesgnée, 994, mesgniée, 2096, *race.*

Mesleys, 959, *engagement.*

Mesnuyt, 1522, *minuit.*

Mestier, 707, 3034, *etc., besoin, service.*

Mestris, 252, *pour* mestrie, *habileté.* — Pierres coupvertes à mestris, *enchâssées avec art.*

Mielx, 318, *etc., mieux.*

Mire, 843, *médecin.*

Misdrent, 685, *3 p. pl. pf. de mettre.*

Molu, 1252, *passé à la meule, aiguisé.*

Monjaye, 1024, montjoe, 478, *cri des Français.*

Mu, 1265, *s. pl., muet.*

Mustables, 243, *draps d'or ? Cf. Duc-Hensch, au mot* mutabet.

Naellé, 806, *etc., niellé.*

Naffrer, 886, *etc., sens propre : blesser en écorchant. gén., blesser. Cf.* G. Paris, *Romania, I,* 218.

Naier, 2777, *noyer.*

Naiger, 2167, *naviguer, ramer.*

Nasquis, 201, *part. passé de naître.*

Nasquites, 1926 ; nasquistes, 2634, *2 p. pl. pf. de naître.*

Navie, 1485, *navire.*

Ne, 494, *ni.*

Nels, 1633, *ne les.*

Ne mes, 1669, *etc.,* ne mays, 1765, *excepté, sinon.*

Nennil, 1714, *etc., négation.*

Nepvou, 2503, *employé au suj. sg. pour* niés.

Niés, 1298, *etc.,* niez, 1297, *neveu.*

Niez, 240, 256, *rég. pl., nuit.*

Noase, 540, *etc.,* noaise, 3074, noise, 531, *bruit.*

Noë, 2636, *Noël.*

Nommer, 1938, *enseigner la philosophie ? enseigner.*
Non, 62, *etc., nom.*
Nonbrer, 1861, *compter.*
Noveaulment, 1835 ; novelment, 1423.
Noz, 1542, *pr. poss. rég. pl., nôtre.*
Nuncier, 174, *annoncer.*
O, 60, *etc., avec.*
O, 322, 473, *etc., mauvaise orth.* d'au, à le.
Oblïer, 1885, *trissyll., oublieux.*
Offreys, (?) 1943, *2 p. sg. pf. d'offrir.*
Ofrit, 34, *3 p. pf. du même.*
On, 865, *adv., où,* unde ; par on, *cf.* don.
Orainz, 810, *tout à l'heure.*
Ordiener, 646, *mettre en ordre.*
Oré, 2146, 2669, *etc., vent, orage.*
Orée, 1344, ouré, 2061, oréys, 210, *bord.*
Orent. *Voir* avoir.
Oriflambe, 1893, o[ri]flamble, 2393, *l'oriflamme.*
Os, 674, *1 p. ind. pr. d'oser.*
Ost, 29, *etc., armée ;* ostz, 1450, *rég. pl.*
Osteler, 2631, *loger.*
Otray, 2350, *1 p. ind. pr. d'octroyer.*
Ou, 2087, 212, *etc., dans le, vers le.*
Ouaysiaulx, 1141, *rég. pl., oiseau.*
Ouïl, 887, ouyl, 1042.
[Ouïr], *ind. pr. 1. p.,* ouay, 1574 ; *3 p.,* ouait, 1043 ; ouayt, 1565 ; oit, 937 ; *2 p. pl.,* ouez, 2295 ; *fut. 2 p. pl.,* oirez, 345 ; orez, 2156 ; *pf. 1 p.,* ouy, 1897 ; *3 p.,* ouït, 2217 ; ouyt, 2745 ; oyrent, 921 ; *subj. 2 p. pl.,* oiez, 166 ; oiiez, 1095 ; *impf. 2 p. pl.,* oïsiez, 1356 ; *p. pr.,* oyant, 103 ; *p. p.,* ouy, 1233 ; ouye, 20, *etc.*
Oupvrer, 904, *etc., travailler.*
Ovec, 1063, ovecques, 573, 1296, *etc., avec.*

Ovraigne, 1206, *ouvrage, travail d'orfévrerie.*

Ovre, 1125, *œuvre.* — *De poi de ovre mout grant tençon.* **Et. de F.**, *p. 3, v. 51.*

Paen, 717, payen, 235, pean, 823, *etc., païen.*

Palecter, 1347, *escarmoucher; ici, en lançant des armes de jet. Cf. Duc-Hensch, au mot* paletare.

Palys, 204, *palissade.* P. *opposé à* fust *a peut-être ici le sens de* palis *dans le Dial. de Rennes, pierres plates plantées debout.* — *Il fet palis, il fet meseires.* Et. de F., *p. 28, v. 13, Devoirs des vilains.*

Pamaison, 1710, pamayson, 2619, *etc., syncope.*

Panencel, 2719, *étendard* — P. fermé o clous d'argent, *fixé, attaché avec des clous.*

Panon, 91, *enseigne, pennon.*

Par, 312, *etc., adv. renforçant les adjectifs ou la phrase.*

Parceyvent, 1869, *3 p. pl. ind. pr. de percevoir, reconnaître.*

Paré, 186, *orné;* bref paré, *muni d'une formule exécutoire?*

Parfont, 1144, *profond.*

Parisis, 433, *sou déprécié.*

Parlez, 811, *susdit.*

Parmé, 1329, parmy, 1272, *etc.*

Partin, 946, *de part et d'autre.*

Partir, 1310, *éclater.*

Pasmer (se), 1045, *etc., s'évanouir.*

Pastis, 3066, *pâturage; ironiquement, lieu de séjour, camp des païens. Cf.* pasticium.

Paveillon, 2790, *tente.*

Peannie, 542, *subst., nation païenne.*

Peil, 1287, *pieu.*

Peile, 2508, *etc., étoffe de soie.* Jupe de peile, 1090.

Pencer, 2457, 224, *etc., s'inquiéter de.*

Pendant (en), 2698, *sur le penchant.*
Pener, 1130, *etc., souffrir, tourmenter.*
Pensif, 533, *préoccupé, désireux de.*
Per, 2296, *égal.*
Perdeist, 711, *3 p. impf. subj. de perdre.*
Piecza, 147, *il y a longtemps.*
Plaier, 886, *etc., blesser.*
Plainier, 732, playnier, 640, *entier, complet.*
Planche, 2698, *abri provisoire disposé en auvent.*
Plané, 1346, *lisse, poli; subst. (?) bois préparé à la plane; — de plané, corriger peut-être d'es plané.*
Planté, 132, *etc., abondance.*
Pleissis, 383, *prop., forteresse défendue par des arbres attachés les uns aux autres.*
Plet, 1656, *plaidoirie, récit.*
Plevir, 674, *garantir.*
Plomme, 945, *pommeau d'une épée.*
Plon, 1845, *même sens.*
Poair, 557, povair, 294, *etc., pouvoir.*
Poay, 297, *etc.,* pouay, 79, *etc., peu, même prononciation dans G. de Saint-André : au roy de France Doit le duc poay d'obéissance.* D. Lobineau, Pr. col. 713.
Po[e]sté, 900, *etc.,* posté, 2880, *etc., puissance.*
Poign, 1953, *poing.*
Poignent, 809, *3 p. pl. ind. pr. de poindre, piquer.*
Point, 699, *3 p. sg. ind. pr. du même.*
Poncel (?), 251, *portique. Cf. note du vers 251.*
Pongneour, 6, *rég. sg.;* 11, *pl., combattant. — au v. 8, en rime,* pongneour, *suj. sg., au lieu de* pongnere.
Porterne, 2595, *porte dérobée.*
Postis, 215, *petite porte,* posticium. *Cf.* Scheler, *Glossaire de Froissart.*
Poteïs, 500, poteys, 368, poestis, 346, *etc., puissant.*

Pourprins, 218, *enclos, enceinte.*
Poursis, 217, *p. p., assis.*
Poursuys, 449, *p. p., poursuivi.*
Povoir ; *ind. prés.,* puis, 764 ; puys, 2303 ; peut, 1042 ; povon, 1440 ; povez, 344 ; *impf. 3 p.,* povait, 885, *etc.; 3 p. pl.,* povaint, 2269 ; *pf. 3 p. sg.,* pot, 2293 ; peut, 1779 ; *3 p. pl.,* porent, 1965 ; *fut. 2 p. p.,* pourez, 2263 ; *subj. 3 p. s.,* puist, 650, *etc. ;* puisse, 686 ; *1 p. pl.,* peuson, 2293 ; puisez, 2780 ; *impf. 3 p.,* peüst, 663, 1677, *etc.*
Prange, 3083, *1 p. sg. subj. de prendre.*
Prannent, 190, *3 p. pl. ind. pr. du même.*
Prenystes, 2002, *2 p. pl. pf. du même.*
Près, 1711, *adv., presque.*
Pri, 1974, *1 p. ind. pr. de prier.*
Principé, 2743, *adj., qui a la primauté.*
Prindrent, 2010, *3 p. pl. pf. de prendre.*
Prinsent, 1145, *3 p. pl. impf. subj. du même.*
Prinson, 234, *etc., prisonnier.*
Privé, 1195, *subst., familier, intime.*
Propre, 244, 413, *drap couleur de pourpre.*
Proux, 261, *brave.*
Pus, 2047, *puits.*
Pu[t] 944 ; pute, 556, *abject.*
Pyment, 1384, *etc., vin mélangé de miel et d'épices.* « *Pro vino et pigmentis pura aqua, non tamen sine mensura, sumitur.* » Vie de saint Malo, Propr. Macloviense. *Cf.* Duc-Hensch. au mot pigmentum.
Pys, 971, *pire.*
Quant, 432, *si grand ;* ne tant ne quant, 1593, *ni plus ni moins.*
Quar, 649, *etc., conjonction.*
Quarelé, 1471, *fait de pierres de taille.*
Quarniaulx, 1288 ; carniaux, 1212, *rég. pl., créneaux.*

Quarreaux, 226, *rég. pl., pierres de taille.*

Quasser, 2310, *briser.*

Quenelé, 2980, quennelé, 2409, *crénelé.*

Quenque, 1546, *tout ce que.*

Quens, 739, *etc., comte — au v. 738,* conte, *suj. sg.*

Querre, 2646, *chercher; fut. 3 p.,* querra, 1702, *p. prés.,* querant, 1574.

Qui, 2115, *ici.*

Qui, 2277, *etc., à qui.*

Raigne, 512, regne, 514; regné, 2675; renne, 493, regnon, 72, *royaume.*

Raiant, 1596, *part. pr. de raire, raser.*

Raye, 1510, rée, 1057, *3 p. ind. pr. de raier, rayonner.*

Ramé, 870, *épith. d'arbre, branchu.*

Rasé, 1377, *plein à ras de bord, comble.*

Reant, 1654, *p. prés. de raier, rayonner.*

Recliper, 1594, *glisser, dévier. Cf.* Ed. du Méril, D^{re} *du patois Normand, sous* écliper.

Reconsé, 1056, *caché, disparu.*

Recreant, 1635, recroyant, 1564, *parjure.*

Rede, 1842, *rigide.*

Reg[en]erer, 2276, *syn. de baptiser.*

Regit,(?) 3069, *reconnu, avoué. V. note du vers 3069.*

Regnaier, 935, regnoier, 175, *renier.*

Reigne, 1224, raigne, 2918, roigne, 2238, *etc., —* roïgne, 2935, *etc., trissyll.*

Relé, 2614, *soumis à une règle —* chanoynez relé.

Remaindras, 418, *2 p. fut. de remaindre, rester.*

Remerrez, 2395, *2 p. pl., autre futur du même.*

Remuer, 2696, *réfl., se transporter.*

Ren, 467, *etc., rien.*

Renge, 603, *3 p. sg. subj. pr. de rendre.*

Renommer, 2506, *répéter.*
Reprover, 2466, *reprocher.*
Rere, 2315, *raser.*
Rescours, 828, 2118, *p. p. de rescourre, délivrer, prendre à la rescousse.* — Rescource, 960, *subst.*
Resplent, 1206, resplendist, 781, *3 p. ind. prés.*
Retoré, 2871, *garni, restauré.*
Retrait, 1339, 1391, *3 p. ind. de retraire, retirer, se retirer, en parlant de la mer.*
Revelant, 310, *parfumé.*
Revertir, 683, *tourner en arrière.*
Réys, 208, *niveau du sol, base d'un édifice.*
[Rez à rez], 812, *tout au ras.*
Rive, 1220, *etc.,* 1° *bord de la mer ou d'un cours d'eau,* 2° *le cours d'eau lui-même,* 1736, 2036.
Roe, 2788, *roue;* 216, *circuit de fortifications. Cf. Gloss. d'Aiol, au mot* roes.
Romain, 3051, *langue romane.*
Roué, 2141, *épith. de* peile, *broché par cercles ou orné de dessins circulaires.*
Rouvé, 2415, *épith. d'un géant, fort, dur.*
Roy amant, 1662. *Cf. note du vers 1662.*
Rucel, 1184, *etc., ruisseau.*
Ruceler, 1951, *couler.*
Ruer; 1° *lancer,* 1398, 1396 ; 2° *se jeter sur,* 2563.
Ruser, 2914, *écarter, repousser. Cf. Duc-Hensch au mot* reuser, *etc.* — *Sot Cain que Dex l'ot rusé. Et. de F., p. 32, v. 1.*
Sa, *empl. dém.,* 1474, 1629, 1978, 2222, 2588, 2732. *V. note du v. 1474.*
Sacrer, 2027, *consacrer.*
Saffré, 1794, *épith. de haubert, orné de fils d'or.*
Saffris, 413, *couleur de safran.*

Saintisme, 159, *très-saint.*

? Samis, 243, *velours, ou plutôt soie sergée suivant M. J.* Quicherat. *Hist. du Costume, p. 153.*

Sanglé, 1382, *sanglier.*

Sault, 288, *etc., 3 p. sg. subj. pr. de saulver.*

[Savoir], *ind. pr.*, soi, 1075; soy, 246; sczoy, 312; *3 p.,* soit, 98; sceit, 120; scet, 2213; sczoit, 1479; *2 p. pl.,* sczavez, 2518; *impf.,* sczavoit, 2500; *pf. déf.;* sorent, 2910; *fut.* sorez, 2970; *subj.,* saichon, 2228, sachez, 867; saichez, 394, *etc.*

Se, 1700, *etc.; si, conj.*

Secle, 878, *etc., quar tot le secle est vanité.* Et. de F., *p. 17, v. 22.*

Secrétaire (?), 2742, *pape. V. note de ce vers.*

Seignori, *adj.,* 1° *en possession de la qualité de seigneur,* 616, 1049, *etc.;* 2° *seigneurial, d'aspect princier,* 255, 354.

Seignourie, 3005, *subst., domaine.*

[S]eille, 2508, *selle.*

Seix, 2677, sys, 221, *six.*

Selond, 1160, *prép.*

Sen, 760, *etc., adj. poss.*

Sen, 2954, *rég. sg., esprit, jugement.*

Sené, 741, *sensé.*

Seon, 292, *adj. poss. Cf.* Burguy, I, 146.

Sere, 8, *etc., sire,* senior, *sendre, senre, puis sere, ou forme fautive introduite par un copiste? emploi au pl.,* seres, 2718.

Serour, 1003, *empl. au suj. sg.;* seur, 1993, *sœur.*

Servige, 1001, *service.*

Sesir, 677, *subst., saisie, conquête.*

Seulst, 2301, seust, 2233, *pour* seult, *ind. pr. de soloir, avoir coutume.*

Sevez, 2392, *2 p. pl. subj. pr. de suivre.*

Sevrer, 825, *etc.*, *séparer.*
Siet, 87, *etc.*, *3 p. ind. pr. de seoir, être assis.*
Sieult, 2884, *3 p. ind. pr. de suivre.*
Sieulvent, 405, *3 p. pl. ind. pr. du même.*
Sigle, 1376, *etc.*, *voile.*
Sigler, 2149, *etc.*, *faire voile, cingler.*
Sist (se), 259, *etc.*, *3 p. pf. de seoir.*
Solu, 1274, *p. p. de soldre, absoudre.*
Sommier, 1887, *cheval de charge.*
Sonjour, 4, *retard.*
Sonjourner, 767, *demeurer.*
Sont, 538, *3 p. sg. ind. de sonner.*
Souday, 1960, *solde.*
Soudement, 1558, *à la sourdine.*
Soueff, 2786, *empl. adv., doucement.*
Soul, 890, *etc.*, *seul;* ung soul petit, 835, 1789, *loc. adv., un peu, un instant.*
Soulail, 781, *etc.*, *soleil.*
Soulait, 2291, *3 p. impf. de soloir, avoir coutume.*
Souppir, 1808, *soupir.*
Souranné, 2039, *de plus d'un an, formé.*
Soupprindrent, 1768, *3 p. pl. de surprendre.*
Surexit, 286, *3 p. pf. de* sordre, *forme empruntée au latin. Cf.* Diez, *conj. fr. anc. sous* surgere.
Sus, 1718, *etc., en haut.*
Suyrs, 352, *sûr, certain.*
Sy, 1503, *etc., ainsi.*
Tabours, 12, tabourts, 539, tambours, 2995.
Talant, 547, *etc., disposition;* avoir talant, 661, *désirer.*
Tanczon, 37, *retard.*
Targé, 1128, *mis à couvert. V. note du v. 1128.*
Tempesté, 2670, *cas obl., tempête.*
Tendré, 382, *etc.*, tendray, 390, *1 p. fut. de tenir.*

Tens, 2026, *temps* ; par tens, *avec le temps*.

Tenser, 821, *etc.*, *protéger*.

Tentir, 659, *etc.*, *résonner*.

Terrin, 931, *territoire* ; terren, 2677, *terre ferme*. *V. note du vers* 2677.

Tessuz, 316, *tissus*.

Teul, 1230 ; teil, 1911 ; tel, 1537, 255, *etc.;* telle, 656.

Tienge, 2425, *3 p. subj. de tenir.*

Tindrent, 950, *3 p. pl. pf. du même.*

Tolir, 672, *enlever, arracher* ; *pf. 3 p.*, tollit, 2116 ; *p. prés.*, tolant, 1643 ; *p. p.*, tolet, 2866, 3002 ; tolu, 1277.

Tournéys, 211, *tournant;* pont tournéys.

Tourt, 296, *3 p. sg. ind. pr. de tourner.*

Traictif, 283, *perçant.*

Traïstres, 3038, 3041, *suj. pl., trissyll.*

Tranmist, 1999, *3 p. pf. de* trametre, *envoyer.*

Tranper, 2081, *préparer, verser;* baign tranpé. *Cf.* Lacurne Ste-Palaye, *au mot* bain.

Tré, 1183 ; tref, 1442, *etc.*, *rég. sg.;* trés, 2830 ; trefs, 1361, *etc.*, *rég. pl.;* tente.

Tregeté, 2084, *fondu, coulé dans un moule.*

Trehu, 1266, *tribut.*

Trehuage, 2527, *même sens.*

Trere, 2239, traire, 2307, *tirer*, 1347, *tirer de l'arc.*

Treslis, 473, *épith. de gonfalon, fait d'une étoffe à carreaux ; en blason, fretté ou treillissé.*

Treson, 39, *retentissement.*

Trespasser, 2801, *franchir, traverser une rivière.*

Trestourné, 889, *mis à l'écart.*

Tréu, 1133, *logé dans un tref.*

Tribucher, 476, *etc.;* trebucher, 1023 ; 1º *tomber*, 2673, *etc.;* 2º *renverser*, 1220 ; 3º *jeter*, 2237, *etc.*

Trigon, 1893, *partie de l'oriflamme.*

Trouser, 2771, *équiper, charger;* trouser son hernoys, *lever le camp.*

Trousez, 2507, *subst. (?) charges.* — *Un vers de la* Ch. de Roland *indique peut-être la correction : D'or e d'argent .iiij.ᶜ muls trussez (v. 130).*

Trouuer, 820, *percer.*

Vaille, 1143, *voile.*

Vaire, 2763, voire, 1665, voires, 2514, *affirmation.* Cf. *ci-dessous* voir.

Vaisin, 3033, *voisin.*

Valaint, 318, *3 p. pl. impf. de valoir.*

Valenter, 1836, *réfl., se faire fort de.*

Varer, 2271, *garantir.*

Vasal, 1481, *etc.,* vassal, 1235; *pl.,* vasalx, 1508, vasseaulx, 3067.

Vaye, 15, *voie;* aquillir sa vaye, 17, *cheminer.*

Veil, 83, *etc.,* veille, 2979, *vieux, vieille.*

Veist, 1201, *3 p. ind. pr. de vestir.*

Venismez, 2341 ; veneismez, 1560, *1 p. pl.;* venistez, 2003 ; veneistez, 1805, *2 p. pl. pf. de venir.*

Ve[n]ra, 2811, *3 p. fut. du même.*

Venteler, 2726, *s'agiter au vent.*

Verdeant, 1549, *p. prés. de verdoyer.*

Verdie, 2906, *3 p. ind. pr. être de couleur vert bronze, en parlant d'un heaume.*

Veregondé, 1689 ; vergondé, 2522, *déshonoré.*

Vermail, 69, *vermeil.*

Vers, 179, *rég. pl., épith. de heaume.*

Verser, 1º *tomber,* 1733, *etc.;* 2º *jeter à bas,* 2237, *etc.*

Vesel, 1409, 1731, *navire; pl.,* veseaulx, 1377.

Vespre, 1056, *etc., soir.*

Vez ci, 360 ; vez la, 3045, *voici, voilà.*

Vi[e]ler, 2245, *jouer de la « viele », pleurer.* V. *note du vers 2245.*

Vienge, 1977, *3 p. sg. subj. de venir.*
Vifs, 229, *etc.*, *vivant.*
Vignt, 872, *etc.*, *vingt.*
Vilanneté, 2931, *déshonneur.*
Vilté, 901, *etc.*, *mépris.*
Viquens, 730, *cas suj.*, *vicomte.*
Virer, 876, *etc.*, *tourner ;* virer sa regne, 972, *tourner bride.*
Virge, 1898, *etc.*, *vierge.*
Vis, 263, *etc.*, *visage.*
Vitaille, 2177, *nourriture.*
Vivre, *ind. pr. 2 p.*, vifz, 1708 ; *pf. 3 p.*, vesquit, 861, *etc.*
Voir, 1041, *vrai ;* ouïl voir, 420 ; nennil voir, 2770.
Voir ; v[e]oir, 2290 ; *ind. pr. 1 p.*, voy, 223 ; *3 p.*, vait, 577, *etc.*, voit, 782, *etc.; 3 p. pl.*, vaient, 1535 ; voyent, 411 ; — *impf. 3 p.*, veait, 1950; *pf. 1 p.*, vy, 615 ; *2 p. pl.*, veistes, 140 ; *subj. impf. 3 p.*, veïst, 654 ; *2 p. pl.*, veïssez, 40, *etc.*
Volair, 547, *subst.*
Volanté, 649, *etc.;* volenté, 1514, *etc.*
Vouez, 1628, *etc.;* voez, 1555, *voix.*
Vouloir, *ind. pr. 1 p.*, vuil, 97 ; veil, 61 ; *3 p.*, veult, 1191 ; veulst, 605, *etc.; pf. 2 p.*, voulis, 1928, 1969 ; *3 p.*, voult, 469 ; voulst, 1953, *etc.; 3 p. pl.*, vouldrent, 683 ; *cond. 3 p. pl.*, vouldroint, 1302 ; *subj. 3 p.*, veille, 2271 ; *2 p. pl.*, veillez, 2279.
Voultis, 225, *épith. de donjon, contenant des voûtes.*
Vuil, 616, *etc.;* vuil[le], 1172, *vieux, vieille.*
Yce, 1897 ; ycel, 380 ; yceul, 705; *pl.*, yceulx, 1361, *etc.*, *pron. dém.; au v.* 1176, *etc.*, yceluy, *suj. sg.*
Ycest, 339 ; yceste, 377, *etc.*
Yci, 97 ; ycy, 367 ; icy, 573, *etc.*

Yray, yra, yron. *Voir* aller.

Ysnellement, 1457, *etc. Voir* isnellement.

Ysobé, 1384, *boisson souvent mentionnée dont la nature est incertaine.* — *vins et isopés*, Aliscans, *v.* 7588. *Cf. Duc-Hensch., sous* ysopé.

Yssent, ys[s]u, yssis. *Voir* issir.

Ystoire, 1666, *l'histoire, le document allégué par le trouvère à l'appui de son récit ; il l'appelle ailleurs : l'escript, 63, 83, 210?, le libvre, 1169.*

Ystre, 2665, *sortir.*

Yver, 2081, *hiver.*

NOMS DE LIEUX

ET DE PERSONNES

ABRANCHES, 18; *Avranches*.

Acrochart, 1298, chef païen.

Adace, roi de Rome, 2006; l'empereur *Dèce?*

Adiron, 124, localité inconnue; nom sans doute altéré; on trouve dans *Roland* : « la terre Abiron » (v. 1215).

Ahès, figure dans la chanson sous le nom d'Ohès. Chemin d'Ahès, 860 et s^{ts}, 2825 et note. V. Ohès.

Agolant, 1833; roi d'Afrique et d'Italie dans la *Chanson d'Aspremont*.

Agot, 91, 751; seigneur de l'île *Agot*, île déserte située non loin de Dinard, en avant de la côte de Saint-Briac; l'auteur y place un château, 94, 756.

Aion, 2730, chevalier chrétien. Cf. Eyon.

Alart (le vuil), chef païen, 1299.

Alemaigne, 706.

Allement, 1639.

Angevin, 1638.

Angleterre, 1148.

Anne (sainte), 1990, 1992; la sœur de sainte Anne figure dans la légende de S. Servan.

Apolin, 933, 3040, 3075, *Apollon*.

Aquin ou Aiquin, 78, etc.; roi ou amirant des païens établis en Bretagne, 110, 488, 799, etc; Aiquis, 463, 488, 1020; de Nort pays, 230, 429, 968; énumération de ses vassaux, 112-122, 1292-1300; son histoire, 333-39, 378 et s^ts, 1421-30, 2157-60; femme d'Aquin, V. Empereris; palais d'Aquin, 248-56; tour d'Aquin, V. Oregles; mort d'Aquin, 3077 et notes. V. note du vers 78.

Arabe, 250, 316, 2507, 2510, *Arabie*.

Arabis, Arabins, 264, 268, 410; Arabe, nom ou épithète de tradition, n'indiquant en rien la nationalité des ennemis.

Aragon (destrier d'), 40.

Aray de Mené, 743; baron de Mené, 67; vicomte en Cornouaille, 730; V. note du v. 67. Malgré ce que nous avons dit, on doit constater l'existence en Cornouaille de seigneurs du Menez et de nombreux Arel (Cf. P. de Courcy, *Armorial de Bretagne*).

Archedeclin (saint), 3058, l'hôte des Noces de Cana, cité dans presque toutes les chansons.

Arcevesque (l'), l'Arcevesque de Doul. V. Ysoré.

Aspremont, 1832, 1843; Appremon, 74, partie des *Apennins* où se passent les principaux épisodes de la *Chanson d'Aspremont*.

Avisart, 119, 1297, chef païen.

Bagueheut, 1002, sœur de Charlemagne, femme de Tiori duc de Vannes, mère de Roland. V. note du v. 3081.

Barbarin, 3026, 3045, habitant de la Barbarie, au sens vague d'ennemi païen.

Baudoin de Vannes, 145, 171, 194, 290, 425, 448, 457, 481, 956, 987, 3044; un des quatre comtes bretons envoyés à Aquin. V. note du v. 457.

Baudoin de Nantes, 744.

Bauvier, 1639, *Bavarois*, ordinairement en vieux français : Bavier ou Baivier.

Bernard, 290, chevalier chrétien.

Beruier, 1640, habitant du Berry.

Bethléem, 2654.

Bidan, Bidon ou Budon, 122, 773, 2420, rivière du *Bidon* ou *Bied-Jean*. V. note du v. 773.

Bise, 210, 1182, 2714, paraît être le nom particulier d'une contrée située en avant de la presqu'île d'Aleth entre les rochers de Biseux et la grève des Bas-Sablons. Ce serait proprement, d'après l'abbé Manet : « le champ où a été construite depuis la ci-devant communauté du Caivaire, en Saint-Servan ». (*Grandes Recherches*, chap. III, p. 223. — H^{re} *de la Petite-Bretagne*, t. II, p. 156). — V. note des v. 210, 1182, 2714.

Biseul, 1408, aujourd'hui *Biseux* ou *Biʒeux*, rocher à l'entrée de la Rance. V. note du v. 1408.

Brest (havre de), 2170 ; son seigneur, V. Merïen.

Bretaigne, 13, 48, 104, 136, 180, 382, 594, 674, 697, 721, 734, 737, 748, 1114, 1329, 1427, 2195, 2554 ; ancêtres d'Aquin maîtres de la Bretagne, 378 ; Aquin y règne depuis trente ans, 333, 2158 ; Charlemagne reste sept ans en Bretagne, 2449.

Bretons, 47, 56, 458, 553, 676, 713, 716, 731, 804, 1286, 1290, 1303, 1335, 1344.

Brons (château de) près Nantes, 2164, situation incertaine. V. note du v. 2164.

Car[a]hès, 2182, 2208 ; Char[a]hès, 2191, 2845, 2916 ; Quarahès, 82, 867 ; Carhès (?), 2774, ville de *Carhaix* ; ville d'Ohès, 82, 757, 2183 ; chemin ferré de Carhaix à Paris, 867 et suivants, 2824. — V. note du v. 757 et 2825.

Césambre ou Sesambre, 1461, 1502, 1549, 1852. Ile de

Césembre, à 5 kil. environ de Saint-Malo. V. note des v. 1421, 1549 ; passage à gué dans cette île, 1728 et s^ts, et note du v. 1459. — L'auteur ne signale à propos de Césembre aucune fondation commémorative ; d'où l'on peut tirer que l'île ne possédait de son temps ni chapelle, ni moûtier.

Châlez, 1439 ; le même que le suivant. V. note du vers 1439.

Chaliart, 1309, chef païen commandant les vaisseaux d'Aquin ?

Charlemaines, 158 ; Charlemaine, 498 ; Challeméne, 74 ; Charlezméne, 1133 ; Karl, 492 ; Charles, 14 ; Charlez, 6 ; Charlon, 22, 60 ; l'emperiere, 582 ; le roi de France, 1136 ; le roi de Soissons, 31 ; le roi de Saint-Denis, 411 ; Charles de Saint-Denis, 288, etc.

Chartres (ville de), 152.

Chastelserein, 760, *Châteaulin*. V. Nynet et note du vers 758.

Chatel-Malo, 1146, 1179, *Château-Malo* ; ancien manoir des évêques de Saint-Malo, aujourd'hui succursale, à 5 k. de Saint-Servan.

Cherion, 1297, nom sans doute altéré, le même que Clarion.

Cité (la), 485, 927, 1032, 1132, 1149, 1184, 1210, 1223, 1340, 1397, 1407, 1469, 1683, 1888, 2058, 2083, 2321, 2354 ; nom qui désigne encore une partie de l'emplacement d'Aleth.

Clarion, 117, nom traditionnel de chef païen que l'on rencontre dans la *Ch. de Roland*.

Clodoveil, 379, le roi *Clovis*.

Coaynon (rivière), 45, 147, *Couesnon*. — Le v. 46 fait-il allusion aux *Tours Brettes* qui ont existé sur le Couesnon au dire de d'Argentré ? (H^re *de Bretagne*, p. 41, F. — D. Morice V. 275).

Conayn ou Coneyn de Léon, 64, 741 ; *Conan*, nom typique, issu de la légende de Conan Mériadec.

Cordes, 703, *Cordoue*. (Cf. Léon Gautier, *Roland*, notes p. 99.)

Corengne, 705, cheval de Charlemagne dont le nom est particulier à cette chanson (Cf. *Hist. litt*^{re}, xxii, 407). Les procédés habituels de l'auteur donnent à penser que ce nom pourrait équivaloir à celui de Cornouaille. Le bai de Cornouaille, que l'on rencontre si souvent dans les autres chansons, ne peut manquer d'être dans celle-ci la monture de Charlemagne. Le mot même de Corengne trouverait son explication dans la fausse étymologie de Cornouaille, *Corinia, regnum Corinei*.

Corentin (saint), 3027, 3039, 3041, 3056, 3064. V. note du vers 3026.

Cornouaylle, 730.

Corpssabron, 1299, nom altéré, le même que le suivant.

Corsalium, 119, chef païen.

Corsout, 860, père d'Ahès ; sire de Corseul ? 2823. — On rencontre dans le *Chr. Briocense* (D. Morice, III, 14.) et dans beaucoup de récits légendaires, un personnage plus ou moins fabuleux du nom de *Corsoldus*. Corsout paraît donc appartenir aux traditions bretonnes et ne rien avoir du Corsolt ou Corsuble des chansons de geste. (*Couronnement Looys, Bueves de Comarchis*, etc.)

Corseut, 2820, *Corseul*, ancienne capitale des Curiosolites. *Villa que vocatur Corsolt*, dans une charte de 1123. (Ev. de S. Brieuc, iv, 395). V. note du vers 2820.

Crists, 347 ; Crist, 89 ; Cris, 406.

Dayres, 203, 1890, 2285, fondateur de Quidalet. V. note du v. 2285.

Denis (saint), 1121, 1854. V. Saint-Denis (ville).

Dinart ou Dynart, 114 ; position du château de *Dinard*, 115 ; attaque de Dinard, 1276 ; destruction de cette forteresse, 1290 et s^{ts}, 1487, 1496.

Dolas, 84, *Daoulas*. V. Morin.

Doret ou Doreit, prince païen, 112 ; seigneur de Gardaine, 121 ; neveu d'Aquin, 770, 2186 ; né à Oreigle, 785 et note ; exploits de Doret, 810, 829, 833 ; sa fuite, 836-48 ; guerre contre Doret, 2381, 2502, 2543, 2547.

Dorlet, 789, 2386, 2389, 2553, donjon près de la ville de Gardaine, situation de Dorlet, 778. V. note du v. 2386.

Doul, 49, 412, 739, 2128, ville de *Dol* ; archevêché de Dol, 100, 766, 1372 ; comté de Dol, 170, 299, 739. V. note du v. 127. — V. Ysoré.

Durendal, 1845, épée de Roland.

Eaulment, 1834, *Eaumont* ou *Yaumont*, fils d'Agolant dans *la chanson d'Aspremont*. V. note du même vers.

Egipte, 2648 ; Egypte citée dans la légende de Saint-Servan, 1995.

Empereris (l'), femme d'Aquin ; n'est pas nommée ; son portrait, 306, 392, 509, 973, 1033, 1317, 2288 ; faite prisonnière, 2918 et suivants ; son baptême, 2947-65. — 3014 et note de ce vers.

Ernoul de Flandres. V. Hernoul.

Errodes. V. Herodes.

Escallogne, 2010, *Scalona*, Ascalon.

Esclavon, 126, *Slave*.

Espaigne, 709.

Estienne (saint), 1070, 1905. V. Saint-Estienne.

Excomar de Saint-Pabu, 85 ; *Excomarcus*, nom fréquent dans les chartes de la province ; au v. 763, E. l'alosé ; cette épithète paraît avoir été substituée par le copiste au mot : aloué. V. Saint-Pabu.

Eyon de Servan-Chasteillon, 86, *Eon*, par un jeu de

mots seigneur de Chastillon (*castellum Eonis*). V. notes des v. 86 et 88.

Fagon, 6, 30, 552, 2224, 2242 et s[ts] ; accompagne Naimes à Césembre, 1449-1786.

Fierté (La), 761, *la Ferté*; il y a une seigneurie de ce nom en Plouigneau. V. Hubaut.

Flammier, 1640, *Flamand*.

Flendres, 290 ; Flandres, 456, 956.

Florion, 118 ; Flour[ion], 1298, chef païen.

Fontaine de Saint-Servan (la), 2062 ; description, 2075-85. — V. note du vers 2075.

Fontaine [de Guynemant], 1210 et note, dans la baie du Prieuré ? ou encore dans l'anse de la Source, en dessous de la pointe des Corbières.

France, 16, 25, 150, 1098, etc.; doulce France, 15 ; roi de France, 375, 513, etc. ; Charles de France, 492. — Au moment où les ancêtres d'Aquin s'emparèrent de la Bretagne, elle ne faisait pas partie de la France, v. 380.

Francs, 1396, 1462, 1506, 1534, 2270, 2831.

Franczois, 303, etc. ; Franczoys, 408, etc. ; Françoys, 532, etc.

Frisant, 1640, *Frisons*.

Gabriel (saint), 1967, 2650.

Galilée, 1971.

Gardoine, 830, 839 ; Gardoyne, 122, etc. ; Gardayne, 771 ; ville légendaire de *Gardaine*; située sur le Bidon, 122 ; possédée par Doret, 771 ; description, 772 et s[ts], 2375, 2384, 2388, 2408, 2552, 2573 ; malédiction de Gardaine par Charlemagne, 2630 et s[ts] ; chute de cette ville, 2673. — V. Introduction et notes des v. 122, 773 et 2677.

Garnier de Quaquaigne, envoyé du pape, 2741 et s[ts] ; de Quoquangne, 2797 ; de Quoquenie, 3010 ; sa mort, 3017. — V. note du v. 2746.

Geffroy l'Engevin, 988, nom appartenant à la tradition épique. (Cf. Léon Gautier, *Roland*, notes, p. 53).

Gervese (saint), 20, *S. Gervais*.

Girart, 1296, chef païen.

Grihart, 118, *idem*.

Grimouart, 112, 113, neveu d'Aquin ; châtelain de Dinard, 1293.

Guar[i]nis, 456, *Garin Le Loherain?*

Guion de Léon, 65.

Guitelin, 1425, *Witikind* de Saxe ; fils de Justamon, 140 et note de ce vers.

Guymener, 2730, chevalier français ; ord. Guinemer.

Guynemant, 1194, 1195, écuyer de l'archevêque de Dol ; sa mort, 1228, 1235, note du vers 1210.

Hamon de Mont Releys, 81 ; avoué de Mourellés, 756.

Hermitage (l') de saint Corentin, 3026, dans la forêt de Nevet, aux environs du Mené-Hom. V. Introduction et note du v. 3026.

Hernoul de Flandres, 290 ; Ernoul, 456, 956, nom véritable de plusieurs comtes de Flandres : « li quens Ernol « de Flandres » (G. de saint Pair., v, 1551, etc.). A côté de Garin le Loherain on placerait plutôt Estoul de Langres.

Herodes, Herodez, 1930, 2640, 2651 ; Errodes, 2012.

Hoës de Quarahès, 82, 757, 811, 815, même personnage qu'Ohès. V. ce nom et la note du v. 82.

Hubaut de la Fierté, 761, chevalier breton.

Hues, 988, nom isolé ; il faudrait peut-être corriger Hoës.

Joseph (saint), 1932.

Joseph (d'Arimathie), 1958.

Jupin, 934 et note ; Jupiter, 934, pris pour deux dieux différents.

Justamon, 140, roi de Saxe, père de Witikind, dans les chansons relatives aux Saisnes. — V. note du v. 140.

Leharenc, 1639, *Lorrains*. Mot altéré, pour Loherain.
Leion, 151 et note, *Lyon*.
Léon (seigneurs de), 64, 65 ; leurs armes, 742.
Longis, 284; l'aveugle du Calvaire, sa légende, 1948-57.
Magdalene (sainte), 1969.
Mahon, 51, etc, ; Mahommet, 323, etc. *Mahomet*, regardé comme un dieu des païens.
Malo (saint), sa légende, 1147-1170. V. Saint-Malo.
Marie (sainte), 1990, 3019.
Martin (saint), 3028. V. note de ce vers.
Mé[e] (la) 338, pays, comté, territoire du Comté Nantais. V. note du v. 338.
Mené (seigneurs de). V. Aray.
Men[é], 2977, montagne du *Méné-Hom* ; forteresse du Méné, 2978, 2998 ; détruite, 3015-24. — V. Introduction et note du v. 2977.
Memerion, 2172, le même que le suivant.
Merïen, 66, 750, seigneur de Brest.
Mont-Saint-Michel, 31-35 ; pèlerinage de Charlemagne.
Mont Releys, 81 ; Mourellés, 756, *Morlaix*.
Morin le Breton, 84, comte de Daoulas.
Nantes ou Nantez, 334; la belle, 384 ; seigneur de Nantes, 744 ; Aquin couronné dans cette ville, 1429, 2159; les Norois y sont établis, 384, 2160, 2198.
Nermon, 27, le même que le suivant.
Nesmes, 4, 30, forme du nom de *Naimes* dans la chanson ; cité, 457, 480, 723, 954, 988; guide Charlemagne, 30, 552; le conseille, 435-45, 1009, 1025, 1077, 1094, 1867, 2779 ; son expédition à Césembre, 1419-1856; fait le siége de Gardaine, 2373-2712 ; rencontre l'armée du pape, 2713-40 ; se bat avec Aquin, 2859-2912 ; fait prisonnière l'Empereris, 2920 et s^{ts} ; guide l'armée, 2983 ; duel final entre Nesmes et Aquin, 3083. — V. Introduction et note du v. 1829.

Nicodemus, 1958.

Noiron, 119, *Néron*, nom attribué à un chef païen.

Norailghe, 3052, pays des Norois.

Normandie, 16, distinguée de la France. Ce vers, pris à la lettre, indiquerait une rédaction antérieure à la conquête de Philippe-Auguste.

Norment, 1638; Normens, 47,

Noreys, 1246; Norreins, 399; Noreins, 462; Noires, 2493; Noyres, 2105; Norois, 485; *hommes du Nord*, North-men; la *gens Aquilonalis*, des Chroniques bretonnes, Danois, Suèves, etc. V. note du v. 531.

Nort pays, 230, 429, 531, 968, *contrée du Nord*, pays d'Aquin et de « sa gent ».

Nostre-Dame (moutier), 1187, chapelle fondée par l'archevêque de Dol sur le bord de la Rance, au lieu qui est devenu depuis l'île *Notre-Dame*, en Saint-Jouan des Guérets. — V. Introduction et note du vers 1182.

Nyvet, 2985, forêt de *Nevet*, en Cornouaille. — V. Introduction et note des vers 2985 et 3026.

Nynet, 758, seigneur de Chastelserein, le même sans doute que *Nyn*, fondateur légendaire de Châteaulin. — V. note du vers 758.

Ohès ou Hoës de Quarahès (V. Hoës); Ohès, forme du nom d'*Ahès* dans la Haute-Bretagne ; seigneur de Ker-Ahès, 82, 757, 2183 ; prouesses d'Ohès, 823 et s^{ts}; sa femme, 852-924, 2826 ; chemin d'Ohès, 860 et s^{ts}, 2825 et note. — Sur Ahès, V. Introduction et note du v. 2825.

Olivier, 710, compagnon de Roland.

Oregles, 511 ; Oreigle, 376, 504, 785, 931 ; Oreilghe, 155, aujourd'hui *Solidor;* prison d'Aleth aussi appelée tour Aquin, 233, 2301 ; chartre Aquin, 420 ; sa description, 217-40, 2233-41 ; pont d'Oregles, 2283 ; prise d'Oregles, 2278-310. — V. Introduction et notes des vers 155, 2120, 2233.

Orléans (ville d'), 151 ; Orl[i]ens, 390.

Pabu (saint), 85, 763 ; S. *Tugdual*, surnommé Pabu (père ou pape). V. Saint-Pabu.

Paris, 152, 390, 511.

Pepin, 3042, 3079, père de Charlemagne.

Pere (saint), 2322, *S. Pierre*, vocable de la cathédrale d'Aleth.

Pilate, 1959.

Quahu, 1261, fréquent dans les chansons sous la forme Cahu ; on y voit généralement une altération du nom de *Caïn*. — Es puis d'enfer iras... Aveuc ton Dieu Mahomet et Cahu. (*Aliscans*, v. 1142.)

Quaquaigne, 2741, *Gascogne ?* V. Garnier.

Quarahès, 82, 867. V. Carahès.

Quidalet ou Quidallet, 133, ancienne cité d'*Aleth* ; sa description, 199 et s^{ts} ; palais d'Aleth, 248 et s^{ts}, 273, 2356 ; donjon et chartre, V. Oregles ; porte d'Aleth, 211 et s^{ts}, 1890, 2232, 2233-41 (?), 2243, 2265-7 ; pont, 211, 215, 2268, 2283 ; havre, 2135 ; église d'Aleth. V. Saint-Père. Aquin maître de Quidalet, 2867, 3005 ; Aquin abandonne Quidalet, 2134, 2185, 2201 ; Charlemagne y entre, 2212 et s^{ts}, 2371, 2519 ; Quidalet donnée à Ysoré, 2331, 2455 ; mentions, 272, 419, 440, 449, 926, 972, 1123, 1130, 1308, 1337, 1483, 2422, 2487, 2538, 2760, 2840, 2957, 3078. V. la Cité. — V. notes des v. 133, 210 et 2075.

Quoquangne, Quoquenie. V. Garnier.

Quynard (lignage), 1292, famille d'Aquin.

Rance ou Rence (rivière de), 1309, 1340, 1409, 2799 ; la rivière, 484 ; état de la Rance entre Quidalet et Dinard, 1340 et s^{ts} ; gué sur la Rance, 2801 et s^{ts}. — V. note des vers 1182, 1340 et 2801.

Rennes (ville de), 68, 740, 2731. — 2128 ?

Richard, 455, 955, 987, chevalier chrétien.

Richardel de Léon, 65.

Richer ou Richier, 145, 171, 193, 289, 401, 425, 481, 3044, un des quatre comtes.

Ripe ou Ripé de Dol, défenseur de l'Archevêché, 144, 170 ; envoyé vers Aquin, 187, 193 ; discours, etc., 278-400 ; joute, 465 et s^{ts} ; qualifié comte de Dol, 739 ; marquis, 345, 424, etc.; blessé, 987 ; parle à saint Corentin, 3050. — V. Introduction et note du v. 144.

Rolend, 709, 1004, 1841 ; Rolendis, 990; Rolendin, 3082 ; *Roland*, le Roland armoricain, fils de Tiori duc de Vannes et de Bagueheut sœur de Charlemagne. — V. Introduction et note du v. 3082.

Rommanie, 3008, pays des Romains.

Romme, 2003, 2006, 2742, 2753, 2757, 3011.

Saint-Denis (ville), 152, 391. — Le royaume de Saint-Denis, la France propre, 512, et par ext. *la France ;* — le roi de S. D., 350, etc. ; Charles de S. D., 288 ; enseigne S. D., 478, 1024 ; barons, 958, 991, etc.

Saint-Esti[e]ne, 1070, chapelle fondée par Charlemagne ; aujourd'hui village et chapelle *Saint-Étienne*, à 3 k. de Saint-Servan, sur la route de Château-Malo. — V. Introduction.

Saint-Gervese d'Avranches, 20. — *S. Gervasius, parochia in urbe Abrincensi quo episcopus tenetur adire ante possessionen ineundam.* (Gall. Chr., D. Abrincensis instr. col. 337 et s^{te}.)

Saint-Mahé, 2153, *S. Matthæus Finis Terræ*, ville et antique abbaye O. S. B.; la pointe *Saint-Mathieu.* V. note du v. 2168.

Saint-Malo, 1169; île de Saint-Malo, près de la Cité d'Aleth, 1149 ; — Il est curieux de constater dans d'autres chansons la notoriété de saint Malo, ainsi que du lieu qui porte son nom ; elle ressort des citations suivantes : *Malou la Bretine* est le cri de guerre des Bretons dans Horn (v. 1638). *Bretun, Maslou, Maslou escrient ;* Rou (v. 7843). On jure par *Sains Malos de Bretaigne* dans la chanson de Roncevaulx (v. 2126). Ce qu'il faut rapprocher du cri historique : *Malo au riche Duc* (G. de Saint-André, v. 2223, éd. E. Charrière). La ville de *Saint-Malo en Bretaigne* a encore une importance toute particulière dans Gaufrey, (v. 9170, etc.). Elle est également citée dans le lai du Rossignol.

Saint-Pabu, 85, 763 ; Tréguier, *monasterium sancti Tugduali-Pabuth.... sancti Pabu-Tuali locus, qui sedes fuit episcopatûs Trecorensis.* (D. Morice, III, 23, 288.)

Saint-Perc, 2322, chapelle ou église de la cité d'Aleth. — V. Introduction et note du vers 2322.

Saint-Servan, 1895, 2062, 2216, chapelle ou moutier fondé par Charlemagne au lieu où est aujourd'hui l'église de la ville de Saint-Servan ; croix-reliquaire de S. Servan, 1900-16, 1984. — V. Introduction et note des v. 1900, 2075, 2137.

Salemon, 70-4, 144, 747-9, futur roi de Bretagne dans la chanson. V. Introduction LXVIII et note du v. 144. — *Salomon,* absent de la ch. de Roland, figure comme roi de Bretagne dans Aspremont (H. litt., XXII, 302, 314) ; Renaus de Montauban (p. 46, v. 13, éd. Michelant) ; il est chef des Bretons dans les Saisnes (Int., p. L) ; parent des ducs de Metz dans les Lorrains (Garin le Loh., I, 103, L. 33) ; il est compté parmi les XII pairs dans l'Entrée en Espagne, Renaut, Ogier ; remplacé par Hoel de Nantes dans les Conquestes du grand Charlemagne de la Bibliothèque Bleue (Liste des pairs, Léon Gautier, Roland, II, 73) ; le « bon duc de Bretaigne » est parrain de « Salemon le convers » dans Gaufrey (v. 1768, 9168) ; il est encore mentionné dans certaines versions d'Huon de Bordeaux (Guessard, préface, XXVIII), dans Jehan de Lanson (H. litt., XXII, 579), dans les *Reali*, branche de *la Spagna* (G. Paris, Hist. poét., p. 188) ; enfin le faux Turpin, Gervais de Tilbury, Ph. Mousket (v. 9138), etc., le font périr avec Roland et enterrer à Aliscans. Dans Roncevaux (v. 13039), il a survécu au désastre et donne son avis sur le supplice de Ganelon.

En fait d'autres noms de personnages bretons mentionnés dans les chansons et récits analogues, Roland (v. 3056) nous offre : *Oedun* ; Turpin (chap. XI) : *Arastagnus* ; les Chr. de S. Denis : *Arastans*, roi de Bretagne, *Hoiaus*, comte de Nantes ; Ph. Mousket (v. 9040, 9116, 4488) : *Arestains, Hoiel, Hunaus* ; Roncevaux (v. 12836) : *Hues* ; les Lorrains (Garin, I, 103, L. 33) : *Hunaus, Fouchier* de Nantes ; Aspremont (H. litt., XXII, 302, 315) : *Davi*, roi de Cornouaille ; *Graelens*, parent de Salomon, le plus habile des hommes à vieler et trouver des lais ; Ogier (*id*., XX, 695) : *Hunauld* ; Fierabras (v. 4701) : *Oel* de Nantes ; Aye d'Avignon (v. 1269) : *Ripaus* ; Anséis (f° 1) : *Rispeu* ; Mainet (*Romania*, IV, 316, v. 54) : *Ribuef* de Bretagne ; Doon de Maience (v. 8078) : *Houel* le Breton ; Guy de Nanteuil (v. 796) : *Hoel* ; on voit dans Gaydon plusieurs seigneurs de Nantes : *Rispeus* (v. 647), *Hoiaus* (v. 1237), *Poinsart* (v. 2329), *Guion* d'Anjou (v. 4837) ; la Karlamanus-Saga (branche d'Agolant) cite *Salomon* et *Berenger* ; *Hoel* se retrouve dans les lais (*Romania*, 1879, p. 34) ; le roman d'aventure d'Ille et Galeron a le duc *Conan*.

Sanson (saint), 52 ; *S. Samson*, patron de la cathédrale de Dol.

Sarrazins, 58, 447, etc., nom donné fréquemment aux ennemis dans la chanson.

Seguin ou Seguyn, conseiller et frère d'Aquin ; sa mort, 1019-1040 ; rappel de ses exploits et de sa mort, 3077 et suivants. V. note du v. 3077.

Seison, Saison, 25, 31, 152, ville de *Soissons*.

Seisoigne, 1424 ; Sesoiene, 60, Saxe, *Saxonia*.

Serain, 88, *Sirène*, réminiscence des sirènes de l'antiquité.

Servan (saint), 1895, 1909, 1982, 2062 ; sa légende, 1985-2015. V. note du v. 1900.

Servan-Chasteillon (château de), 86, situation incertaine ; forteresse inconnue du côté du port de Trichet en Saint-Servan ? Peut-être aussi simplement : Solidor. V. note des v. 86 et 88.

Sesambre. V. Césambre.

Seüne (rivière), 17, 45 ; limite du royaume d'Aquin, 493. Même forme de ce nom dans Guillaume de S. Pair (v. 452), aujourd'hui la *Sélune*. — Au v. 17, l'auteur a peut-être voulu désigner la rivière d'Avranches, la Sée, plutôt que la Sélune elle-même.

Seyson (château de), 75-80, semble être dans la position de la tour de *Cesson*, à l'entrée du Légué. V. Terzon.

Terren (le), 2677, partie du territoire d'Aleth. V. note du v. 2677.

Tervagant, 134, 154, 1581, 1583.

Terzon (cité de), 2150 et note. *Cesson ?* Le *portus Cessonius* mentionné dans l'ancien propre de Saint-Brieuc (*Acta SS.* Boll. 1 maii, p. 93, F.) ? ou encore : la ville gallo-romaine qui a existé dans les environs d'Erquy et dont le nom est inconnu.

Thehart de Rennes, 68 et note, 740, 2731 ; ses armes, 68.

Thephayne (la), 1935, fête de l'*Epiphanie*.

Tïori ou Tyori, *Thierry ?* père de Roland, 990, 999-1004, 3081-2 ; oncle du roi Salomon, 70 ; duc de Vannes,

745-6, 955; défenseur de l'archevêque de Dol, 146; un des quatre comtes envoyés vers Aquin, 172; cité, 193, 289, 400, 423, 430, 455, 471, 479, 600-31; sa mort, 989; regrets de Charlemagne, v. 1000 et s^{ts}. V. Introduction et note du v. 3081. — Tiori a-t-il quelque rapport avec le Thierry d'Angers, vengeur de Roland dans Gaydon, « Rispeus et Tyoris (v. 7706), » ou avec le Tydorel des lais bretons ? (*Romania*, 1879, p. 67).

Tiori, *Thierry*, évêque d'Avranches, 24; né à Soissons, dit le trouvère, peut-être parce que cette ville était connue par un pèlerinage à saint Gervais. (Cf. Aye d'Avignon, v. 342). V. Saint-Gervese.

Tour-Aquin. V. Oregles.

Tourgis (dom), 762, guerrier breton.

Tur, Turs, 126, 381, etc., Turquis, 1015. Cf. Arabis, Barbarin, Sarrazin.

Valentin, 1844; *Veillantif*, cheval de Roland.

Vennes, 194, 746, 990; au v. 2128, restituer peut-être Rennes. V. note du v. 3081.

Ynocens (SS.), 1904.

Ysoré, archevêque de Dol, 100; ses discours à Charlemagne, 106-57, 164-84; aux guerriers chrétiens, 558-80; chef des Bretons, 715, 765, 955; situation de son camp, 1181-8; épisode de Guynemant, 1189-1250; l'Archevêque s'empare de la flotte des ennemis, 1371-1417, 2116; reçoit Quidalet de Charlemagne, 2326-53, 2395, 2455, 2873; sa prière sauve l'armée, 2696-705. V. Introduction, LXIX.

Yves de Seyson, 75.

ERRATA

V. 1. Vroy, *lisez* v[e]roy.
13. V. jours, *M. Léon Gautier a lu* : irour.
15. Lour, *lis.* lor.
17-18. *Suppléez un point et virgule à la fin du v. 17, et une virgule à la fin du v. 18.*
29. Grand, *lis.* grant.
79. Quar pouay, *autre leçon* : qu'à pouay.
109. *Ms.* obeueiczon.
149. Qu'il, *ms.* nul.
157. Felleon, *lis.* fel leon.
160. Très, *lis.* trés.
176. Se il, *lis.* s'il.
215-16. *Suppléez un point à la fin du v. 215, et une virgule à la fin du v. 216.*
251, 257. Faulx tuel, *lis.* faulx[des]tuel.
252. Coupvertes, amestris, *lis.* coupvertes à mestris.
259. De jouste, *lis.* dejouste.
261, etc. Mult, *lis.* moult.
279, etc. Empereris, *lis.* emper[er]is.
290, etc. Baudonis, *lis.* Baudoins.
304. Les contes, *lis.* les [IIII] contes.
315. Moult, *ms.* qui moult.
320. El, *lis.* el[le].
334, 346. Poestis, *lis.* potéis.
345. Me oirez, *lis.* or m'oirez.
362. Car, *lis.* quar.
389. *Vers faux.*
394. *Lis.* saichez [ce] bien.
401. Richer, *ms.* et Richer.
408. Com, *lis.* comme.
416. Sayes, *lis.* says.
429, etc. Acquin, *lis.* Aiquin.
438, etc. Anemis, *lis.* annemis.
444. *Lis.* donnez [ung] bon consoil.
461. *Lis.* [o les] frains, *ms.* au frains.
535. *Lis.* qu'il lour aïst.
554. *Autre leçon* : ont mayné la compaignie.
571, etc. Verté, *ms.* vérité.
573. Ovec, *lis.* ovecques.
574, 584. Menty, *ms.* menti.
601. Luy dy, *ms.* ly dy.
607. *Lis.* seré [ou] mort.
626. *Lis.* [et] je luy mant.
632. *Alexandrin, lis.* [il] brocha.
644. *Supprimez* le, *lis.* Or nous aïst Dieu roy.
678. *Ms.* peust releveir.
684, 686. *Ms.* Francois, Francoys.
687. O eulx, *ms.* à eulx.
688. Echeriz, *lis.* echerir.
690. [Se] voulst, *lis.* vouls[is]t.
694. *Lis.* Charles [le] maine.
695. *Lis.* armé [et] luy.
706. Allemaigne, *lis.* Alemaigne.
710. *En fin de vers, mettez un point et virgule.*
714. *Ms.* mecraigne.
730. *Ms.* bien y font.
805. Grant, *lis.* grande.
820. Ly espiez, *lis.* l[y] espiez.
824. *Lis.* le [bon] branc.
838. L'y, *lis.* ly.—*Autre leçon* : ne ly a mot sonné.
842. Cors, *ms.* cort.
877, 897. *Lis.* un [grant] soupir, *cf.* 1333.

920. *Lis.* a ung [même] gré.
1059. Si, *lis.* s'i.
1229. *Ms.* et mort.
1235. Guiynemant, *lis.* Guynemant.
1265. *Supprimez* [et].
1294. à, *lis* a.
1301. *Alexandrin.*
1309. Ou, *lis.* où.
1312. à, *lis.* a.
1331. *Lis.* [ge] soy forment.
1350. *Lis.* [de]sour les murs [il] estoint, etc.
1364. à, *lis.* a.
1434. *Corrigez* à hault sigle.
1492. Vous, *lis.* nous.
1515. S'il, *corrigez* [c]il.
1518. *Autre leçon:* Ha! Dieu v[e]roy, pere.
1521. Sont, *lis.* s'ont.
1527. Que ilz, *ms.* quilz.
1556. *Lis.* [tout] puissant.
1603. Peans, *lis.* paeans.
1606. *Lis.* plus n'[en] irez.
1637. *Lis.* lors [il] ont.
1652. *Lis.* s[e] ilz sont las.
1714. *Supprimez la virgule après* Nennil.
1733. *Lis.* ja[mes] ne fust [Nesmes].
1738. Nesmes, *ms.* meismes.
1770. [Y], *lis.* [m'y].
1794. *Ms.* pars, *corrigez* pans.
1804. *Lis.* [en] cest consoil.
1820. Encouturé, *lis.* encoutiné.
1859. Veut, *lis.* veu[i]st.
1877. *Supprimez la parenthèse.*
1922. *Lis.* damme Dé, [sere].
1938. *Autre leçon:* lour nommé *(à eux indiqué).*
1969. *Vers faux.*
1974. A monstrer. *lis.* amonstrer.
1986. Vroy, *lis.* v[e]roy.
2029. *Lis.* s[e] est en piez levé.
2054. L'ont, *lis.* l[e] ont.
2066. Ce a, *lis.* c'a.
2098. *Mettez une virgule après* prandre.
2100. *Lis.* moult [elle] a juné.
2102. D'eux, *lis.* d[e] eux.
2119. Aentré, *lis.* aencré.
2196. *Lis.* brieff [moult] bien scellé.
2255. *Lis.* moult [en] debvez.
2269. *Vers faux. Suppr.* il ?
2309. Juqu[à], *lis.* juques la.
2390. Cy, *ms.* sy.
2393. Baillez, *lis.* bailler.
2426. *Supprimez* belle *que le copiste a pris au vers précédent.*
2435. *Mettez une virgule après* Franczois.
2455. Qu'il, *lis* qu[e] il.
2628. *Lis.* le roy Charles est.
2672. *Vers faux.* Cf. 1521.
2714. *Au lieu de* Bise, *lis.* bise.
2719. *Supprimez la virgule après* fermé.
2796. Qui moult, *lis.* qui [moult].
2805. Que il eut, *lis.* qu'il eut.
2877. Malmené, *lis.* mal mené.
2982. Forment, *ms.* et forment.
2990. Est, *ms.* eist.
2991. Couroce, *lis.* courocé.
3002. Ma mye, *lis.* m'amye.
3038, 3041. *Lis.* traistre[s].
3060. *Alexandrin.*
3066. Autour, *lis.* antour.
Supprimez les notes des v. 843, 1804, 2292, 2309, 2666.
P. 125, v. 78, ligne 25, *supprimez la note.*
P. 130, l. 6, *au lieu de* bien serez, *qui rend la phrase inintelligible, lisez :* been serez.
P. 142, l. 1, v. 866, alexandrin, *suppléez* altéré.
P. 144, v. 1151, *supprimez la note et lisez* alexandrin.
P. 148, l. 1, *supprimez la note, voyez plus haut,* v. 1350.
P. 150, v. 1512, soit = scit, *suppléez* pour le sens.
P. 156, l. 13, v. 1910, *observation inexacte, le v. 1918 pouvant se scander* arcevesques* fist.
P. 161, l. 23, *suppléez* d'après le cartulaire de Redon.

P. 164, l. 12, Blancandrin, *lis.* Blancandin.
P. 165, l. 15, tome III, *lis.* tome I, p. 205.
P. 168, v. 2506, *supprimez la note, le vers se scande :* si vous s'ra.
P. 174, l. 25, 1862, *lis.* 1849.
P. 199, l. 25, Estoiier 1618, retirer, *lis.* serrer, mettre en étui et par extension, retirer.

P. 202, l. 12, Forsirent, 128, *lis.* 3 p. pl., pf. de forcier, briser.
P. 224, l. 17, Chastelserein, 760, *Châteaulin, ajoutez :* peut-être aussi *Châteauserin* en Plevenon, près du fort La Latte.
P. xxxvii, l. 15, deffraye, *lis.* defraye.

TABLE

Introduction	I
Sommaire	xci
La conqueste de la Bretaigne armoricque par le roy Charlemaigne	I
Notes et corrections	121
Glossaire	183
Noms de lieux et de personnes	221
Errata	237

Achevé d'imprimer

a Nantes

pour la Société des Bibliophiles Bretons

par Vincent Forest et Emile Grimaud

le X janvier M.DCCC.LXXX

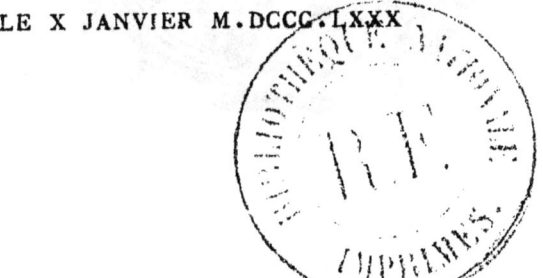

www.ingramcontent.com/pod-product-compliance
Lightning Source LLC
Chambersburg PA
CBHW050547170426
43201CB00011B/1596